Lübeck-Schrifttum
1976–1986

Lübeck-Schrifttum
1976–1986

Zusammengestellt von Gerhard Meyer
und Antjekathrin Graßmann

Verlag Graphische Werkstätten Lübeck

CIP-Kurztitelaufnahme der Deutschen Bibliothek
Meyer, Gerhard
Lübeck-Schrifttum: 1976–1986
zsgest. von Gerhard Meyer u. Antjekathrin Graßmann.
Lübeck: Verl. Graph. Werkstätten, 1988.
ISBN 3-925402-37-3
NE: Graßmann, Antjekathrin: Lübeck-Schrifttum
neunzehnhundertsechsundsiebzig bis neunzehnhundertsechsundachtzig

VORWORT

Der vorliegende Band „Lübeck-Schrifttum 1976–1986" führt das entsprechende Verzeichnis der Literatur der Jahre 1900–1975 fort und enthält auch die notwendigen Nachträge. Es wurde nach den gleichen Gesichtspunkten vorgegangen: Alle Sachbereiche mit Bezug auf Lübeck sind aufgenommen worden. Das Gebiet des heutigen Stadtkreises und die im Laufe der Geschichte zu Lübeck gehörenden Ortschaften (für die Zeit ihrer Zugehörigkeit) bilden den räumlichen Rahmen. Das Bistum Lübeck wird – wenn auch nicht mit seinem Lokalschrifttum – berücksichtigt, da sein Schicksal mit dem der Hansestadt unlösbar in Wechselwirkung verknüpft ist, ebenso die Nachbargemeinden Bad Schwartau und Stockelsdorf. Über das Amt Bergedorf, bis 1868 von Lübeck und Hamburg gemeinsam verwaltet, gibt die hamburgische Bücherkunde Auskunft.

Die systematische Einteilung stimmt mit der des Vorgängerbandes überein. Unter den Kapitelüberschriften sind Verweisungen auf dessen entsprechende Teile angebracht. Es handelt sich um eine Auswahlbibliographie, in der das wesentliche Schrifttum möglichst vollständig erfaßt wird. Nicht aufgenommen wurden – von wenigen Ausnahmen abgesehen – Zeitungsartikel, Vereinszeitschriften mit überwiegendem Bezug auf Vereinsinternes, Werk- und Schülerzeitschriften, Geschäftsberichte, Landkarten, Kalender, Prospekte und dergleichen mehr, während gewichtige Examensarbeiten berücksichtigt wurden. Weniger gehaltvolle Artikel aus Bereichen, in denen viel Schrifttum vorhanden ist, konnten ohne Schaden für das Ganze wegfallen. Aus anderen Gebieten dagegen mußten solche mit aufgenommen werden. Weiterführende Rezensionen wurden nach wie vor berücksichtigt. In stärkerem Maße als in dem vorhergehenden Teil wurden die Titel mit Kurzkommentaren versehen. Zur Erleichterung der Benutzung des Registers wurde dieses durch weitere Schlagwörter untergliedert.

Im Vergleich zum Schrifttum 1900–1975 fällt die starke Zunahme der Veröffentlichungen im vergangenen Jahrzehnt auf. Zwar ist zu berücksichtigen, daß der Anteil der aufgenommenen Aufsätze aus den Lübeckischen Blättern und den Vaterstädtischen Blättern größer ist als vorher; aber auch wenn man davon absieht, ist das beträchtliche Anwachsen des Schrifttums noch sehr bemerkenswert und sicher auf das allgemein gestiegene Interesse an geschichtlichen und heimatkundlichen Themen zurückzuführen. Es mag hinzukommen, daß Lübeck in mancher Hinsicht als Forschungsobjekt gleichsam entdeckt worden ist. Man erkennt dies beispielsweise an der Ballung der Schriften zur Stadtarchäologie, zur Hausforschung und zur Musikgeschichte. Andere Gebiete haben keine oder wenig Bearbeitung erfahren. Vielleicht kann die Bibliographie daher auch, abgesehen von ihrem Hauptzweck als Hilfsmittel zum Aufsuchen der Literatur, durch das Erkennen von Forschungsdefiziten Anstöße zu neuen Arbeitsthemen geben.

Der Dank der Bearbeiter gilt in erster Linie der Possehl-Stiftung, die durch Bereitstellung des größten Teils der Mittel den Druck ermöglicht hat. Zu danken ist dem Amt für Kultur für dessen tatkräftige Förderung der Veröffentlichung. Die Erstellung des Verzeichnisses war nicht möglich ohne die Mithilfe zahlreicher Kollegen aus dem städtischen Kulturbereich, die freundlicherweise jeweils für ihre Fachgebiete die Durchsicht vornahmen und vielfältige Anregungen gaben. Frau Katharina Wulfmeier wird für die Überprüfung des Registers gedankt.

Holzminden und Lübeck, im August 1987

INHALTSVERZEICHNIS

I. ALLGEMEINES

Hier nur Schriften, die mehrere Sachbereiche erfassen,
andere findet man bei den betr. Fachgebieten.

In Lübeck-Schrifttum 1900–1975 auf S. 17 ff.

A. Bibliographien

Hier finden sich nur Bibliographien über
mehrere Sachgebiete, solche zu bestimmten
Themen oder von Schriften einzelner
Persönlichkeiten sind jeweils an der
betreffenden Stelle des Systems aufgeführt.

1. *Meyer, Gerhard und Antjekathrin Graßmann:* Lübeck-Schrifttum 1900–1975. München 1976. 411 S. [Darin 3872 Titel. Enthalten sind auch die vor 1900 erschienenen Biographien von Lübeckern aus der Allgemeinen Deutschen Biographie, ferner einige wichtige Schriften über das Bistum Lübeck.]

2. *Meyer, Gerhard und Antjekathrin Graßmann:* Kleiner Führer durch die Lübeck-Literatur. L. 1977. 64 S. (Senat der Hansestadt Lübeck, Amt für Kultur, Veröffentlichung 10.) [Eine Auswahl von 431 Titeln, darunter auch solchen, die vor 1900 erschienen sind.]
   2. veränderte u. erw. Aufl. 1987. 83 S. [530 Titel.]

3. Systematisches Inhaltsverzeichnis und Register der Periodika und Einzelveröffentlichungen des Vereins für Lübeckische Geschichte und Altertumskunde 1855–1980. Hrsg. von *Gerhard Meyer und Antjekathrin Graßmann,* zusammengestellt von *Ernst Zitzke.* L. 1980. 148 S. [Enthält ein systematisches Inhaltsverzeichnis der Zeitschrift des Vereins für Lübeckische Geschichte und Altertumskunde, der Mitteilungen des Vereins für Lübeckische Geschichte und Altertumskunde, der Lübischen Forschungen 1921, der Ehrengabe zum Deutschen Juristentage 1931 und der Veröffentlichung „Lübeck 1226. Reichsfreiheit und frühe Stadt. 1976". Aufgeschlossen durch ein Register.]

4. Sonstige Lübeck-Literatur. Zsgest. von *Hans-Bernd Spies* (in Bd. 63) und *Gerhard Meyer* (in Bd. 64–66). – ZLG. Bd. 63–67 (1983–1987). [Jeweils eine Liste mit Neuerscheinungen, die nicht besprochen wurden.]

5. *Dohrendorf, Bernd:* Lübeck-Schrifttum auf zahlreichen Sachgebieten. Eine Übersicht zur periodischen Lübeck-Literatur. – LBll. Jg. 144 (1984), S. 60–61, 368. [20 Periodika mit Daten und Charakterisierung.]

6. Schleswig-Holsteinische Bibliographie. Hrsg. von der Schleswig-Holsteinischen Landesbibliothek. Bd. 8–10. Neumünster 1976–1986. [Bd. 8 umfaßt die Literatur der Jahre 1966–1970, Bd. 9 die von 1971–1975, Bd. 10 die von 1976–1979. Enthalten ist auch eine Auswahl von Lübeck-Schriften.]

7. *Espig, Gesine:* Bücherkunde zur hamburgischen Geschichte. T. 4: Verzeichnis des Schrifttums der Jahre 1971–1980. Mit Nachträgen zu den Teilen 1–3. Hamburg 1983. [Bücher und Zeitschriftenaufsätze zur Geschichte und vielen damit in Verbindung

stehenden Fachgebieten. Darin auch über hamburgisch-lübeckische Beziehungen und Literatur über das von 1420 bis 1868 gemeinsam von Hamburg und Lübeck verwaltete Gebiet von Bergedorf und den Vierlanden.]

8. *Heeß, Wilhelm:* Geschichtliche Bibliographie von Mecklenburg. Bd. 1–3. Rostock 1944. [Schrifttum von den Anfängen des Buchdrucks bis 1940. Alle Bereiche geschichtlichen Lebens erfaßt, sehr ausführlich die Literatur zur Orts-, Familien- und Personengeschichte. Verfasserregister. Darin auch viele Schriften über Beziehungen zu Lübeck.]

9. Bibliographie zur deutschen historischen Städteforschung. Bearb. von *Brigitte Schröder* und *Heinz Stoob* in Verbindung mit Wilfried Ehbrecht und Brigitte Schröder. Hrsg. von Heinz Stoob. T. 1. Köln 1986. (Städteforschung. Reihe B, Bd. 1, T. 1.) 716 S. [Darin über Lübeck eine Auswahl von 192 Titeln in systematischer Anordnung.]

B. Zeitschriften

Weitere Zeitschriften unter den betr. Fachgebieten.
Zeitungen s. Zeitungswesen S. 159.

In Lübeck-Schrifttum 1900–1975 auf S. 17–18.

10. *Spies, Hans-Bernd:* Versuch einer politischen Zeitschrift in Lübeck (1818). – Wa. 1984, S. 47–51. [„Begleitungsblatt für die Ereignisse des Tages" 1818.]

11. *Spies, Hans-Bernd:* „Erhebungen" – Eine patriotische Zeitschrift aus Lübeck (1809–1810). – ZLG. Bd 59 (1979), S. 83–105.

12. Die Heimat. Zeitschrift für Natur- und Landeskunde von Schleswig-Holstein und Hamburg. Kiel usw. Jg. 1 (1891) ff. Im Berichtszeitraum erschienen Jg. 83 (1976) – 93 (1986). [Kürzere Artikel, auch aus Geschichte und Kunst.]

13. Lübeckische Blätter. Hrsg. von der Gesellschaft zur Beförderung gemeinnütziger Tätigkeit. Jg. 1 (1859) ff. Im Berichtszeitraum erschienen Jg. 136 (1976) – 146 (1986). [Die Zeitschrift erscheint alle 2 Wochen und behandelt alle Bereiche Lübecker Lebens. Jahresreg.]

14. Januar 1859 – Das Ende der „Neuen Lübeckischen Blätter". (Auch ein Jubiläum). – LBll. Jg. 119 (1959), S. 5–6. [Erschienen 1835–1858.]

15. Lübeckische Blätter – eineinhalb Jahrhundert Stadtgeschichte. Zum 150jährigen Bestehen dieser Zeitschrift. Sonderheft vom 12. Januar 1985. 48 S. [Darin Kopien von bemerkenswerten Artikeln ab 1835, kommentiert von Bernd Dohrendorf.]

16. Nordelbingen. Beiträge zur Kunst- und Kulturgeschichte. Hrsg. im Auftrag der Gesellschaft für Schleswig-Holsteinische Geschichte. Flensburg usw. Bd 1 (1923) ff. Im Berichtszeitraum erschienen Bd 45 (1976) – 55 (1986).

17. Schleswig-Holstein. Hrsg. vom Schleswig-Holsteinischen Heimatbund. Jg. 1 (1949) ff. Im Berichtszeitraum erschienen Jg. 1976–1986. [Kürzere Aufsätze, Mitteilungen und Buchbesprechungen, auch solche über Lübeck.]

18. Vaterstädtische Blätter. Hrsg. von der Vaterstädtischen Vereinigung Lübeck von 1949 e.V. Jg. 1 (1950) ff. Im Berichtszeitraum erschienen Jg. 27 (1976) – 37 (1986). [Nicht parteigebundenes kommunalpolitisches Blatt zur Verfechtung traditioneller Lübecker Interessen. Zweimonatliches Erscheinen.]

19. *Guttkuhn, Peter:* 80 Jahre Vaterstädtische Blätter. – VBll. Jg. 27 (1976), S. 72–73, 2 Abb. [Über die alten „Vaterstädtischen Blätter" (1896–1933) und die neuen mit gleichem Titel (seit 1950).]

20. *Guttkuhn, Peter:* 80 Jahre im Dienste Lübecks. Jubiläum der Vaterstädtischen Blätter. – Lübecker Nachrichten. 1976, 19. 9., S. 47, 5 Abb. [Vaterstädtische Blätter, Altes und Neues aus Lübeck. 1896–1933.]

21. Der Wagen. Ein Jahrbuch. L. 1919 ff. Im Berichtszeitraum erschienen die Jahrgänge 1975. 1976, dann alle 2 Jahre 1978. 1980. 1982. 1984. 1986. [Darin Artikel vor allem aus Kunst, Belletristik und Kulturgeschichte.]✶

22. *Saltzwedel, Rolf:* Das lübeckische Jahrbuch „Der Wagen". – VBll. Jg. 28 (1977), S. 7, 1 Abb. [1919 von Paul Brockhaus als „Lübecker Heimatkalender" ins Leben gerufen, seit 1927 u.d.T.: „Der Wagen".]

C. Andere Schriften

In Lübeck-Schrifttum 1900–1975 auf S. 18–19.

23. *Stier, Wilhelm:* Die Hansestadt Lübeck. – Lübecker Adreßbuch. 1976/77 ff. [Beschreibung der Stadt, Geschichte, Sehenswürdigkeiten.]

24. *Martin, Peter Karl:* Hansestadt Lübeck. Stadt- und Wirtschaftsporträt. München 1977. 166 S. vorwiegend Abb., dann ein umfangreicher Firmen-Teil.

25. *Rodnick, David:* A Portrait of two German cities: Lübeck and Hamburg. Lubbock (Texas) 1980. 301 S. [Soziologische Überlegungen, z.T. fehlerhaft aufgrund mangelnder Information.]

26. *Swissair Gazette,* Zürich. Nr. 12/1982. Themenheft Lübeck. 28 S., überwiegend Abb. Texte in Deutsch, Französisch und Englisch.

27. Hausbuch der Hansestädte. Hamburg, Bremen, Lübeck in guter alter Zeit: Geschichte, Bilder und Geschichten. Ein Hausbuch der Bibliothek Rombach. Hrsg. von Diethard H. Klein. Freiburg i.Br. 1983. 640 S., 150 Abb. [S. 487–602 Lübeck-Teil mit 30 Einzelbeiträgen, Abdrucken von Berichten und Dichtung über Lübeck meist aus dem 19. Jahrhundert.]

28. Die Ostsee. Natur- und Kulturraum. Hrsg. von Jürgen Newig und Hans Theede. Husum 1985. 272 S., ca. 200 Abb. [Darin Björn R. Kommer über Lübeck und Lübecker Backsteingotik, Klaus Friedland über die Hanse, und eine Anzahl von weiteren Beiträgen, in denen Lübeck mitbehandelt wird.]

29. Meerumschlungen. Ein literarisches Heimatbuch für Schleswig-Holstein, Hamburg und Lübeck. Hrsg. von Richard Lohse. Unveränd. Nachdr. von 1907. Würzburg 1985. 296 S., 28 Abb.

30. Hansestadt Lübeck. Deutsch, Englisch, Französisch. München 1986. ca. 300 S., zahlr. Abb. [Enthält eine Beschreibung der Stadt mit vielen Farbfotos, Angaben zu ihrer Wirtschaft und die Charakterisierung vieler Firmen.]

31. Veröffentlichungen des Senats der Hansestadt Lübeck, Amt für Kultur. 1 (1967) ff. Im Berichtszeitraum erschienen:
   R.A.
   H.9. Politik, Wirtschaft und Kunst des staufischen Lübecks. 1976.
   10. Meyer, Gerhard und Antjekathrin Graßmann: Kleiner Führer durch die Lübeck-Literatur. 1977.
       Neuaufl. 1987.
   11. Meyer, Gerhard: 100 Jahre Öffentliche Bücherei in Lübeck. 1979.
   12. Karstädt, Georg: Die Musiksammlung der Stadtbibliothek Lübeck. 1979.
   13. Aus der Geschichte der Post in Lübeck. T. 1. 1979.
   14. Aus der Geschichte der Post in Lübeck. T. 2. 1980.
   15. Neukonzeption eines Völkerkundemuseums. 1980.
   16. Das Archiv der Hansestadt Lübeck. 1981.
   17. Lübecker Lesebuch. 1981.
   18. Meyer, Gerhard: Alte Karten und Globen als Spiegel des Weltbildes ihrer Zeit. 1981.
   19. 800 Jahre Musik in Lübeck. T. 1. 1982.
   20. Eggum, Arne: Der Linde-Fries. 1982.
   21. 800 Jahre Musik in Lübeck. T. 2. 1983.
   22. Nordische Filmtage Lübeck. 1983.
   23. Lübeck 1945. 1986.
   24. Künstler in Lübeck 1946–1986. 1986.
   R. B.
   H.1 Spies-Hankammer, Elisabeth: Ausstellungen im Museum am Dom 1962–1983. 1983.
   2. Pietsch, Ulrich und Wolf-Rüdiger Ohlhoff: Kunst in der Stadt. 1983.
   3. Von Angesicht zu Angesicht – Liv Ullmann. 1984.
   4. Lange-Fuchs, Hauke: Die Filme der Nordischen Filmtage. 1984.
   5. Kästner, Hans-Gerd und Wolf-Rüdiger Ohlhoff: Günther Lüders. 1985.
   6. Lübecker Weinhandel. 1985.
   7. Wolff, Rudolf: Lübecker Literaturtelefon. 1985.
   8. Bernhard, Klaus: Plastik in Lübeck. 1986.
   9. Lange-Fuchs, Hauke: Peter Weiss und der Film. 1986.
   10. Kinos in Lübeck. 1987.

II. ORTSKUNDE

s.a. Allgemeines S. 13.
s.a. Stadtteile und Gemeinden des früheren Landgebietes S. 177.

A. Geographische und heimatkundliche Darstellungen

In Lübeck-Schrifttum 1900–1975 auf S. 20–21.

32. *Koch, Johannes Hugo* u.a.: Schleswig-Holstein – zwischen Nordsee und Ostsee. Kultur, Geschichte, Landschaft. Köln 1977. 320 S., Abb., Kt. (Du Mont-Dokumente: Kunst-Reiseführer.) [Lübeck S. 73–101.]
4. Aufl. 1979.
11. überarbeitete Aufl. 1986.

33. Knaurs Kulturführer in Farbe – Schleswig-Holstein. Hrsg. von Marianne Mehling. München 1983. 259 S., 240 Abb. [Lübeck auf S. 144–167.]

B. Stadt- und Wanderführer

1. Stadtführer

In Lübeck-Schrifttum 1900–1975 auf S. 21–24.

34. Lübecker Führer. H. 1–10. L. 1953 ff., in neuer Gestaltung seit 1979.
   1. Stier, Wilhelm: Eine Wanderung durch das alte Lübeck. 16. Aufl. Ergänzt durch Gerhard Meyer. 1984. 30 S., 9 Abb., 1 Pl.
   2. Stier, Wilhelm und Lutz Wilde: St. Marien. 14. Aufl. 1985. 24 S., 6 Abb., 1 Pl.
   3. Wieck, Helmut: Travemünde. 3. Aufl. 1979. 32 S., 4 Abb.
   4. Brandt, Ahasver von: Kurze Chronik von Lübeck. 7. Aufl. Überarbeitet von Antjekathrin Graßmann. 1984. 28 S., 8 Abb.
   5. Groenewold, Eberhard: Rathaus und Ratskeller. 5. Aufl. 1979. 24 S., 8 Abb.
   6. Herchenröder, Jan: Schabbelhaus. 1979. 28 S., 5 Abb.
   7. Herchenröder, Jan: Die Schiffergesellschaft. 4. Aufl. 1984. 28 S., 6 Abb.
   8. Wilde, Lutz und Armin Schoof: St. Jakobi. 3. Aufl. 1984. 32 S., 8 Abb.
   9. Semrau, Jörg: Lübecker Altstadtbummel am Abend. Ein gastronomischer Wegweiser. 1981. 32 S., 17 Abb.
   10. Kohlmorgen, Günter: Füchtings Hof. 1984. 36 S., 6 Abb., 2 Pl.

35. *Schwensfeger, Heinz* und Wilhelm Stier: Lübeck kennen und lieben. Spaziergänge für Freunde und Gäste der alten Hansestadt. 4. Aufl. L. 1976. 170 S., Abb., Kt. (LN-Touristikführer. 8.) [Über die Stadt und ihre Umgebung.]

36. *Baedeker, Karl:* Lübeck. Kurzer Führer. 4. Aufl. Freiburg 1977. 39 S., 14 Abb., 3 Kt.
5. Aufl. 1983.

37. *Enns, Abraham B.:* Lübeck. Ein Führer durch die Bau- und Kunstdenkmäler der Hansestadt. 8. Aufl. L. 1977. 153 S., 76 Abb.
   9. Aufl. 1980.
   10. Aufl. unter Mitarbeit von Heinrich Stiebeling. 1982.
   11. Aufl. unter Mitarbeit von Heinrich Stiebeling. 1984.

38. *Stier, Wilhelm:* Eine Wanderung durch das alte Lübeck. 16. Aufl. Erg. durch Gerhard Meyer. L. 1984. 30 S., Abb., 1 Stadtplan. (Lübecker Führer. H. 1.)

39. *Enns, Abraham B.:* Lübeck. A Guide to the architecture and art treasures of the Hanseatic town. 4.ed. L. 1981.

40. *Fuchs, Horst:* Lübeck kennen und lieben. Spaziergänge durch die alte Hansestadt und das Ostseebad Travemünde. L. 1982. 159 S., zahlr. Abb. (LN-Touristikführer. 8.)

41. *Oberste-Lehn, Herbert* und *Peter Schauerte*: Der kleine Lübeck-Führer mit Stadtplan. L. 1985. 48 S., 40 Abb., Kt. [Beschreibung der 10 wichtigsten Sehenswürdigkeiten und von 40 Objekten auf einem Rundgang durch die Altstadt.]

2. Führer durch die Umgebung

s.a. Stadtteile und Gemeinden im früheren Landgebiete S. 177.

In Lübeck-Schrifttum 1900–1975 auf S. 24–25.

42. *Schmidt, Gottfried:* Rundwanderungen Lauenburg – Lübeck. Stuttgart 1975. 110 S., Abb., Kt. (Wanderbücher für jede Jahreszeit.)

43. *Herchenröder, Jan:* Lübecker Bucht kennen und lieben. Ferienfreuden an der Ostsee – von Travemünde bis Fehmarn. 2. Aufl. L. 1978. 159 S., Abb. (LN-Touristikführer. 5.)

44. *Neugebauer, Werner* und *Nis R. Nissen:* Schönes Schleswig-Holstein. Lübeck 1978. 349 S., Abb., Kt. [Sehr reichhaltige, vielseitige und zuverlässige Informationen mit Wegevorschlägen, besonders auch für Lübeck und Umgebung.] 2. erw. Aufl. 1981. 376 S.

45. *Büter, Erwin H.:* Rundwege Hansestadt Lübeck. Ein Wegweiser mit sechs Rundwegebeschreibungen sowie einem Ausflug nach Travemünde. Bamberg 1982. 87 S., 67 Abb. [Broschüre mit Texten, Karten, Fotos.]

46. *Hahne, Heinz:* Der Drägerweg. Seine Entstehung und Bedeutung für die Erholung. – BNH. H. 17/18 (1982), S. 190–194, 2 Abb., 1 Kt.

47. *Berghaus, Jörg:* Weilands Radwanderführer für Lübeck und Umgebung. In Zusammenarbeit mit der Fahrradinitiative Lübeck. L. 1984. 48 S., Abb. u. Kt. [Mit Vorschlägen von Radwanderungen.]

48. Wandern und Busfahren rund um Lübeck. Hrsg. Stadtwerke Lübeck in Zusammenarbeit mit der AOK. L. um 1984. 40 S., Abb., Kt. [Vorschläge für Wanderungen.]

C. Beschreibungen, Reisebeschreibungen

s.a. Lübeck als Stoff und Motiv S. 156.
in Lübeck-Schrifttum 1900–1975 auf S. 25–26.

49. *Zietz, Heinrich Christian:* Ansichten der Freien Hansestadt Lübeck und ihrer Umgebungen. Frankfurt a.M. 1822. 547 S., 16 Kupferstiche. Faksimile-Ausg. L. 1978. [Sehr reichhaltige und zuverlässige Beschreibung. Topographie, Geschichte, Verfassung, Institutionen, Einwohner.]

50. *Carstensen, Richard:* Lübeck in alten Reiseführern. – Aus der Geschichte der Post in Lübeck. T. 1. 1979, S. 85–93, Abb. [Darin jeweils die Abschnitte über Lübeck aus Reiseführern von 1606–1838 wiedergegeben und kommentiert.]

51. *Ferrner, Bengt:* Lübeck, im Januar 1759. Aus einem schwedischen Reisetagebuch. – VBll. Jg. 35 (1984), S. 67–71, 1 Abb., 2 Kt.

D. Straßen, Plätze, Gebäude, Denkmäler, Brücken, Friedhöfe usw.

s.a. Stadt- und Wanderführer S. 17.
s.a. Bauwesen S. 114.
s.a. Architektur S. 133.

1. Straßen, Plätze

In Lübeck-Schrifttum 1900–1975 auf S. 28.

52. Lübecker Straßenverzeichnis. Mit Wegweiser und Behördenverzeichnis. 1977. L. 1977. 96 S.

53. *Guttkuhn, Peter:* Lübecker historische Straßenschilder. – VBll. Jg. 35 (1984), S. 37, 1 Abb.

Archäologische Befunde über die Alfstraße s. Nr. 432 u. 433.

Archäologisch-baugeschichtliche Beobachtungen am Haus Engelsgrube 56 s. Nr. 439.

54. *Carstensen, Richard:* Große Petersgrube in Vergangenheit und Gegenwart. Ein städtebauliches Kleinod ersten Ranges. – LBll. Jg. 142 (1982), S. 187–189, 2 Abb. [Überblick über Geschichte und Bebauung der Straße.]

55. *Carstensen, Richard:* Die Große Petersgrube in Vergangenheit und Gegenwart. – MGG. H. 55 (1982), S. 169–174, 2 Abb.

Archäologie in der Großen Petersgrube s. Nr. 440–444.

Hohelandstraße s. Nr. 1296.

Grabung Hundestraße 9–17 s. Nr. 445–450.

Baubefund Haus Kapitelstraße 5 s. Nr. 451–453.

Grabungen im Bereich des Koberg s. Nr. 454.

Grabungen auf den Grundstücken Königstraße 59–63 s. Nr. 455–456.

Archäologische Untersuchungen auf dem Markt s. Nr. 467–468.

56. *Carstensen, Richard:* Lübecks Markt einst. – Schleswig-Holstein. Jg. 1981, S. 8–13, 5 Abb. [Über die Gründungstheorie Rörigs, Marktleben, Burspraken, Turniere usw.]

57. *Klöcking, Johannes:* Vom heimatvertriebenen Kaak. – VBll. Jg. 35 (1984), S. 60, 2 Abb. [Aussehen, Funktionen, Abriß und Pläne eines Wiederaufbaus.]

58. *Wiechell, Heino:* Geschichte und Wiedererrichtung des Kaak. Ein Denkmal von zentraler Bedeutung für unsere Stadt. – LBll. Jg. 147 (1987), S. 17–21, 33–36, 9 Abb. [1986 wiedererrichtet.]

Archäologisch-baugeschichtliche Untersuchungen im Haus Mengstraße 62 s. Nr. 473.

2. Höfe und Gänge

s.a. Sozialpolitik S. 109.
s.a. Sanierung S. 115.
s.a. Andresen, Rainer: Das alte Stadtbild Nr. 1291.

In Lübeck-Schrifttum 1900–1975 auf S. 29.

59. *Breuer, Sigrid:* Die Wohngänge der Lübecker Altstadt. Eine stadtgeographische Untersuchung. Wissenschaftliche Hausarbeit zur Prüfung im Fach Geographie für den Lehrberuf an Realschulen. Kiel 1970. Masch. 85 Bll., 54 Abb.

60. *Ropertz, Peter-Hans:* Kleinbürgerlicher Wohnbau vom 14. bis 17. Jahrhundert in Deutschland und im benachbarten Ausland. Aachen 1975. 343 S., 104 Abb. Diss. Ing. 1976. [Auch Lübeck behandelt.]

61. *Wirkus, Manfred:* Sozialstruktur und Bausubstanz der Lübecker Gänge und Möglichkeiten ihrer Sanierung. Münster, Staatsarbeit der Westfälischen Wilhelms-Universität, Fachgebiet Geographie 1979. 129 Bll. Masch.

62. *Braun, Frank:* Lübecker Gänge und Höfe. Geschichtliche Hintergründe, Bildersammlung zur Nutzung, Gestaltung und Modernisierung von Ganganlagen. Hannover, Studienarbeit am Institut für Bau- und Kunstgeschichte 1984. 62 S., 57 Farbfotos, 28 Abb. Masch. verv.

63. *Kohlmorgen, Günter:* Johann Füchting und Füchtings Hof in Lübeck. Ein Beispiel für die Anfänge sozial wirkenden Kleinwohnungsbaues. L. 1982. 546 S., 39 Abb. (Veröffentlichungen zur Geschichte der Hansestadt Lübeck. Reihe B, Bd 8.) [Biographie Füchtings (1571–1637) sowie Geschichte des Hofes bis zur Gegenwart.] 2. Aufl. 1987.

64. *Kohlmorgen, Günter:* Füchtings Hof. Lübeck 1984. 36 S., 6 Abb. (Lübecker Führer. H. 10.)

65. Grundstücks-Gesellschaft „Trave" mbH: Glandorps Hof und Ilhornstift. Sanierung historischer Gebäude durch die Grundstücks-Gesellschaft „Trave" mbH Lübeck. L. 1982. 8 Bll., Abb.

Haasen-Hof s. Nr. 1056.

66. *Spies, Hans-Bernd:* Aus der Geschichte des Krämergangs in Lübeck – Wa. 1982, S. 121–130, 4 Abb. [Hinter Haus Wahmstr. 65.]

3. Rathaus

In Lübeck-Schrifttum 1900–1975 auf S. 30–31.

67. *Paczkowski, Renate:* Die Vorhalle von 1570 am Rathaus zu Lübeck. Überlegungen zu ihrer kunstgeschichtlichen Stellung und ihren typologischen Verbindungen. Kiel 1975. 188 S., 15 Abb. Kiel, Diss.phil. 1975.

67a. *Hach, Theodor:* Das Rathaus in Lübeck. – Bll. für Architektur und Kunsthandwerk 14, (Berlin) 1901, No. 4, S. 25f., Taf. 38 u. 39; No. 5, S. 33f., Taf. 43 u. 44; No. 7, S. 50, Taf. 66; No. 8, S. 58f., Taf. 73 u. 74; No. 9, S. 66f., Taf. 85; No. 12, S. 92, Taf. 117.

68. *Wilde, Lutz:* Der Ratsweinkeller. Zur Geschichte der Kellerräume des Lübecker Rathauses. – Lübecker Weinhandel. 1985, S. 95–109, 13 Abb.

69. *Spies-Hankammer, Elisabeth:* Der Lübecker Ratsweinkeller und seine Aufgaben im innerstädtischen Weinhandel von den Anfängen bis ins 17. Jahrhundert mit einer Edition der Ratsweinkellerordnung von „1504". – Lübecker Weinhandel. 1985, S. 111–148, 12 Abb. [Quellen zum Lübecker Weinhandel unter verwaltungsrechtlichen und wirtschaftsgeschichtlichen Fragestellungen.]

4. Einzelne Häuser

In Lübeck-Schrifttum 1900–1975 S. 31–34.

Altes Bürgerhaus allgemein s. S. 134.

Behnhaus s. Nr. 1260–1264.

70. *Kommer, Björn R.:* Das Buddenbrookhaus. Wirklichkeit und Dichtung. L. 1983. 122 S., 50 z. T. farbige Abb. (Hefte zur Kunst und Kulturgeschichte der Hansestadt Lübeck. 6.) [Über Besitzer, Baugeschichte, Beschreibung in den Werken Thomas Manns.]

71. *Gatermann, Bernd* und *Peter Guttkuhn:* „Zur Eule". Erinnerungen an eine Lübecker Künstlerkneipe. – Wa. 1986, S. 176–183, 4 Abb. [Künstlerlokal, Enger Krambuden 2, bestand von 1925 bis 1942.]

72. *Pieske, Christa:* Der Bildersaal in der „Gemeinnützigen". Die Tapetengemälde und ihre Bildquellen. – LBll. Jg. 140 (1980), nach S. 368, 4 S., 5 Abb.

73. *Pieske, Christa:* Bürgerliche Festräume des Rokoko. – Kunst und Antiquitäten. 4 (1980), S. 28–38. [Tapetengemälde in der „Gemeinnützigen" und im Drägerhaus.]

74. *Borgs, Hertha:* Abenteurer, Söldner und Pilger fanden Unterkunft im Gasthaus zu Lübeck. – LBll. Jg. 141 (1981), S. 363–364, 366–367, 1 Abb. [Früheres Gasthaus des Heiligen-Geist-Hospitals, Gröpelgrube 6–8.]

Als Domizil der Musikhochschule restaurierte Häuser der Großen Petersgrube s. Nr. 54–55.

75. *Holst, Jens Christian:* Ein Bürgerhaus als Geschichtsquelle: Koberg 2. – Erster Bericht der Bauforschung. – ZLG. Bd 61 (1981), S. 155–188, 5 Taf., 13 Abb. [= Hoghehus]

76. *Holst, Jens Christian:* Ein altes Haus erzählt Geschichte – Bauhistorische Erforschung des Gebäudes Koberg 2. – LBll. Jg. 141 (1981), S. 315–318, 4 Abb., ergänzend 369–370, 2 Abb.

77. *Holst, Jens Christian:* Dat Hoghehus myt tween gevelen. – Jahrbuch für Hausforschung. 33 (1983), S. 63–101, 27 Abb. [Haus Koberg 2.]

78. *Arndt, Hans-Jochen:* Das Hoghehus. Lübecks bauhistorisch bedeutsames Kaufmannshaus. – Wa. 1986, S. 26–32, 6 Abb. [Das Hoghehus, Koberg 2, wurde von der Industrie- und Handelskammer erworben und restauriert. Hier die Baugeschichte.]

79. *Kommer, Björn:* Das Hoghehus in L. im 18. Jahrhundert. – LBll. Jg. 146 (1986), S. 197–200.

80. *Deecke, Christoph:* Bauliche Sanierung eines ehemaligen Brauhauses in der Innenstadt Lübecks in den Jahren 1975–1977. – MGG. H. 55 (1982), S. 175–182, 6 Abb. [Haus Hüxstraße 128.]

Baugeschichtliche Untersuchungen des Hauses Kapitelstraße 5, s. Nr. 451–453.

81. *Seider, Helge:* Eigentümer, Bewohner und Häuser Königstraße 59, 61 und 63 in Lübeck. – LSAK. Bd 1 (1978), S. 47–62, 8 Abb. [Mit Tabellen der Eigentümer und Bewohner.]

82. *Reichstein, Renate:* Das Haus, das damals „Der Kohlsack" hieß. Geschichte des Gebäudes Kohlmarkt 9 im 17. Jahrhundert. – LBll. Jg. 142 (1982), S. 137–139, 1 Abb.

Archäologische und baugeschichtliche Untersuchungen im ehemaligen Kranenkonvent s. Nr. 464–466.

83. Historische L(übecker) N(achrichten)-Diele. – VBll. Jg. 35 (1984), S. 40–41, 1 Abb. [Dr. Julius-Leber-Str. 32.]

84. *Meier, Claudia A.:* Geschichte und Wandel der Lübecker Weinstube von 1644. – Lübecker Weinhandel. 1985, S. 175–184, 12 Abb. [Ursprünglich Untertrave 75, nach 1904 im Thaulow-Museum zu Kiel aufgestellt, heute im Schleswig-Holsteinischen Landesmuseum, Schloß Gottorf zu Schleswig.]

85. *Kommer, Björn, R.:* Ein Lübecker Kulturdenkmal in Gefahr? Obertrave 16: Teil der historischen Stadtfassade. – LBll. Jg. 144 (1984), S. 121–124, 6 Abb.

86. *Herchenröder, Jan:* Schabbelhaus. L. 1979. 27 S., Abb. (Lübecker Führer. H. 6.) [Alt-Lübecker Gaststätte, Mengstr. 48–50.]

87. *Herchenröder, Jan:* Die Schiffergesellschaft. 3. Aufl. L. 1979. 28 S., Abb. (Lübecker Führer. H. 7.) [Breite Str. 2, Haus der Schiffer-Kompanie von 1535, heute beliebte Gaststätte.]

88. *Neugebauer, Werner:* „Der Grönländer" – ein Eskimo-Kajak im Hause der Schiffergesellschaft zu Lübeck. – MGG. H. 55 (1982), S. 199–230, 9 Abb. [1607 von einem Lübecker Schiff im Nordmeer geborgen. Mit Restaurierungsbericht von Arnulf von Ulmann und technischem Gutachten von Ulrich Gabler.]

s. a. Lindtke, Gustav: Die Schiffer-Gesellschaft zu Lübeck. Nr. 879.

89. *Christensen-Streckebach, Margrit* und *Wolfgang Frontzek*: Das „Etagenmiethaus" An der Untertrave 96. Raumgefüge und Innenraumausstattung eines Lübecker Fachwerkbaus von 1569. – ZLG. Bd 65 (1985), S. 53–86, 21 Abb. [Viergeschossiges Fachwerk-Laubenhaus für mehrere Partien.]

90. *Wilde, Lutz:* Das Zeughaus in Lübeck. – VBll. Jg. 32 (1981), S. 88, 1 Abb. [Über die Veränderungen der äußeren Erscheinung und der Nutzung.]

5. Denkmäler
In Lübeck-Schrifttum 1900–1975 auf S. 34.

91. *Bernhard, Klaus:* Plastik in Lübeck. Dokumentation der Kunst im öffentlichen Raum (1436–1985). Mit einem Beitrag von Hans Kock. Lübeck. 1986. 213 S., 100 Abb., 5 Kt. (Veröffentlichungen des Senates der Hansestadt Lübeck, Amt für Kultur. R. B., H. 8.) [Darstellung der 100 im Stadtbild vorhandenen Denkmäler und Plastiken. In chronologischer Ordnung jeweils das Foto und auf der gegenüberliegenden Seite Daten und Erklärung.]
2., überarb. u. erw. Aufl. 1987.

92. *Carstensen, Richard:* Golgatha in Lübeck: der Jerusalemsberg. – Schleswig-Holstein. 1979, H. 4, S. 6–8, 5 Abb. [Kreuzwegstation von 1493.]

93. *Carstensen, Richard:* Marktbrunnen und Siegesbrunnen. Ein Stück Lübecker Denkmalsgeschichte. – Wa. 1982, S. 25–34, 8 Abb. [Über den Marktbrunnen mit den Figuren von Adolf II., Heinrich dem Löwen, Barbarossa und Friedrich II. sowie über den Siegesbrunnen auf dem Klingenberg, errichtet zur Erinnerung an den Sieg über Frankreich 1870/1871.]

94. *Carstensen, Richard:* Marktbrunnen und Siegesbrunnen. Ein Stück Lübecker Denkmalsgeschichte. – Schleswig-Holstein. 1982, H. 12, S. 12–15, 5 Abb.

6. Brücken
In Lübeck-Schrifttum 1900–1975 auf S. 34–35.

95. *Dohrendorf, Bernd:* Die Puppenbrücke. – VBll. Jg. 29 (1978), S. 38–43, 18 Abb. [Mit Literaturangaben.]

96. *Kommer, Björn R.:* Der Figurenschmuck der Lübecker Puppenbrücke. Denkmal des staatspolitischen Selbstverständnisses der freien Reichsstadt im 18. Jahrhundert. – VBll. Jg. 29 (1978), S. 72–73. 1 Abb. [Die Figuren 1776 von Jürgen Dietrich Boy fertiggestellt. Hier über ihre Symbolik.]

7. Holstentor
In Lübeck-Schrifttum 1900–1975 auf S. 35.

97. *Geist, Jonas:* Versuch, das Holstentor zu Lübeck im Geiste etwas anzuheben. Berlin 1976. 144 S., zahlr. Abb. (Wagenbachs Taschenbücherei. 12.) [Das Holstentor in der Werbung und aus der Sicht von Architekten im Zeitgeschehen.]

98. *Habich, Johannes:* 500 Jahre Holstentor. – LBll. Jg. 137 (1977), S. 165–169. [Text eines Vortrages; Beitrag zur Gestaltung des Holstentorplatzes.]

99. *Schadendorf, Wulf:* Das Holstentor. Symbol der Stadt. Gestalt, Geschichte und Herkunft des Lübecker Tores. L., Hamburg 1977. 137 S., zahlr. Abb. und Pläne. [An einen größeren Kreis von Interessierten gerichtete Schrift anläßlich des 500jährigen Bestehens des Bauwerks.]

100. *Petersen, Sigrid:* Lübecker Holstentor 500 Jahre. – Der Städtetag. Jg. 1977, S. 464–467, 5 Abb.

101 *Schadendorf, Wulf:* Das Holstentor zu Lübeck. Der Bau und seine Geschichte. Lüneburg 1978. 46 S., 47 Abb. (Niederdeutscher Verband für Volks- und Altertumskunde. 2.)

102. *Schadendorf, Wulf:* Das Holstentor in Lübeck. München 1986. 28. S., 17 Abb. (Große Baudenkmäler. H. 377.) [Beschreibung, Baugeschichte, die einzelnen Räume.]

E. Ansichten von Lübeck, Bilderbücher

s. a. Stadt- und Wanderführer S. 17.
s. a. Bildende Künste, Allgemeines S. 132.
und Architektur S. 133.
In Lübeck-Schrifttum 1900–1975 auf S. 36–39.

103. Gruß aus Lübeck. Die Hansestadt auf alten Ansichtskarten. Red.: Jürgen W. Scheutzow. L. 1976. 80 S., Abb. [Ansichtskarten aus der Sammlung von Bernhard Kalk.]

104. *Groenewold, Eberhard:* Lübeck. Abb. von Ursula Pfistermeister. 2. Aufl. Frankfurt a.M. 1979. 86 S., Abb.

105. Mit der Kamera durch Lübeck: über 200 Fotos, Daten, Tips und Anregungen. L. 1979. 192 S. (Bild-Taschenbuch.)

106. *Axen, Karl-Heinz:* Lübeck in alten Ansichten. Zaltbommel 1981. 144 S., 140 Abb. [Meist Postkartenbilder aus der Kaiserzeit.]

107. Lübeck. Die schönsten Bilder der Hansestadt. Texte von Eberhard Groenewold. L. 1981. 127 S., 62 Farbaufn., 43 Schwarzweißfotos.

108. *Federau, Bernt:* Das ist die Hansestadt Lübeck. Texte von Jürgen Scheutzow. L. 1982. 64 S., hauptsächlich farbige Abb.

109. *Lippe, Helmut von der:* Erinnerungen an das alte Lübeck. LN-Leser öffnen ihre Fotoalben zum 100jährigen Jubiläum ihrer Zeitung. Ungewöhnliche Bilder erzählen die Geschichte einer Stadt von 1882–1933. L. 1982. 64 S., 103 Abb. [Stadtgeschichte in Presseberichten mit vielfach kaum bekannten Fotos.]

110. *Andresen, Rainer:* Mein Lübeck – Unsere Stadt im Foto. Bd. 1. L. 1983. 172 S., 143 Abb. [Darstellung besonders des nicht alltäglichen Lübecks.]

111. *Morgner, Hans:* Die Salzstraße auf alten Ansichtskarten. Von Lübeck bis Lüneburg. Lüneburg 1984. 80 S., Abb. [Bildpostkarten aus der Zeit zwischen 1897 und 1920.]

F. Kartenwerke

hier nur Zusammenfassungen, keine einzelnen Karten und Pläne
In Lübeck-Schrifttum 1900–1975 auf S. 39–40.

112. Topographischer Atlas Schleswig-Holstein und Hamburg. 95 Kartenausschnitte ausgew. u. erl. von Christian Degn und Uwe Muuß. Unter Mitarbeit von Hans-Peter Jorzick. Mit einem Beitr. über die amtlichen Landkarten. Hrsg. vom Landesvermessungsamt Schleswig-Holstein. 4. erw. u. überarb. Aufl. Neumünster 1979. 235 S. [Darin auch Lübeck und seine Umgebung angemessen berücksichtigt. Zu den Kartenausschnitten jeweils Erklärungen im Text und Literaturangaben.]

113. *Degn, Christian* und *Uwe Muuß:* Luftbildatlas Schleswig-Holstein und Hamburg – Eine Landeskunde in 102 farbigen Luftaufnahmen. Neumünster 1984. 240 S., 102 Abb. [Gegenüber früheren Auflagen weitgehend neugestaltet.]

114. *Habich, Johannes:* Stadtkernatlas Schleswig-Holstein. Unter Mitwirkung von Gert Kaster und Klaus Wächter. Neumünster 1976. 227 S., zahlr. Abb. u. Kt. (Die Kunstdenkmäler des Landes Schleswig-Holstein) [Lübeck S. 94–105, 212, Travemünde S. 106–109. Die historisch gewachsenen Stadtkerne auf Luftbildern, Karten und Fotos, dazu Beschreibung unter dem Gesichtspunkt der städtebaulichen Entwicklung, der Stadtplanung und des Denkmalschutzes.]

115. *Stoob, Heinz:* Lübeck. Mappe mit 6 Kt. u. 3 S. Text, 35 × 50 cm. Altenbeken 1984. (Deutscher Städteatlas. Lfg. 3, Nr. 6.) [5 Kt. und Pl. vom 18.–20. Jahrhundert und 1 Stadtentwicklungsplan.]

116. *Meyer, Gerhard:* Alte Karten und Globen als Spiegel des Weltbildes ihrer Zeit. L. 1981. 67 S., 20 Abb. im Text, 25 Kt. im Anh. (Senat der Hansestadt L., Amt für Kultur, Veröffentlichung 18.) [Über die Blaeu-Globen der Stadtbibliothek, Weltkarten, Topographische Karten und Seekarten. Einige Karten über Lübecks Umgebung, ferner Literatur über Kartographie der Hansestadt und ihre Nachbarschaft.]

117. *Meyer, Gerhard:* Lübeck und seine Umgebung in der Darstellung von topographischen und Seekarten des späten 18. und frühen 19. Jahrhunderts. – ZLG. Bd. 63 (1983), S. 259–270, 5 Kt.

G. Statistik

s. a. Bevölkerungsgeschichte S. 29.
In Lübeck-Schrifttum 1900–1975 auf S. 40–41.

118. Lübecker Zahlen. Hrsg. vom Statistischen Amt und Wahlamt. Ergebnisse der Jahre 1964/1965 mit Vergleichszahlen 1950 und 1956. L. 1966 ff. Masch. verv. [Erscheint jährlich. Am Schluß Ereignisse in der Berichtszeit.]

119. Beiträge und Zahlen aus Wirtschaft und Leben. Hrsg. Senat der Hansestadt Lübeck, Statistisches Amt und Wahlamt. L. Jg. 1968 ff. – [1949–1967 u. d. T.: Lübecker Zahlen mit wechselnden Berichtszeiten. Ab 1968 vierteljährliches Erscheinen. Enthält statistische Angaben aus allen Lebensbereichen, zusätzlich kurze Aufsätze.]

120. Lübecker Zahlen. Kurzinformation für den Monat (bis 1971 u.d.T.: Lübecker Zahlen. Monatlicher Kurzbericht). Hrsg. vom Statistischen Amt der Hansestadt Lübeck. L. 1952 ff. Masch. verv. [Die wichtigsten Angaben auf wenigen Seiten.]

121. Lübecker Zahlen. Knappe Auswahl, auf jeweils 2 Seiten, zusammengestellt vom Statistischen Amt der Hansestadt Lübeck – Lübecker Adreßbuch.

s. a. Verwaltungsbericht der Hansestadt Lübeck Nr. 769.

122. *Kühl, Uwe:* Materialien zur Statistik der freien und Hansestadt Lübeck vom Beginn des 19. Jahrhunderts bis 1914. – ZLG. Bd 64 (1984), S. 177–220, 5 Abb. [1807 erste Volkszählung, 1838 Gründung des Statistischen Vereins zu L., 1871 Statistisches Büro des Staates. Mit Tabellen und Diagrammen Kühls.]

H. Gewässer, ihre Ufer und ihre Umgebung

Kanäle s. S. 95.

1. Trave
s. a. Hafen, insbesondere seine bauliche Entwicklung S. 96.
In Lübeck-Schrifttum 1900–1975 auf S. 45 und 49.

123. Untersuchung des Zustandes und der Benutzung der Trave von der Quelle bis zur Mündung. Kiel 1979. 95 Bll., Abb. Masch. verv. [Untersuchung durch das Landesamt für Wasserhaushalt und Küsten Schleswig-Holsteins.]

124. Lebensraum Untertrave. – BNH. H. 16 (1979), S. 7–164, Abb. u. Diagr. [8 Aufsätze verschiedener Verfasser über die Natur im Untertraveraum, auch über das Naturschutzgebiet „Dummersdorfer Ufer".]

125. *Bremse, Uwe:* Landschaftswandel am unteren Lauf der Schwartau. – Jahrbuch für Heimatkunde Eutin. 1979, S. 176–183, 6 Abb., 3 Kt. [Insbesondere über die Veränderungen im 19. und 20. Jahrhundert.]

2. Lübecker Bucht

s. a. Travemünde S. 177.
In Lübeck-Schrifttum 1900–1975 auf S. 46–48 und 50–51.

126. *Heimburg, Wolf Dietrich von:* Die Ostseeküste von Travemünde bis Flensburg, einschließlich Oberelbe, Elbe-Lübeck-Kanal, Trave und Schlei. Ein Führer für Sportschiffer. Bielefeld 1975. 174 S., Kt. [Handbuch mit vielen Seekarten.]

127. *Betzer, Hans Joachim:* Die Bodengesellschaft der jungeiszeitlichen kuppigen Grund-moränenlandschaft Ostholsteins unter besonderer Berücksichtigung der periglazialen Oberflächenschichtung, dargestellt am Beispiel einer Bodensequenz des Brodtener Kliffs bei Travemünde. Göttingen 1982. 164 S., zahlr. Abb. Masch. verv. Göttingen, Diss. Landwirtschaft 1982.

3. Wakenitz, Ratzeburger See
In Lübeck-Schrifttum 1900–1975 auf S. 45 und 50.

128. *Gripp, Karl:* Die Entstehungsgeschichte der Wakenitz. – BNH. H. 17/18 (1982), S. 7–14, 1 Abb., 3 Kt.

129. Wakenitz, zweite Lebensader Lübecks. – BNH. H. 17/18 (1982), S. 7–222, Abb., Kt. [13 Aufsätze verschiedener Autoren über die Wakenitz, ihre Pflanzen- und Tierwelt.]

130. *Roggenkamp, Karl-Heinz:* Die Bedeutung der Wakenitz für die Wasserversorgung Lübecks. – BNH. H. 17/18 (1982), S. 181–189, 1 Abb. [Über die Wasserkünste, das Wasserwerk von 1867 und die Funktion als Wasserreserve in unserer Zeit.]

131. *Hardt, Andreas* und *Marion Slotta:* Die Wakenitz. Eine Situationsbeschreibung. L. 1985. 42 S., Kt. Masch. verv. [Für Angler, Bootfahrer und Spaziergänger.]

132. Die Wakenitz in der Geschichte Lübecks. Die Wakenitz in der Geschichte der Stadt, der unsere Liebe gilt – den Freunden und Besuchern Lübecks. Hrsg. Volksbank Lübeck – Landbank von 1902 e.G. und Redaktionsbüro Schwensfeger. L. 1986. 16 S., 16 Abb.

133. *Wegner, Rolf:* Die Horste an der Wakenitz und deren Bewohner. – VBll. Jg. 32 (1981), S. 56–60, 67–69, 7 Abb. [Amt der Wakenitzfischer, Entstehung und Beschreibung der einzelnen Horste.]

134. *Höpfner, Herbert:* Der Ratzeburger See. Büchen 1977. 273 S., 32 Abb., 1 Taf. [Staurechte, Fischerei und Verkehr betreffen auch Lübeck.]

I. Flora und Fauna
In Lübeck-Schrifttum 1900–1975 auf S. 51ff.

135. *Heydemann, Berndt* und *Jutta Müller-Karch:* Biologischer Atlas Schleswig-Holstein. Lebensgemeinschaften des Landes. Neumünster 1980. 263 S., 256 Farbfotos, 51 Abb. im Text, Kt. [Über Lebensgemeinschaften, Ökosysteme, Naturschutz usw.]

136. Leben im Schellbruch. – BNH. H. 15 (1977), S. 7–95, Abb., 1 Kt. [9 Aufsätze über verschiedene Aspekte des Lebens im Schellbruch. Mit zahlr. Abb.]

137. *Bremse, Uwe:* Der Eisvogel im Schwartautal. – Die Heimat. Jg. 91 (1984), S. 255–257, 1 Abb.

138. *Janssen, Julius Hinrich:* Fischereibiologische Studien an der Untertrave. Kiel 1957. 140 Bll., Kt. Masch. verv. Kiel, Diss. phil. 1957.

139. *Pankow, Helmut, Eckhard Festerling* und *Hella Festerling:* Beitrag zur Kenntnis der Algenflora der mecklenburgischen Küste – (südliche Ostsee: Lübecker Bucht – Darß). – Internationale Revue der gesamten Hydrobiologie. Bd. 56 (1971). S. 241–263.

140. *Gulliksen, B.:* The macrobenthic fauna of rocks and boulders in the Lübeck Bay (Western Baltic Sea) investigated from the Underwater Laboratory „Helgoland". – Helgoländer Wissenschaftliche Meeresuntersuchungen. Bd 27 (1975), S. 439–449, Abb. Mit deutscher Zusammenfassung. [Über die Tiere des Meeresbodens.]

K. Naturschutz, Umweltprobleme
In Lübeck-Schrifttum 1900–1975 auf S. 55–56.

141. *Diehl, Manfred* und *Dorothea Diehl:* Naturschutzgebiete an der Ostseeküste Schleswig-Holsteins. – BNH. H. 19/20 (1986), S. 7–127, Abb., Kt. [Darin auch die lübeckischen Naturschutzgebiete Dummersdorfer Ufer und Dassower See.]

142. *Gulski, Michael* und *Andreas Six:* Die heutigen ökologischen Belastungen im Lübecker Raum und die sich daraus ergebenden Ziele und Aufgaben einer umweltfreundlichen Politik. – MGG. H. 55 (1982), S. 249–263, 4 Abb. [Probleme durch Zersiedlung, neue Straßenbauten sowie Verseuchung des Grundwassers und der Luft.]

143. *Kunzmann, Dierk:* Alternativer Landschaftsplan. Die Entstehung von 25 qkm naturnahen Kulturlandes im Südwesten Lübecks. L. 1986. 328 S., zahlr. Kt. u. Pl. Masch. verv. [Plan der Wiederentwicklung einer naturnahen Kulturlandschaft zwischen Trave und Elbe-Lübeck-Kanal im Raum Moisling, Niendorf, Reecke, Oberbüssau, Kronsforde, Krummesse.]

III. BEVÖLKERUNG

A. Bevölkerungsgeschichte

s. a. Vor- und Frühgeschichte, Slawenzeit S. 51.
s. a. Statistik S. 25.
In Lübeck-Schrifttum 1900–1975 auf S. 57 ff.

144. *Gläser, Manfred:* Das Restslawentum im Kolonisationsgebiet. Dargestellt am Beispiel der Hansestadt Lübeck und ihrer Umgebung. – LSAK. Bd 6 (1982), S. 33–76, Abb.

145. *Erdmann, Wolfgang* und *Manfred Gläser:* Archäologische und historische Fragen nach dem Slawentum im hoch- und spätmittelalterlichen Lübeck. – Archäologie in Lübeck. L. 1980. S. 49–51, 2 Abb.

146. *Fritze, Konrad:* Soziale Aspekte der Zuwanderung zu den Hansestädten an der südwestlichen Ostseeküste bis zum 16. Jahrhundert. – Jahrbuch der Geschichte des Feudalismus. 12 (1978), S. 177–190.

147. *Carstensen, Richard:* Die Zirkelgesellschaft zu Lübeck. Vor sechs Jahrhunderten gegründet. – Schleswig-Holstein. 1979, H. 12, S. 2–5, 2 Abb. [Die Gesellschaft der Lübecker „Patrizier" von 1379 bis zur Franzosenzeit kurzgefaßt.]

S. a. *Uwe Kühl:* Materialien zur Statistik der freien und Hansestadt Lübeck vom Beginn des 19. Jahrhunderts bis 1914. Nr. 122.

148. *Wolff, Hans:* Feststellungen über die Herkunft der Lübecker Bevölkerung. – LBll. Jg. 77 (1935), S. 958–965, 9 Kt. [Untersuchung über die Herkunft der Eltern und Großeltern der Lübecker Schüler.]

149. *Bock, Klaus:* Entwicklung der Bevölkerungszahl in Lübeck. – LBll. 1981, S. 143–144. [Entwicklung seit 1946, über den Anteil der Ausländer und den Altersaufbau.]

150. *Aberle, Gerd:* Lübecks Wohnbevölkerung geht zurück. Prognose: Im Jahr 2000 nur noch 185 800 Einwohner. – LBll. Jg. 143 (1983), S. 149–150. [Über die Gründe des Bevölkerungsrückgangs.]

151. *Kauffmann, Wolf-Dietrich:* Entwicklung, Struktur und räumliche Verteilung der Bevölkerung in der Hansestadt Lübeck. – Lübecker Adreßbuch. 1979/80 ff.

152. *Kauffmann, Wolf-Dietrich:* Die Hansestadt Lübeck. Entwicklung und gegenwärtige Struktur. – Konvent Kiel 1982. Duisburg 1982, S. 26–30.

153. *Grönke, Wolfgang:* Vertriebene in Lübeck – ein Rückblick. – 25 Jahre Patenschaft der Hansestadt Lübeck für Stettin 1953–1978. L. 1978. S. 26–30.

154. *Guttkuhn, Peter:* Ausländer in Lübeck. – VBll. Jg. 32 (1981), S. 5, 19. [Statistik, ausländische Schüler und deren Probleme.]

Ausländer in der Innenstadt s. Nr. 1100.

B. Juden
In Lübeck-Schrifttum 1900–1975 auf S. 59–60.

155. *Schreiber, Albrecht:* Wegweiser durch die Geschichte der Juden in Moisling und Lübeck. L. 1984. 79 S., 25 Abb. [Chronik seit der ersten Niederlassung in Moisling 1668, zugleich Nachschlagewerk.]

156. *Schlomer, Eisak Jacob:* Liebes, altes, jüd'sches Moisling. Hrsg. mit Texterläuterungen, einem Nachwort und mit einer Karte von Peter Guttkuhn. L. 1984. 66 S., 1 Kt. [Der hier unveränderte Text von Schlomer hatte den Titel: Erinnerungen aus dem „alten Moisling" von 1822–1860. Nach einem Vortrag. L. 1909.]
2. Aufl. 1985.

157. *Guttkuhn, Peter:* Zur Geschichte der Juden in Lübeck. – Zeitschrift für die Geschichte der Juden. Tel-Aviv. Jg 10 (1973), S. 169–172.

158. *Schreiber, Albrecht:* Lübeck in den Darstellungen der „Allgemeinen Zeitung des Judentums", Bonn, Berlin 1837–1922. L. 1985. 13 S. Masch. verv.

159. *Schreiber, Albrecht:* Lübecks Juden: Entwürdigt, willkommen, verstoßen, geduldet: Der lange Weg zu kurzem Recht auf Haus und Ehre. – Lübecker Nachrichten. 6. 11. 1983, 7 Abb.

160. *Guttkuhn, Peter:* 9./10. November 1938: Es geschah (auch) in Lübeck. Der Pogrom gegen die jüdischen Mitbürger. – VBll. Jg 33 (1982), S. 67. [Erinnerungen von Heinrich und Anna Buschner und zeitgenössische Lübecker Presseartikel.]

161. *Guttkuhn, Peter:* Die drei Schwestern G r ü n f e l d t. Vom Leben, Leiden und Sterben der Lübecker Juden. – VBll. Jg. 34 (1983), S. 84–87, 5 Abb. [Über die jüdische Gemeinde am Beispiel der Grünfeldts, die im Konzentrationslager starben.]

162. *Guttkuhn, Peter:* „Sie sieht nicht sehr jüdisch aus". Emma G r ü n f e l d t, eine Lübecker Lehrerin. – VBll. Jg 35 (1984), S. 6–8, 4 Abb.

163. *Katz, Josef:* One who came back. The diary of a Jewish survivor. Translated from the German. New York 1973. 287 S. [Lübecker jüdischer Überlebender berichtet über seinen Leidensweg durch Konzentrationslager.]

164. *Siebecke, Horst:* Operation Oase. Die wahre Geschichte der „Exodus". München 1984. [S. 241–257 über die Juden der „Exodus" in Lübecker Lagern 1947.]

165. *Guttkuhn, Peter:* Eröffnung der neuen Synagoge. – VBll. Jg. 31 (1980) S. 40–41, 4 Abb. [1880 gebaut, 1938–45 nach Fortnahme zweckentfremdet genutzt, seit 1945 wieder Synagoge.]

166. *Guttkuhn, Peter:* 100 Jahre Lübecker Synagoge. – LBll. Jg. 140 (1980), S. 181–182.

167. 100jähriges Bestehen der Synagoge in Lübeck am 29. Juni 1980. Grußworte und Ansprachen. Hamburg 1980. 21 S.

C. Adreßbücher, Bürgerlisten und andere Quellen
In Lübeck-Schrifttum 1900–1975 auf S. 60–61.

168. Lübecker Adreßbuch. L. 1976/77 ff.
    Jg. 166. 1976/77.
        167. 1977/78.
        168. 1979/80.
        169. 1980/81.
        170. 1982.
        171. 1983.
        172. 1984.
        173. 1985.
        174. 1986.
[Darin das Verzeichnis der Einwohner alphabetisch und nach Straßen jeweils unter den Hausnummern. Außerdem Wissenswertes über die Stadt, Branchen, Behörden, Handelsregister sowie Einwohner, Firmen und Behörden von Bad Schwartau und Stockelsdorf.]

169. Lübeckisches Addreß-Buch nebst Lokal-Notizen und topographischen Nachrichten für das Jahr 1798. Fotomechanischer Nachdruck. L. 1979. 224 S. [Darin auch Verzeichnisse von Senatoren, Geistlichen, Offizieren, Ärzten, Juristen; Münzen, Maße, Gewichte, Torschlußzeiten u.a.m.]

170. Lübeckisches Adreß-Buch 1879. Nachdruck. L. 1978. 575 S.

171. *Guttkuhn, Peter:* Lübecker Adreßbuch. – VBll. Jg. 28 (1977), S. 24–25, 2 Abb. [Seit 1798 von der Firma Schmidt-Römhild herausgebracht. Enthält außer Adressen Angaben über Behörden und Wirtschaft. Seit 1845 auch ein Teil über Straßen mit Adressen nach Häusern.]

172. Schleswig-Holsteinisches Biographisches Lexikon (ab Bd 6, 1982, Biographisches Lexikon für Schleswig-Holstein und Lübeck). Bd 1 ff. Neumünster 1970 ff. Im Berichtszeitraum Bd 4 (1976) bis 7 (1985). [Enthält ab Bd 5 (1979) auch eine große Zahl von Lübeckern.]

173. *Bruns, Alken:* Biographisches Lexikon für Schleswig-Holstein und Lübeck. – VBll. Jg. 30 (1979), S. 41.

174. *Koppe, Wilhelm:* Zu den Einbürgerungen in Lübeck und in Soest 1317/18–1355/56. – Soest, Stadt – Territorium – Reich. Soest 1981, S. 479–486. [Mit Tabellen der Neubürger.]

175. *Gercken, Erich:* Leichenpredigten, Hochzeitsgedichte, Jubiläumsglückwünsche usw. im Besitz der Lübecker Stadtbibliothek. – Norddeutsche Familienkunde. Bd 10, Jg. 24 (1975), S. 296–303. [Die umfangreiche Sammlung aus der Vorkriegszeit ist infolge Auslagerung zur Zeit nicht verfügbar. Seit dem Krieg wurden dazu mehr als 500 Schriften neu angeschafft, von den Gefeierten hier jeweils Name, Beruf und Sterbedatum.]

176. *Gercken, Erich* und *Horst Weimann:* Genealogisches in den landeskirchlichen Archiven zu Eutin und Lübeck. – Lübecker Beiträge zur Familien- und Wappenkunde. H. 8 (1976), S. 32–42, Abb.

Lübecker im ältesten Trauregister von Herrnburg s. Nr. 674.

D. Familienforschung
In Lübeck-Schrifttum 1900–1975 auf S 61.

177. *Zeis, Friedrich:* Lübecker Familienforschung. – VBll. Jg. 32 (1981), S. 3. [Entwicklung seit dem 1. Weltkrieg, Gründung des Arbeitskreises für Familienforschung e.V. Lübeck 1966, Erscheinen von dessen Zeitschrift sowie Bezug eigener Räume im Mühlentorturm 1972.]

178. *Gercken, Erich:* Lübecker Arbeitskreis für Familienforschung. – VBll. Jg. 31 (1980), S. 52. [Seit 1966, Entwicklung, Aufgaben.]

179. Lübecker Beiträge zur Familien- und Wappenkunde. Hrsg. vom Arbeitskreis für Familienforschung e.V. Lübeck. L. H. 1 (1972) ff. Im Berichtszeitraum H. 7 (1976) – H. 25/26 (1986).

180. *Petersen, Annie:* Bisher veröffentlichte Arbeiten (der Verfasserin) Lübecker Kirchen betreffend. – Lübecker Beiträge zur Familien- und Wappenkunde. H. 8 (1976), S. 43.

E. Einzelne Familien und Personen

Aufgenommen sind Familien und Persönlichkeiten, die im Leben der Stadt eine Rolle gespielt haben. Solche, die in einem bestimmten Bereich gewirkt haben, finden sich jedoch jeweils dort, so zum Beispiel Bürgermeister und Ratsherren, Juristen, im Wirtschaftsleben Hervorgetretene, Gelehrte, Theologen usw. Diejenigen, die zwar in Lübeck geboren sind oder hier zeitweise gelebt haben, aber außerhalb zu Wirksamkeit und Bedeutung gekommen sind, werden ebenfalls an dieser Stelle verzeichnet.

In Lübeck-Schrifttum 1900–1975 auf S. 61 ff.

s. a. Rhiman A. Rotz „Profiles of Selected Lübeck Citizens 1360–1450" Nr. 588.

181. *Feilcke, Kurt:* In Bergedorf begann es. Aufzeichnungen einer weiblichen Erbfolge in sieben Generationen, vom Verf. vervollständigt und erweitert. – Lübecker Beiträge zur Familien- und Wappenkunde. H. 10 (1977), S. 17–36, 2 S. Abb. [Auch Lübeck betreffend.]

182. Karl Albrecht. Geb. 1846 in Lübeck, seit 1875 Oberlehrer in Colmar, Historiker. – Nouveau dictionnaire de biographie alsacienne. Bd 1, Straßburg 1984.

183. *Schmidt-Sibeth, Friedrich:* Balemann-Familie. – BL. Bd 5 (1979), S. 26–27.

184. *Goldmann, Bernd:* Baudissin, Eva Gräfin von (1869–1943), Schriftstellerin. – BL. Bd. 4 (1976), S. 26–27. [Geburt und Jugend in Lübeck.]

185. *Guttkuhn, Peter:* Bismarck und Lübeck. – VBll. Jg. 29 (1978), S. 56–57, Jg. 30 (1979), S. 109, Jg. 31 (1980), S. 23, 37, 55, Jg. 32 (1981), S. 7, jeweils mit Abb. [Bismarck wurde 1871 Ehrenbürger der Stadt, Besuche von Lübeckern in Friedrichsruh, Denkmal.]

186. *Gercken, Erich:* Georg Blohm. Begründer eines führenden Wirtschaftsunternehmens in Venezuela. – VBll. Jg. 28 (1977), 23 S., Porträt. [1811 in Lübeck geboren und dort 1878 gestorben. Sein jüngster Sohn Hermann Blohm war Mitbegründer der Hamburger Werft Blohm & Voß.]

187. *Stern, Carola:* Willy Brandt in Selbstzeugnissen und Bilddokumenten. 2. Aufl. Reinbek 1976. 150 S., Abb. (rowohlts monographien. 232.)

188. Brandt, Willy: Links und frei. Mein Weg 1930–1950. Hamburg 1982. 462 S. [Darin auch über Brandts Jugend in Lübeck.]

189. *Lehmann, Hans Georg:* In Acht und Bann. Politische Emigration, NS-Ausbürgerung und Wiedergutmachung am Beispiel Willy Brandts. München: Beck 1976. 387 S.

190. *Seebacher, Hedwig:* Walther Rudolf Arnold Brecht (1884–1977), Verfassungs- und Verwaltungsjurist, Staatssekretär a.D., Staatswissenschaftler. – BL. Bd 7 (1985), S. 27–30.

191. *Seebacher, Hedwig:* Erinnerung an den Lübecker Arnold Brecht. – LBll. Jg. 140 (1980), S. 257–259.

192. *Gercken, Erich:* Der Hamburger Dichter und Ratsherr Barthold Heinrich Brockes und seine Lübecker Vorfahren. – Lübecker Beiträge zur Familien- und Wappenkunde. H. 23/24 (1985), S. 5–44, 2 Abb.

193. Calm, Hans: In Lübeck stand mein Vaterhaus. Freud und Leid einer Jugendzeit. Neuausgabe L. 1978. 144 S. [Leicht gekürzte Wiedergabe der 1. Ausg. von 1928, in welcher der Schauspieler (1857–1946) von seiner Jugend erzählt.]

194. *Howoldt, Jenns Eric:* Cordes, Johann Wilhelm (1824–1869), Maler.-BL. Bd 7 (1985), S. 46–47. [Geburt und Jugend in Lübeck.]

195. Dabs, Marie: Lebenserinnerungen. L. 1984. 133 S. [Geb. 1902 in Demmin/ Vorpommern, 1945 Flucht nach Westdeutschland, Aufbau eines Kürschner-Betriebs in Lübeck.]

196. *Deecke, Rüdeger:* Stammfolgen mit Stammtafel des Geschlechts Deecke aus Altencelle im ehemaligen Herzogtum Lüneburg, Lübecker Ast des jüngeren Haupt-stammes. Hamburg 1977. 76 Bll. Masch. verv.
2. Aufl. 1978.

197. *Schwalm, Jürgen:* Gustav Falkes Herkunft – sein Geburtshaus in Lübeck. – Lübecker Beiträge zur Familien- und Wappenkunde. H. 7 (1976), S. 66–68. [Über die Familie Falkes. Geburtshaus Breitestr./Ecke Fleischhauerstr.]

198. *Ahrens, Gerhard:* Fehling-Familie. – BL. Bd 6 (1982), S. 85–93.
Fehling, Emil Ferdinand (1847–1927), Bürgermeister.
Fehling, Hermann Christian von (1811–1885), Chemiker.
Fehling, Hermann Wilhelm (1842–1907), Kaufmann.
Fehling, Johannes (1835–1893), Senator.
Fehling, Jürgen Karl Geibel (1885–1968), Theaterregisseur.

199. *Feilcke, Kurt:* Die häufigen Veränderungen der Familie Fester. Aus der 500jährigen Geschichte eines Husumer Geschlechts. – Lübecker Beiträge zur Familien- und Wappenkunde. H. 7 (1976), S. 30–44, Abb. [Auch Lübeck betreffend.]

200. *Klueting, Harm:* F o n n e (Funne), Tönnies (Thomas), (nach 1586 – nach 1627), Kaufgeselle, wahrscheinlich Verfasser eines niederdeutschen Handbuchs des Russischen. – BL. Bd 7 (1985), S. 66–67.

201. *Korol', T. V.:* Tonnies F e n n e i ego slovár-razgovornik = Der Lübecker Tönnies Fenne und sein Wörter- und Gesprächsbuch. – Latvijas PSR Zinatnu Akademijas Vestis Riga 1984, 9, S. 106–117.

202. *Dünnhaupt, Gerhard:* F r a n c i s c i (eigentlich Finx), Erasmus (1627–1694), Jurist, Schriftsteller. – BL. Bd 7 (1985), S. 68–69. [In Lübeck geboren.]

Gloxin-Familie s. Nr. 732.

203. *Grautoff, Wolfgang:* Die Lübecker Familie G r a u t o f f. Eine Rehabilitation. – VBll. Jg. 28 (1977), S. 132–133, 3 Abb. [Gegen Behauptungen Peter de Mendelssohns.]

204. *Jodeit, Klaus:* Lenins Lübecker Verwandte G r o ß s c h o p f. – Lübecker Beiträge zur Familien- und Wappenkunde. H. 6 (1975), S. 13–16, H. 13 (1979), S. 16–18.

205. *Kruse, Günter:* G r o ß s c h o p f in Lübeck. – Lübecker Beiträge zur Familien- und Wappenkunde. H. 20 (1983), S. 1–34. [Ergänzung zu den Untersuchungen von Georg von Rauch, Adalbert Brauer u.a. über die Vorfahren Lenins.]

206. Rodolfo G r o t h 100 Jahre. – VBll. Jg. 32 (1981), S. 4, 1 Abb. [Auszüge aus einer Festansprache des Bürgermeisters Dr. Robert Knüppel.]

207. *Fuchs, Konrad:* Rudolf G r o t h – ein Lübecker Bürger. – MGG. H. 56 (1985), S. 125–130, 2 Abb. [Geboren 1881, Kaufmann in Mexiko, bedeutender Mäzen der Hansestadt, † 1985.]

208. *Uhlemann, Dieter:* Wurzeln der Lübecker Familie H e i d m a n n in Mecklenburg. – Lübecker Beiträge zur Familien- und Wappenkunde. H. 21/22 (1984), S. 1–159, Abb.

209. *Schöneich, Christian von:* Leben, Thaten, Reisen, und Tod eines sehr klugen und sehr artigen Kindes Christian Henrich H e i n e k e n aus Lübeck. Nachdruck der 2. Aufl., Göttingen 1779. Gießen 1980. 227 S. (Gießener Dokumentationsreihe „Heil- und Sonderpädagogik." Bd 4.) [1721–1725, Das „Lübecker Wunderkind."]

210. *Heise, Hans:* Christian Henrich H e i n e k e n, das Lübecker Wunderkind. Bremen, Wilhelmshaven 1924. 69 S., 1 Abb.

211. *Baader, Gerhard:* K a i b e l, Georg, klassischer Philologe, geboren 1849 in Lübeck, gestorben 1901 in Göttingen. – NDB. Bd 11 (1977), S. 31–32.

212. *Hickel, Erika:* K i n d t, Georg Christian, Apotheker und Naturforscher. Geboren 1793 in Lübeck, gestorben 1869 in Bremen. – NDB. Bd 11 (1977), S. 621.

213. *Lülfing, Hans:* K o e l h o f f, Johann d. Ä. († 1493), Buchdrucker, Buchhändler. – NDB. Bd 12 (1980), S. 318–319. [In Lübeck geboren.]

214. *Lülfing, Hans:* K o r d e s, Berend. (1762–1823), Bibliothekar in Kiel. – NDB. Bd 12 (1980), S. 582. [Geboren in Lübeck.]

215. *Karnapp, Walter:* Krischen, Friedrich. – Bauforscher und Archäologe (1881–1949). – NDB. Bd 13 (1982), S. 50. [Unterrichtete nach dem Zweiten Weltkrieg an der Lübecker Volkshochschule.]

216. *Lemke, Kurt:* Die Lübecker Vorfahren des Bürgermeisters Hans Krumvoet von Burg auf Fehmarn. – Zeitschrift für Niederdeutsche Familienkunde. Jg. 50 (1975), S. 95–102. [Diese ebenfalls mit Namen Krumvoet.]

217. *Pilz, Kurt:* Kuehl, Gotthard, Maler. (1850–1915). – NDB. Bd 13 (1982), S. 187–188. [Geboren in Lübeck.]

218. *Gercken, Erich:* Lenin, Nachkomme eines bedeutenden Lübecker Bürgermeisters und mehrerer Lübecker Ratsherren. – MGG. H. 55 (1982), S. 231–240, 6 Abb. [Bürgermeister Jordan Pleskow † 1425.]

s. a. unter Großschopf Nr. 204–205.

219. *Tschentscher, Horst:* Hinrich Mattfeldt, ein Lübecker in Segeberg († 8. 7. 1630). – Lübecker Beiträge zur Familien- und Wappenkunde. H. 13 (1979), S. 56–67. [M. war Bürgermeister in Segeberg.]

220. Melle, Jacob von: Notitia majorum (Leipzig 1707) in deutscher Übersetzung von Winfried Flickschuh und Dietrich Stange. – Lübecker Beiträge zur Familien- und Wappenkunde. H. 17/18 (1981), S. 1–190, 1 Abb. [Geschichte von seinen und seiner Frau Vorfahren.]

221. *Gercken, Erich:* Chronik der Familie Miesner im alten Amte Zeven, zu Jork im Alten Lande und Lübeck. L. 1978. 35 S., Abb. (Lübecker Beiträge zur Familien- und Wappenkunde. H. 12.)

222. *Hug, Heinz:* Erich Mühsam. Untersuchungen zu Leben und Werk. Glashütten im Taunus 1974. 282 S., 17 Abb. [1878–1934, Schriftsteller, Geburt und Jugend in Lübeck.]

223. Nölting, Henriette, geb. Duncker: Auszüge aus den handschriftlichen Aufzeichnungen. (Ausgewählt, mit einer Einführung sowie Quellen und Anmerkungen versehen durch Erich Gercken). – Lübecker Beiträge zur Familien- und Wappenkunde. H. 25/26 (1986), S. 1–84, 1 Porträt. [Lebenserinnerungen.]

224. *Herchenröder, Jan:* „Das waren mir selige Tage". Briefe der Lübecker Familie Overbeck. – Aus der Geschichte der Post in Lübeck. T. 2, 1980, S. 59–66, 4 Abb. [Briefe aus dem früheren 19. Jahrhundert.]

225. *Lemke, Kurt:* Der Seeräuber Marten Pechlin und seine Sippe. – Zeitschrift für Niederdeutsche Familienkunde. Jg. 54 (1979), S. 129–137. [Darin auch Ahnenlisten.]

226. *Lemke, Kurt:* Der Seeräuber Marten Pechlin und seine Sippe. Taten und Untaten eines Bürgermeistersohnes. – LBll. Jg. 145 (1985), S. 189–192. [Gestorben 1526, stammte aus Fehmarn, hatte auch viel mit Lübeck zu tun.]

227. *Peiker, Rudolf:* Zur Familiengeschichte der Geschwister Peiker. – Lübecker Beiträge zur Familien- und Wappenkunde. H. 5 (1975), S. 3–58, 8 S. Abb. [Ahnenliste der Familie Peiker mit Kurzbiographien.]

228. Gedenkfeier aus Anlaß des 100. Geburtstages des Rechtslehrers und Rechtsphilosophen Gustav Radbruch am 21. November 1978 im Audienzsaal des Rathauses. L. 1979. 24 S., Abb. (Dokumentationen zum Zeitgeschehen in der Hansestadt Lübeck.) [1878–1949, Lübecker, Sozialdemokrat, Rechtslehrer an verschiedenen Universitäten, 1921–1923 Reichsjustizminister.]

229. *Saar, Stefan Christoph:* Radbruch, Gustav Lambert (1878–1949), Professor für Strafrecht, Strafprozeßrecht und Rechtsphilosophie, Reichsjustizminister. – BL. Bd 7 (1985), S. 171–176.

230. *Traeger, Josef:* Michael de Rentelen – ein Lübecker Bürgersohn als Weihbischof im mittelalterlichen Bistum Schwerin. – Archivum Fratrum Praedicatorum. 52 (1982), S. 187–196. [1453 Klosterbruder im Burgkloster, gestorben 1473.]

231. *Schröder, Hans Eggert:* Aus den Jugendjahren der Franziska Gräfin zu Reventlow in Husum und Lübeck. Zur Ausstellung „Franziska Gräfin zu Reventlow – Schwabing um die Jahrhundertwende" in Husum. – Die Heimat. Jg. 85 (1978), S. 217–226, 6 Abb. [Darin auch über ihre Zeit in Lübeck von März 1890 bis Oktober 1891.]

232. *Fritz, Helmut:* Man lasse doch die Liebe unvermählt. Franziska Gräfin zu Reventlow, eine Einzelkämpferin der Emanzipation. – Frankfurter Allgemeine Magazin. 16. 1. 1981. 5 S., 15 Abb. [Darin auch über ihre Jahre in Lübeck.]

233. *Tschechne, Wolfgang:* Die tolle Gräfin aus der grauen Stadt am Meer. Auf den Lebensspuren der Franziska von Reventlow. Beigefügt Auszüge aus ihren Tagebüchern. – Lübecker Nachrichten. 11. 7. 1982.

234. *Krüger, Harry P.:* Riesenberg. Förster, Offiziere in Mecklenburg und Lübeck. – Zeitschrift für niederdeutsche Familienkunde. Jg. 53 (1978), S. 171–177.

235. *Martens, Jürgen:* Rohde. Die Nachkommen einer Lübecker Familie in Finnland. – Norddeutsche Familienkunde. Bd 11, Jg. 26 (1977), S. 1–12, 9 Abb. [Auswanderung seit Mitte 19. Jahrhundert. Mit 7 Seiten Nachkommenlisten.]

236. *Lohmeier, Dieter:* Sax, Peter (1557–1662), Eiderstedter Chronist. – BL. Bd 4 (1976), S. 199–201. [1614–1617 Schüler am Lübecker Katharineum.]

237. *Gercken, Erich:* Zur Geschichte der Lübecker Familie Schinkel. – Lübecker Beiträge zur Familien- und Wappenkunde. H. 11 (1978), S. 1–14, 2 Abb. [Kaufmannsfamilie im 15. und 16. Jahrhundert.]

238. Dierks, Margarethe: Eine einzigartige „gelehrte Frau". Doktor phil. Dorothea Schlözer, in Lübeck 1792 bis 1811. – Schleswig-Holstein. 1976, S. 137–139, 1 Abb. [Biographie von Dorothea Schlözer, verh. Rodde (1770–1825), insbesondere über ihre Jahre in Lübeck.]

239. *Küssner, Martha:* Dorothea Schlözer. Ein Göttinger Gedenken. Göttingen 1976. 123 S., 40 Abb. [Besonders über die Göttinger Zeit Dorotheas. Auch über Vorfahren und Nachkommen.]

240. *Sporhan-Krempel, Lore:* „Weiber sind Menschen wie Männer...". Dorothea Schlözer wurde als erste Frau von der philosophischen Fakultät einer deutschen Hochschule promoviert. – Damals. 1978, H. 1, S. 55–66, 8 Abb.

241. *Bruns, Alken:* Schmidt, Georg Philipp, gen. von Lübeck (1766–1849), Arzt, Finanzbeamter, Dichter, Historiker. – BL. Bd 7 (1985), S. 279–281. [In Lübeck geboren, 1803–1829 in dänischen Diensten.]

242. *Schneider, Gerhard* und *Georg Volquardts:* Wolfgang Rüdiger Sebald Schwarz (1914–1978), Landesforstmeister. – BL. Bd 7 (1985), S. 289–291. [Geburt und Jugend in Lübeck.]

243. *Bruns, Alken:* Sivers, Henrich Jacob (1709–1758), Theologe, Gelehrter. – BL. Bd 7 (1985), S. 295–298. [Geburt und Schulzeit in Lübeck.]

244. *Koppe, Wilhelm:* Von den „van Sost" in Lübeck von den 1280er Jahren bis zum Knochenhaueraufstand von 1384. (T. 1.) – ZLG. Bd 62 (1982), S. 11–29. [Soester in Lübeck.]

245. Vermehren, Isa: Reise durch den letzten Akt. Ein Bericht (10. 2. 1944–29. 6. 1945). Hamburg 1946. 233 S. [I. V. wurde 1918 in Lübeck geboren.]

246. *Witt-Brattström, H.:* Wie ich den richtigen Vater fand. – Zeitschrift für niederdeutsche Familienkunde. 58 (1983), S. 212–219. [Betr. Joh. Friedr. Wennberg (1795–1884) und Familie.]

247. Wentz, Louis Ferdinand: Meine Vorfahren – mein Leben. Plön 1985. 577 S., Abb. [1913 geboren, in Lübeck aufgewachsen, Offizier.]

248. *Helk, Vello:* Friedrich Bernhard von Wickede, 1748–1825, Pädagoge und Silhouetteur. – BL. Bd 7 (1985), S. 324–326. [In Lübeck geboren.]

F. Volkskunde

1. Allgemeines über das Leben in der Stadt

In Lübeck-Schrifttum 1900–1975 auf S. 75.

249. *Gaul, Gerhard:* Das schmunzelnde Holstentor. Statt Geschichte – Stadtgeschichten, erlebt, gehört und erzählt. L. 1981. 115 S., Abb. von Anneli Reichert.

250. *Grobecker, Kurt:* Herb und süß in einem. 10 Lektionen zu Nutz und Frommen der Damen in den Hansestädten Hamburg, Lübeck und Bremen. L. 1976. 111 S., Abb. [Aus dem Leben der Frauen in der Vergangenheit der Hansestädte.]

251. *Grobecker, Kurt:* Hanseatisches Damenbrevier und immerwährendes Merkbüchlein. L. 1977 (vielmehr 1976). 122 S., Abb.
2. Aufl. 1978.

252. *Grobecker, Kurt:* Hanseatisches Herrenbrevier. Kleine Lebenshilfe für hanseatische Mannsbilder nebst nützlichen Anweisungen für den Umgang mit Frauenzimmern und Abhandlungen zur Beförderung des Wissens. L. 1977. 124 S., Abb.

2. Küche, Hausrat

In Lübeck-Schrifttum 1900–1975 auf S. 76.

253. Die Lübecker Küche. L. 1985. 228 S., 111 Abb. (Hefte zur Kunst und Kulturgeschichte der Hansestadt Lübeck. 7.) [Beiträge von 7 Autoren über Lübecker Koch- und Eßgewohnheiten vom Mittelalter bis zur Gegenwart.]✳

254. *Erdmann, Wolfgang:* Die Küche im Mittelalter. Archäologische und baugeschichtliche Gedanken zu Herd, Herdnutzung und Herdgerät. – Die Lübecker Küche. L. 1985. (Hefte zur Kunst und Kulturgeschichte der Hansestadt Lübeck. 7.), S. 9–51, 10 Abb.

255. *Scheftel, Michael:* Küchen in den Lübecker Gangbuden. – Die Lübecker Küche. L. 1985. (Hefte zur Kunst und Kulturgeschichte der Hansestadt Lübeck. 7.), S. 52–58, 4 Abb.

256. *Christensen-Streckebach, Margrit:* Küchen in Lübecker Querstraßenhäusern. – Die Lübecker Küche. L. 1985. (Hefte zur Kunst und Kulturgeschichte der Hansestadt Lübeck. 7.), S. 59–62, 3 Abb.

257. *Kommer, Björn R.:* Die Küche im Lübecker Bürgerhaus – Das 17. und 18. Jahrhundert. – Die Lübecker Küche. L. 1985. (Hefte zur Kunst und Kulturgeschichte der Hansestadt Lübeck. 7.), S. 63–90, 12 Abb. [Überlieferung und Quellenlage, Wohnsituation, die Küche im Haus, die Dielenküche.]

258. *Reichstein, Renate:* Küche und Küchengerät der frühen Neuzeit im Spiegel der Lübecker Nachlaßinventare. – Die Lübecker Küche. L. 1985. (Hefte zur Kunst und Kulturgeschichte der Hansestadt Lübeck. 7.), S. 91–98.

259. *Kommer, Björn R.:* Die Aussteuerverzeichnisse der Anna Dorothea Westphal und der Catharina Dorothea Henrietta Huuß, 1781 und 1803. – Die Lübecker Küche. L. 1985. (Hefte zur Kunst und Kulturgeschichte der Hansestadt Lübeck. 7.), S. 99–106, 3 Abb.

260. *Pietsch, Ulrich:* Die Speisen der Lübecker Küche. – Die Lübecker Küche. L. 1985. (Hefte zur Kunst und Kulturgeschichte der Hansestadt Lübeck. 7.), S. 107–146, 18 Abb. [Die Speisen der einfachen Leute und der Reichen vom Spätmittelalter bis zur Gegenwart.]

261. *Pietsch, Ulrich:* Original-Rezepte aus den Lübecker Kochbüchern. – Die Lübecker Küche. L. 1985. (Hefte zur Kunst und Kulturgeschichte der Hansestadt Lübeck. 7.), S. 147–155, 3 Abb.

262. *Kallen, Peter W.:* „Sage mir, wo Du kochst – und ich sage Dir, wer Du bist". Ein kulturgeschichtlicher Abriß Lübecker Küchengeschichte am Beginn unseres Jahrhunderts. – Die Lübecker Küche. L. 1985. (Hefte zur Kunst und Kulturgeschichte der Hansestadt Lübeck. 7.), S. 157–221, 56 Abb. [Küchentypen, Küchenherd und Küchengerät.]

263. *Pietsch, Ulrich:* Die Lübecker Küche im Wandel der Zeit. Eßgewohnheiten vom Mittelalter bis zur Gegenwart. – LBll. Jg. 145 (1985), S. 201–204, 5 Abb.

3. Weihnachtsmarkt, Feste, Lotterie

In Lübeck-Schrifttum 1900–1975 auf S. 78.

264. *Graßmann, Antjekathrin:* Alle Jahre wieder: Weihnachtsmarkt in Lübeck. Weihnachtliche Stimmung und Trubel einst und heute. – LBll. Jg. 146 (1986), S. 349–352, 2 Abb.

265. *Neugebauer, Werner:* Vom Wein in Lübeck. Heiteres und Besinnliches aus Sage und Geschichte. – Lübecker Weinhandel. 1985, S. 227–258, 13 Abb. [Über Lübecker Martensmänner, Anekdoten aus dem Ratsweinkeller, von Till Eulenspiegel, Fritz Reuter u.a.m.]

266. *Graßmann, Antjekathrin:* „Eine gewisse Spiellust besteht hier wie überall". Zur Geschichte der Lotterie in Lübeck. – Wa. 1984, S. 52–61, 4 Abb.

4. Sagen und Geschichten

s. a. Volkskunde, Allgemeines S. 37.
s. a. Belletristik, Literaturgeschichte S. 153.

In Lübeck-Schrifttum 1900–1975 auf S. 79–80.

267. *Deecke, Ernst:* Lübische Geschichten und Sagen. 10. Aufl. Neu hrsg. von Werner Neugebauer. L. 1980. 244 S. [Die zuerst 1852 veröffentlichten 233 Geschichten und Sagen.]

268. *Scheffler, Ursel:* Die schönsten Sagen aus Lübeck nacherzählt. Illustriert von Jutta Timm. Essen 1983. 144 S., 26 Abb. [Auswahl aus Ernst Deeckes „Lübischen Geschichten und Sagen" in moderner Diktion.]

269. Sagen und Geschichte aus dem alten Lübeck. Hrsg. von Walter Weber, illustriert von Hans Peters. L. 1985. 164 S., Abb. [Aufgrund von Ernst Deeckes „Lübischen Geschichten und Sagen".]

270. *Brandt, Ahasver von:* Das Kind Engelke Wyse und die großen Hunde von St. Marien. Quellenkritische Untersuchung einer mittelalterlichen Sensationsnachricht. – Brandt, Ahasver von: Lübeck, Hanse, Nordeuropa. Köln 1979, S. 377–381.
Zuerst in: ZLG. Bd 40 (1960), S. 87–91.

271. *Spies, Hans-Bernd:* Das Ende eines Kirchendiebs in Lübeck. – Wa. 1986, S. 211–212. [Aus den Erzählungen des Priors Rudolf aus dem Dominikanerkloster Schlettstadt von ca. 1300.]

272. *Rohbra, Kurt Karl:* Rund um Maakt. Eine erneute Liebeserklärung. Lübecker Geschichten mit Zeichnungen vom Verfasser. L. 1980. 131 S., 50 Abb. [Erzählungen und Anekdoten.]

5. Sprache und Ortsnamen
In Lübeck-Schrifttum 1900–1975 auf S. 80–82.

273. *Sanders, Willy:* Sachsensprache, Hansesprache, Plattdeutsch. Sprachgeschichtliche Grundzüge des Niederdeutschen. Göttingen 1983. 237 S., Kt. [Darin auch Abschnitte über die bedeutende Rolle Lübecks für Formung und Verbreitung des Mittelniederdeutschen.]

Straßen- und Platznamen. Erklärt im Lübecker Adreßbuch, Teil Straßen Nr. 168.

274. *Krüger, Thomas:* Die Straßennamen der Lübecker Innenstadt unter Berücksichtigung der Überlieferung bis 1600. Kiel 1983. 277 S. Masch. Staatsexamensarbeit.

275. *Krüger, Thomas:* Geschichte und Deutung einiger Lübecker Straßennamen. – VBll. Jg. 30 (1979), S. 36–37.

276. *Gerlach, Dankwart:* „Fegefeuer" in Lübeck – Gedanken zu einem Straßennamen. – MGG. H. 54 (1977), S. 107–109, 2 Abb.

277. *Schmitz, Antje:* Die Orts- und Gewässernamen des Kreises Ostholstein. Neumünster 1981. 580 S., 3 Kt. (Kieler Beiträge zur deutschen Sprachgeschichte. Bd. 3.) Kiel, Diss. phil. 1977. [Darunter von besonderem Interesse slawische Namen und Mischformen.]

278. *Schmitz, Antje:* Probleme der slawisch-deutschen Namenforschung, dargestellt an Orts- und Gewässernamen Ostholsteins. – Offa. Bd. 36 (1979), S. 134–144, 1 Kt.

279. *Schmitz, Antje:* Die slawischen Ortsnamen Ost- und Südholsteins. – LBll. Jg. 145 (1985), S. 209–212.

IV. GESCHICHTE

hier auch Sozial- und Kulturgeschichte.
s. a. die geschichtlichen Abschnitte der jeweiligen Sachbereiche.

A. Allgemeines

Verein für Lübeckische Geschichte und Altertumskunde s. S. 161.
Hier jedoch Veröffentlichungen des Vereins.

1. Zeitschriften, Reihen, Aufsatzsammlungen

s. a. Allgemeines S. 14–16.

In Lübeck-Schrifttum 1900–1975 auf S. 83–85.

280. Zeitschrift des Vereins für Lübeckische Geschichte und Altertumskunde. Bd 1 (1860) ff.
     Im Berichtszeitraum erschienen Bd 56 (1976) – 66 (1986).

281. Hansische Geschichtsblätter. Hrsg. vom Hansischen Geschichtsverein. Bd 1
     (1971) ff. Im Berichtszeitraum Jg. 93 (1975) – 104 (1986).

282. Veröffentlichungen zur Geschichte der Hansestadt Lübeck. Hrsg. vom Archiv der
     Hansestadt. L. Bd 1 (1912) ff. ✳
     In Lübeck-Schrifttum 1900–1975 Nr. 766.
     Im Berichtszeitraum erschienen:
     25. *Schneider, Gerhard:* Lübecks Bankenpolitik im Wandel der Zeiten 1898–1978.
         1979.
     Reihe B.
     Bd 1 (1974) ff.
     3. Kommer, Björn R. und Marina: Lübecker Silber 1781–1871. 1978.
     4. Lang, Johann Heinrich: Das Tagebuch des Johann Heinrich Lang aus Lübeck und
        die Feldzüge der Hanseaten in den Jahren 1813–1815. Bearb. von Lutz
        Voigtländer. 1980.
     5. Ebel, Wilhelm: Jurisprudencia Lubecensis. 1980.
     6. Graßmann, Antjekathrin: Bestandsverzeichnis des Polizeiamts Lübeck 1851–1937.
        1981.
     7. Schier, Siegfried: Die Aufnahme und Eingliederung von Flüchtlingen und
        Vertriebenen in der Hansestadt Lübeck. 1982.
     8. Kohlmorgen, Günter: Johann Füchting und Füchtings Hof in Lübeck. 1982.
     9. Weniger, Axel: Die Finanzverwaltung Lübecks im 19. Jahrhundert. 1982.
     10. Klinsmann, Luise: Die Industrialisierung Lübecks. 1984.
     11. Reger, Karl-Heinz und Horst Dilling: Psychiatrie in Lübeck: Das 19. Jahrhundert.
         1984.
     12. Blunk, Michaela: Der Handel des Lübecker Kaufmannes Johann Glandorp an der
         Wende vom 16. zum 17. Jahrhundert. 1985.
     13. Neue Forschungen zur Geschichte der Hansestadt Lübeck. Hrsg. von Antjeka-
         thrin Graßmann. 1985.
     14. Schneider, Gerhard: Gefährdung und Verlust der Eigenstaatlichkeit der Freien und
         Hansestadt Lübeck und seine Folgen. 1986.
     15. Schermer, Hans: Das Travetal war seine Heimat. Der Biologe und Pädagoge Ernst
         Schermer im Strom lübeckischer Geschichte 1886–1955. 1986.

283. Kleine Hefte zur Stadtgeschichte. Hrsg. vom Archiv der Hansestadt Lübeck, L. H. 1 (1985) ff.
1. Heimann, Roland: Vom Fischerdorf zum Industriestadtteil: Schlutup im 19. und 20. Jahrhundert. 1985.
2. Müller, Uwe: St. Gertrud. Chronik eines vorstädtischen Wohn- und Erholungsgebietes. 1986.

284. *Graßmann, Antjekathrin:* Heimatgeschichte an der Trave. – Mitteilungen der Gesellschaft für Schleswig-Holsteinische Geschichte. 24 (April 1986), S. 25–27. [Betrifft laufende Forschungsvorhaben, insbesondere R. Heimann über Schlutup und weitere Hefte zur Stadtgeschichte.]

285. Neue Forschungen zur Geschichte der Hansestadt Lübeck. Hrsg. von Antjekathrin Graßmann. L. 1985. 75 S., 2 Abb. (Veröffentlichungen zur Geschichte der Hansestadt Lübeck. R. B., Bd 13.) [Abdruck der Vorträge eines 1983 unter dem gleichnamigen Titel in Lübeck stattgefundenen Symposiums.] ✽

286. Altständisches Bürgertum. Hrsg. von Heinz Stoob. Bd 1.2. Darmstadt 1978. (Wege der Forschung. Bd. 352.417.) [Wiederabdruck von älteren Aufsätzen, darunter 3 mit starkem Bezug auf Lübeck: Siegfried Rietschel, Die Städtepolitik Heinrichs des Löwen, 1909 (Bd 1, S. 1–38); Fritz Rörig, Die Gründungsunternehmerstädte des 12. Jahrhunderts, 1928/1971 (Bd 1, S. 77–127); Theodor Mayer, Die Anfänge von Lübeck, 1956/1972 (Bd 1, S. 244– 254).]

287. *Brandt, Ahasver von:* Lübeck, Hanse, Nordeuropa. Gedächtnisschrift für Ahasver von Brandt. Hrsg. im Auftrag des Hansischen Geschichtsvereins von Klaus Friedland und Rolf Sprandel. Köln usw. 1979. 412 S., 1 Porträt, 10 Taf. [Darin Klaus Friedland über Leben und Werk; 17 Aufsätze v. Brandts; Hans F. Rothert und Jürgen Wiegandt: Bibliographie der Schriften v. Brandts; Jochen Goetze: Dissertationen seiner Schüler.] ✽

2. Darstellungen
In Lübeck-Schrifttum 1900–1975 auf S. 86–87.

288. *Höppner, Annaluise:* Lübeck. Eine Hansestadt macht Geschichte. L. 1985. 168 S., 125 Abb. [Geschichte Lübecks, ansprechend und übersichtlich, für einen größeren Leserkreis.]

289 Geschichte der freien und Hansestadt Lübeck. Hrsg. von Fritz Endres. Nachdruck der Ausg. von 1926. Frankfurt a.M. 1981. 306 S., 46 Abb. [Darin 7 unveränderte Aufsätze über die Geschichte der Stadt und verschiedene Berichte städtischen Lebens, dazu 4 Seiten über die Zeit nach 1926 von Jan Herchenröder.]

290. *Brandt, Ahasver von:* Kurze Chronik von Lübeck. Ein Wegweiser durch die Geschichte der Hansestadt für Gäste und Einheimische. 6. Aufl. Überarb. von Antjekathrin Graßmann. L. 1979. 28 S., 8 Abb.
7. Aufl. 1984.

291. *Neugebauer, Werner:* Lübeck. – Handbuch der historischen Stätten Deutschlands. Bd 1: Schleswig-Holstein. 3. Aufl. Stuttgart 1976. S. 153–176, 1 Kt. u. Literaturverz. S. 285–286. Außerdem jeweils innerhalb des Alphabets kurze Artikel über Alt Lübeck, Blankensee, Dänischburg, Kl. Grönau, Krummesse, Löwenstadt, Moisling, Niendorf,

Pöppendorf, Schlutup, Schwartau, Stockelsdorf, Stülper Huk, Travemünde, Waldhusen. [Knappe Darstellung der Entwicklung mit vielen Daten. Der Lübeck-Teil ist gegenüber der 2. Aufl. unverändert.]

3. Besondere Aspekte
In Lübeck-Schrifttum 1900–1975 auf S. 87–88.

292. *Brandt, Ahasver von:* Die Stadt des späten Mittelalters im hansischen Raum. – HGBll. Jg. 96 (1978), S. 1–14. [Darunter auch besonders Lübeck.]

293. *Friedland, Klaus:* Lübeck, Typ der Ostseestadt. Fragen und Feststellungen zur prägenden Kraft neuer Gemeinschaftsformen. – Politik, Wirtschaft und Kunst des staufischen Lübecks. L. 1976. S. 39–48. [Über die Gründergildetheorie, Städtebau, Sozialstruktur u.a.m.]

294. *Friedland, Klaus:* Sozialstruktur und Siedlungsform. Typisches und Besonderes der frühen lübeckischen Geschichte. – LSAK. Bd 4 (1980), S. 67–70.

295. Der Ostseeraum. Historische Elemente einer wirtschaftlichen Gemeinschaft. Hrsg. von Klaus Friedland. L. 1980. 71 S., Abb. (Schriftenreihe der Industrie- und Handelskammer zu Lübeck. Nr. 12.) [Darin Hartmut Boockmann über die ethnische Struktur der Bevölkerung deutscher Ostseestädte, Gerhard Köbler über das Recht an Haus und Hof im mittelalterlichen Lübeck und Vilho Niitemaa über das mittelalterliche Handwerk im Ostseeraum.]

296. Wriedt, Klaus: Zum Profil der lübischen Führungsgruppen im Spätmittelalter. – Neue Forschungen zur Geschichte der Hansestadt Lübeck. L. 1985, S. 41–49.

297. *Engel, Evamaria:* Berlin, Lübeck, Köln – ständische Aktivitäten der Städte. Stand und Ständeversammlung im mittelalterlichen Reich. – Der Ostsee- und Nordseeraum. Politik – Ideologie – Kultur vom 12. bis zum 17. Jh., hrsg. von Konrad Fritze, Eckard Müller-Mertens, Johannes Schildhauer. (Hansische Studien VII) Weimar 1986, S. 159–179.

298. *Cowan, Alexander Francis:* The urban patriciate. Lübeck and V e n i c e 1580–1700. Köln, Wien 1986. 283 S. (Quellen und Darstellungen zur hansischen Geschichte. NF. Bd 30.) [Über die Führungsschichten von Lübeck und Venedig in der frühen Neuzeit.]

299. *Fritze, Konrad:* Bürger und Bauern zur Hansezeit. Studien zu den Stadt-Land-Beziehungen an der südwestlichen Ostseeküste vom 13. bis zum 16. Jahrhundert. Weimar 1976. 118 S. (Abhandlungen zur Handels- und Sozialgeschichte. Bd. 16.)

300. *Zotz, Thomas:* Adel, Bürgertum und Turnier in deutschen Städten vom 13.–15. Jahrhundert. – Das ritterliche Turnier im Mittelalter. Beiträge zu einer vergleichenden Formen- und Verhaltensgeschichte des Rittertums. Hrsg. von Josef Fleckenstein. Göttingen 1985, S. 450–499. [Lübeck ausführlich behandelt.]

301. Stadt im Wandel. Kunst und Kultur des Bürgertums in Norddeutschland 1150–1650. Landesausstellung Niedersachsen 1985. Hrsg. von Cord Meckseper. Bd 1–4. Stuttgart 1985. [Bd 1 u. 2 Katalog, 3 u. 4 Aufsätze. Darin enthalten auch vieles über Lübeck.]

Hammel, Rolf: Lübeck. Frühe Stadtgeschichte und Archäologie. Kritische Betrachtungen aus der Sicht eines Historikers. 1984. S. Nr. 337.

302. *Hammel, Rolf:* Hereditas, area und domus: Bodenrecht, Grundstücksgefüge und Sozialstruktur in Lübeck vom 12. bis zum 16. Jahrhundert. – Jahrbuch für Hausforschung. Bd 35 (1986), S. 175–199, 4 Abb. [Das Grundstücksgefüge aus dem Zusammenspiel von sozialer Struktur der Einwohner, Bodenrecht und wirtschaftlichen Bedingungen rekonstruiert.]

303. *Hammel, Rolf:* Hauseigentum im spätmittelalterlichen Lübeck. Methoden zur sozial- und wirtschaftsgeschichtlichen Auswertung der Oberstadtbuchregesten. – LSAK. 10 (1987), S. 85–300.

B. Quellen
s. a. unter den verschiedenen Abschnitten des Bereiches Wirtschaft.
In Lübeck-Schrifttum 1900–1975 auf S. 88–92.

304. Urkunden und erzählende Quellen zur deutschen Ostsiedlung im Mittelalter. Hrsg. von Herbert Helbig und Lorenz Weinrich. T. 1: Mittel- und Norddeutschland, Ostseeküste. 2. Aufl. Darmstadt 1975. 578 S. (Ausgewählte Quellen zur deutschen Geschichte des Mittelalters. Freiherr-vom-Stein-Gedächtnisausgabe. Bd 26a.) [Jeweils Text des lateinischsprachigen Originals und auf der gegenüberliegenden Seite die deutsche Übersetzung. Eine Anzahl von Quellen mit Bezug auf Lübeck.] 3. Aufl. 1984.

305. Urkunden zur Geschichte des Städtewesens in Mittel- und Niederdeutschland bis 1350. Bearb. von Heinz Stoob, Friedrich Bernward Fahlbusch, Wolfgang Hölscher, in Verbindung mit Hans Patze und Heinz Quirin hrsg. von Heinz Stoob. Köln, Wien 1985. 379 S., 1 Kt. (Städteforschung. C/1.) [Darunter auch eine Anzahl, die Lübeck betreffen.]

306. Urkundenbuch der Stadt Lübeck. Hrsg. von dem Vereine für Lübeckische Geschichte und Altertumskunde. T.1,2, Hälfte 1 und 2. Neudruck der Ausg. 1843–1858. Osnabrück 1976. (Codex diplomaticus Lubecensis. Lübeckisches Urkundenbuch. Abth. 1.) [Enthält Urkunden aus den Jahren 1139–1338.]

307. Helmoldi Presbyteri Bozoviensis Chronica Slavorum. Helmold von Bosau: Slawenchronik. Nach Bernhard Schmeidlers Ausgabe neu übertr. und erl. von Heinz Stoob. 3. Aufl. Darmstadt usw. 1980. 412 S. (Ausgewählte Quellen zur deutschen Geschichte des Mittelalters. Bd 19.) [Helmold, Pfarrer von Bosau, berichtet über die Zustände im slawischen Wagrien und über die Vorgänge der Kolonisation und Mission in der Zeit Lothars und Heinrichs des Löwen bis ca. 1170. Darüber hinaus Beiträge zur Geschichte des Reiches, Niedersachsens und Skandinaviens. Stoob gibt zum lateinischen Text jeweils auf der gegenüberliegenden Seite die deutsche Übersetzung, ferner Einführung, Literaturangaben und Register.]

308. Arnold von Lübeck: Arnoldi Chronica Slavorum. Unveränd. Nachdr. d. Ausg. von 1868. Hannover 1978. 295 S. (Monumenta Germaniae historica: Scriptores rerum Germanicarum in usum scholarum. 14.) [1211/1214, Abt., Chronist, setzte die Slawenchronik Helmolds fort.]

309. *Wesche, Markus:* Arnold von Lübeck. – Lexikon des Mittelalters. Bd 1 (1980), Sp. 1007–1008.

310. *Berg, Dieter* und *F. J. Worstbrock:* Arnold von Lübeck. – Die deutsche Literatur des Mittelalters: Verfasserlexikon. Bd 1. Berlin, New York. 1978, Sp. 472–476.

311. *Prange, Wolfgang:* Beobachtungen an den ältesten Lübecker Urkunden 1222–1230. – Lübeck 1226. 1976, S. 87–96. [Über die Beurkundungspraxis.]

312. *Graßmann, Antjekathrin:* Korner, Hermann. (bald nach 1365–um 1438), Dominikaner, Lübecker Chronist. – NDB. Bd 12 (1980), S. 590.

313. *Stein, Hans-Konrad:* Neuverzeichnung der Akten des Reichskammergerichts im Staatsarchiv Hamburg und Archiv der Hansestadt Lübeck. – Mitteilungen der Gesellschaft für Schleswig-Holsteinische Geschichte. 14 (1982), S. 30–34. [Ergiebige Quellen zur Geschichte des 16.–18. Jahrhunderts.]

314. *Brandt, Ahasver von:* Mittelalterliche Bürgertestamente. Neuerschlossene Quellen zur Geschichte der materiellen und geistigen Kultur. – Brandt, Ahasver von: Lübeck, Hanse, Nordeuropa. Köln 1979, S. 336–358. [Über Lübecker Testamente.]
Zuerst in: Sitzungsberichte der Heidelberger Akademie der Wissenschaften. Phil. hist. Kl. Jg. 1973, Abt. 3.

315. *Reichstein, Renate:* Inventare als Quelle für die Hausforschung. – Jahrbuch für Hausforschung, Bd 35 (1986), S. 201–213. [Die Nachlaßinventare besonders unter dem Gesichtspunkt der Raumnutzung und Raumgestaltung.]

316. *Reichstein, Renate:* Schildereyen und Conterfeite. Wohnnutzung im Spiegel von Kleinkunst: eine kurze Analyse von Nachlaßinventaren. – ZLG. Bd 62 (1982), S. 215–224.

317. *Reichstein, Renate:* Wohnen in Lübeck um die Mitte des 17. Jahrhunderts. Drei Nachlaßinventare Lübecker Bürger. – ZLG. Bd 61 (1981), S. 37–50. [Nachlaßinventare des Kanzleisubstituten Jonas Emme, des Rotbrauers Matthias Holting und des Kaufmanns Johann Boje.]

S. a. Björn R. Kommer: Die Aussteuerverzeichnisse der Anna Dorothea Westphal und der Catharina Dorothea Henrietta Huuß... Nr. 259.

318. *Kommer, Björn R.:* „Specification der getheilten Mobielien des Wohlseeligen Herrn Senat.s Joh: Thom. Otto". Ein Beitrag zur Lübecker Kulturgeschichte des ausgehenden 18. Jahrhunderts. – ZLG. Bd 64 (1984), S. 115–175, 4 Abb. [Kommentiertes Inventarverzeichnis des Senators Johann Thomas Otto (1713–1790).]

319. *Graßmann, Antjekathrin:* Wachstafelbücher aus der Lübecker Innenstadt. – Archäologie in Lübeck. L. 1980, S. 113–114, 1 Abb.

320. *Graßmann, Antjekathrin:* Ein Wachstafelbuch vom Schrangen zu Lübeck. – LSAK. Bd 3 (1980), S. 165–166.

C. Vor- und Frühgeschichte, Stadtarchäologie
(Bodendenkmäler)

1. Bodendenkmalpflege
In Lübeck-Schrifttum 1900–1975 auf S. 92–93.

321. Lübecker Schriften zur Archäologie und Kulturgeschichte. Vorgeschichte, Mittelalter, Neuzeit. Hrsg. für das Amt für Vor- und Frühgeschichte (Bodendenkmalpflege) der Hansestadt Lübeck von Günter P. Fehring. Bd 1–9 und 11. Frankfurt a. M. usw. 1978–1986. Bd 10 und 12 erscheinen 1987. ✳

322. Archäologie in Lübeck. Erkenntnisse von Archäologie und Bauforschung zur Geschichte und Vorgeschichte der Hansestadt. Red. Klaus Frerichs unter Mitwirkung von Gudrun Facklam. L. 1980. 160 S., 112 Abb., 1 große Faltkt. „Archäologische Karte der Hansestadt Lübeck". (Hefte zur Kunst und Kulturgeschichte der Hansestadt Lübeck. 3.) [Anläßlich einer Ausstellung 54 kürzere Beiträge von 27 Autoren über Forschungsgeschichte und -aufgaben, vorgeschichtliche Epochen, Frühgeschichte slawischer Zeit, das deutsche Lübeck auf dem Stadthügel, Baugeschichte, Befestigungsanlagen sowie Arbeitsmethoden und Altersbestimmungen.] ✳

a) Problematik, Aufgaben

323. *Fehring, Günter P.:* Lübeck, Archäologie einer Großstadt des Mittelalters. Probleme und Konzeptionen, Fragestellungen und Ergebnisse. – Lübeck 1226. 1976. S. 267–298, 16 Abb.

324. *Neugebauer, Werner:* Vorgeschichtsforschung und Bodendenkmalpflege in der Hansestadt Lübeck bis zum Jahre 1973. – Archäologie in Lübeck. 1980, S. 4–7, 2 Abb.

325. *Fehring, Günter P.:* Archäologie, Bodendenkmalpflege und Baugeschichtsforschung in Lübeck; Gegenwartsaufgaben und Forschungsprojekte. – Archäologie in Lübeck. L. 1980, S. 7–10, 1 Kt.

326. *Fehring, Günter P.:* Zur archäologischen Erforschung topographischer, wirtschaftlicher und sozialer Strukturen der Hansestadt Lübeck. – Berichte zur deutschen Landeskunde. Bd 54 (1980), S. 133–163, 15 Abb.

327. *Fehring, Günter P.:* Quellen, Methoden, Ziele und Problematik eines archäologisch-historischen Forschungsprojektes zur Hansestadt Lübeck. – LSAK. Bd 4 (1980), S. 9–15.

328. *Fehring, Günter P.:* Archäologische und baugeschichtliche Untersuchungen zur Hansestadt Lübeck. – Sonderforschungsbereich 17 Skandinavien- und Ostseeraumforschung Christian-Albrechts-Universität zu Kiel. Kiel 1984, S. 291–326. Masch. verv.

329. *Fehring, Günter P.:* Methodische Möglichkeiten und Grenzen der Archäologie des Mittelalters. – Blätter für deutsche Landesgeschichte. Jg. 122 (1986), S. 193–205, 32 Abb.

330. *Falk, Alfred* und *Rolf Hammel:* Möglichkeiten einer interdisziplinären Auswertung der archäologischen und schriftlichen Quellen. – LSAK. Bd 10 (1987), S. 301–308.

b) Archäologie und Stadtgeschichtsforschung

331. *Hammel Rolf:* Ein neues Bild des alten Lübeck. Archäologische Ergebnisse aus der Sicht des Historikers. – ZLG. Bd 59 (1979), S. 211–222. [Zusammenfassung der Ergebnisse von „Lübecker Schriften zur Archäologie und Kulturgeschichte", Bd 1 (1978), für den historisch interessierten Leser.]

332. *Boockmann, Hartmut,* Franz Adrian Dreier, Wolfgang Hübener und Günter Wiegelmann: Überlegungen zu Möglichkeiten und Grenzen einer interdisziplinären Zusammenarbeit von Geschichte, Kunstgeschichte, Archäologie und Volkskunde. – LSAK. Bd. 4 (1980), S. 220–229.

333. *Falk, Alfred* und *Rolf Hammel:* Zur Konzeption eines archäologisch-historischen Forschungsprojektes in Lübeck. – ZLG. Bd 59 (1979), S. 223–226. [Aufgaben des Amts für Vor- und Frühgeschichte. Gegenseitige Ergänzung von Bodenfunden und Schriftquellen.]

334. *Falk, Alfred* und *Rolf Hammel:* Archäologisch-historische Untersuchungen zur Sozial- und Wirtschaftsgeschichte. – Archäologie in Lübeck. L. 1980, S. 55–56. Ähnlich wie Nr. 333.

335. *Hahn, Klaus-Dieter:* Fundmaterialien, archäologische Arbeitsmethode und vorläufige Ergebnisse. – LSAK. Bd 4 (1980), S. 17–25, 4 Abb. [Vorstellung eines archäologisch-historischen Forschungsprojektes.]

336. *Fehring, Günter P.:* Aussagemöglichkeiten der Archäologie zur Stadtgeschichtsforschung, dargestellt am neuesten Erkenntnisstand zu Lübeck. – Die Heimat. Jg. 88 (1981), S. 249–261, 5 Kt., 1 Abb.

337. *Hammel, Rolf:* Lübeck. Frühe Stadtgeschichte und Archäologie. Kritische Betrachtungen aus der Sicht eines Historikers. – ZLG. Bd 64 (1984), S. 9–38. Ergänzt in ZLG. Bd 66 (1986), S. 271–273. [Überprüfung der Aussagen der Lübecker Stadtarchäologie auf ihre methodische Haltbarkeit und Korrekturen aufgrund der Schriftquellen.]

338. *Hammel, Rolf:* Lübeck – Struktur einer Hansestadt. Stadtgeschichte im archäologisch-historischen Vergleich. – Archäologie in Deutschland. 1985, H. 4, S. 28–31, 3 Abb., 1 Kt.

339. *Stephan, Hans Georg:* Die frühe Siedlungsgeschichte der Stadt aus archäologischer Sicht. Stellungnahme zu „kritischen Betrachtungen" eines Historikers. – ZLG. Bd 66 (1986), S. 45–56. [Kritik am Aufsatz von Rolf Hammel: Lübeck. Frühe Stadtgeschichte und Archäologie. s. Nr. 337.]

340. *Fehring, Günter Paul:* Alt Lübeck und Lübeck, zur Topographie und Besiedlung zweier Seehandelszentren im Wandel vom 12. zum 13. Jahrhundert. – Die Heimat. Jg. 89 (1982), S. 181–188, 5 Kt. [Stufenweise Entwicklung vom slawischen Burg- und Handelsplatz Alt Lübeck bis zur vollausgebauten deutschen Stadt Lübeck.]

Fehring, Günter P.: Alt Lübeck und Lübeck; zur Topographie und Besiedlung zweier Seehandelszentren im Wandel vom 12. zum 13. Jahrhundert. 1983. S. Nr. 340.

341. *Fehring, Günter P.* und *Rolf Hammel*: Die Topographie der Stadt Lübeck bis zum 14. Jahrhundert. In: Stadt im Wandel. Kunst und Kultur des Bürgertums in Norddeutschland 1150–1650. Hrsg. von Cord Meckseper. Stuttgart 1985. Bd 3, S. 167–190. 8 Abb. [Siedlungsentwicklung, dargestellt aufgrund der Ausgrabungen und der schriftlichen Überlieferung; unterschiedliche Ansichten und Interpretationen werden deutlich.]

342. *Erdmann, Wolfgang:* Der Lübecker Stadthügel in slawischer Zeit (8.–12. Jahrhundert). – Archäologie in Lübeck. L. 1980., S. 35–37, 1 Kt.

343. *Erdmann, Wolfgang:* Die Aufsiedlung des Lübecker Stadthügels im 12. und 13. Jahrhundert. – Archäologie in Lübeck. L. 1980, S. 47–49, 1 Kt.

344. *Fehring, Günter P.:* Lübeck – im Wandel vom 12. zum 13. Jahrhundert. – LBll. Jg. 141 (1981), S. 123–127, 3 Kt.

345. *Fehring, Günter P.:* Die Archäologische Landesaufnahme und eine Archäologische Karte zur Erfassung der Bodendenkmale der Hansestadt Lübeck. – Archäologie in Lübeck. L. 1980, S. 10–11, dazu die Archäologische Karte im Maßstab 1 : 25 000.

346. *Fehring, Günter P.:* Eine archäologische Karte des Stadtkreises Hansestadt Lübeck. – LSAK. Bd 5 (1981), S. 7–9, 1 Kt. 1 : 25 000, 118,5×64 cm.
Die Karte erschien in 2. Aufl. 1985.

c. Zusammenfassende Überblicksdarstellungen

347. *Fehring, Günter P.:* Stadtkernarchäologie in Lübeck, Konzeptionen und erste neue Ergebnisse. – Archäologisches Korrespondenzblatt. 1975, H. 3, S. 231–240, 6 Abb. 1 Taf. [Über die Grabungen im Heil.Geist-Hospital, am Schrangen, auf dem Domhügel und in der Hundestraße.]

348. *Fehring, Günter P.:* Archäologisch-baugeschichtliche Erkenntnisse zu Topographie und Besiedlung, Bau-, Wirtschafts- und Sozialstruktur des mittelalterlichen Lübeck. – Die Heimat. Jg. 85 (1978), S. 357–364, 4 Abb.

349. *Fehring, Günter P.:* Neue archäologische Erkenntnisse und Zielsetzungen zur frühen Geschichte der Hansestadt Lübeck. – Wa. 1978, S. 165–186, 18 Abb. u. Kt.

350. *Fehring, Günter P.:* Alt Lübeck und Lübeck – Zur Topographie und Besiedlung zweier Seehandelszentren im Wandel vom 12. zum 13. Jahrhundert. – LSAK. Bd 7 (1983), S. 11–18, 5 Abb.
Dazu Rolf Hammel: Lübeck. Frühe Stadtgeschichte und Archäologie. s. Nr. 337.

351. *Fehring, Günter P.:* The Archaeology of Early Lübeck: The Relation between the Slavic and German Settlement Sites. – The Comparative History of Urban Origins in Non-Roman Europe. Hrsg. von Helen B. Clarke und Anngret Simms. Bd 1. Oxford 1985. (= B.A.R. International Series No. 255.), S. 267–287.

d. Ausgrabungstechnik, Datierung von Keramik, Dendrochronologie u.a.

352. *Erdmann, Wolfgang:* Zur archäologischen Arbeitsweise in natürlichen Schichten. – Archäologie in Lübeck. 1980, S. 138–140, 1 Abb.

353. *Falk, Alfred:* Bearbeitung und Restaurierung archäologischer Fundmaterialien. – Archäologie in Lübeck. 1980, S. 151–152, 2 Abb.

354. *Lüdecke, Torsten:* Archäologische Notbergungen und Notdokumentationen. – Archäologie in Lübeck. 1980, S. 140–142, 1 Abb.

355. *Erdmann, Wolfgang:* Grabungen in Brunnenschächten. – Die Heimat. Jg. 89 (1982), S. 201–205, 1 Abb.

356. *Erdmann, Wolfgang:* Ausgrabungen in Betonbrunnenringen. Neue praktische Erfahrungen der Lübecker Stadtkernarchäologie. – Offa. 40 (1983), S. 353–358, 1 Abb.

357. *Willroth, Karl-Heinz:* Zur Gliederung der slawischen Keramik aus der Lübecker Innenstadt. – LSAK. Bd 6 (1982), S. 303–333, Abb.

358. *Eckstein, Dieter* und *Sigrid Wrobel:* Der Kalender in Holz: Altersbestimmung mit Hilfe der Dendrochronologie. – Archäologie in Lübeck. 1980, S. 148–150, 1 Abb. [Über die Dendrochronologie an Hand von Beispielen aus Lübeck.]

359. *Wrobel, Sigrid* und *Dieter Eckstein:* Dendrochronologische Untersuchung der Holzfunde aus den Grabungen in Alt Lübeck (1978–1981). – LSAK. Bd 9 (1984), S. 37–39, 3 Abb.

360. *Eckstein, Dieter* und *Sigrid Wrobel:* Dendrochronologische Untersuchungen zum Bürgerhaus in Lübeck. – Jahrbuch für Hausforschung. Bd 35 (1986), S. 215–226, 5 Abb. [Über die Methode und die Anwendung in Lübeck, bis 1984 an 80 Gebäuden.]

361. *Averdieck, Fritz-Rudolf:* Paläobotanische Untersuchungen an Wallproben von Alt Lübeck. – LSAK. Bd 5 (1981), S. 103–111, 6 Abb. [An Hand von Proben aus dem Wall Rückschlüsse auf die Flora der Umgebung Alt Lübecks im Mittelalter.]

362. *Averdieck, Fritz-Rudolf:* Palynologischer Beitrag zur Grabung im Burgwall Alt Lübeck 1981. – LSAK. Bd 9 (1984), S. 41–44 [Pollenanalytische Untersuchungen.]

2. Vor- und Frühgeschichte des lübeckisch-ostholsteinischen Raumes
In Lübeck-Schrifttum 1900–1975 auf S. 93–94.

a) Von der Steinzeit zur Eisenzeit

363. *Meyer, Diethard:* Zur Vorgeschichte des Lübecker Beckens. – Archäologie in Lübeck. L. 1980, S. 12–17, 8 Abb.

364. *Tromnau, Gernot:* Paläolithische Funde aus dem Bereich der Lübecker Bucht. – LSAK. Bd 1 (1978) S. 9–11, 2 S. Abb.

365. *Jestrzemski, Dagmar:* Mittlere Steinzeit in Lübeck. – VBll. Jg. 34 (1983), S. 22–23, 2 Abb. [Über Funde dieser Zeit von 8000–4200 vor Chr. und ihre Einordnung.]

366. *Frerichs, Klaus:* Das Großsteingrab von Waldhusen, Gemarkung Pöppendorf, Hansestadt Lübeck. – Archäologie in Lübeck. L. 1980, S. 17–20, 2 Abb.

367. *Frerichs, Klaus:* Die Bauphasen des Megalithgrabes von Waldhusen, Gemarkung Pöppendorf, Hansestadt Lübeck. Befunde einer Nachgrabung (1). – LSAK. Bd 5 (1981), S. 17–29, 20 Abb.

368. *Ziegert, Helmut:* Zur Rekonstruktion von Megalithgräbern, dargestellt am Beispiel des Megalithgrabes von Waldhusen, Gemarkung Pöppendorf, Hansestadt Lübeck. – LSAK. Bd 5 (1981), S. 31–35, 1 Abb.

369. *Schulz, Günther:* Ein steinzeitlicher Artefaktkomplex vom Brodtener Hochufer, Hansestadt Lübeck. Versuch eines Fundberichtes. 1. – LSAK. Bd 1 (1978), S. 13–18, 8 Abb. [Aufzählung und Beschreibung der Artefakte.]

370. *Hoika, Jürgen:* Einige Steinartefakte von Alt Lübeck. – LSAK. Bd 3 (1980), S. 57–58.

371. *Bokelmann, Klaus:* Zwei steinzeitliche Fundplätze am Priwall, Gemarkung Trave und Dassower See, Hansestadt Lübeck. (1). – LSAK. Bd 5 (1981), S. 11–16, 6 Abb.

372. *Hirte, Christian:* Ein mittelneolithischer Siedlungsplatz in Krempelsdorf, Hansestadt Lübeck. – Offa. Bd 42 (1985), S. 261–271, 6 Abb.

373. *Höckmann, Olaf:* Ein jungbronzezeitlicher Weihefund von Mönkhof, Gemarkung Strecknitz, Hansestadt Lübeck. – LSAK. Bd. 5 (1981), S. 37–46, 3 Abb.

374. *Stief, Monika:* Ein Brandgräberfeld der vorrömischen Eisenzeit auf Gemarkung Krummesse, Hansestadt Lübeck. – LSAK. Bd 5 (1981), S. 47–60, 14 Abb.

375. *Caselitz, Peter:* Die Ergebnisse der anthropologischen Untersuchung der Leichenbrände eines Gräberfeldes der vorrömischen Eisenzeit auf Gemarkung Krummesse, Hansestadt Lübeck. – LSAK. Bd 5 (1981), S. 61–80.

376. *Jacobshagen, Burkhard:* Anthropologische Bearbeitung des eisenzeitlichen Urnengräberfeldes Lübeck-Schönböcken. – LSAK. Bd 8 (1984), S. 97–104, Abb.

b) Lübeck und der Ostseeraum. Zeitlich übergreifende Darstellungen.

377. *Fehring, Günter P.:* Alt-Lübeck und Lübeck in der Kontaktzone zwischen Skandinaviern, Slawen und Deutschen. Fragestellungen und erste Ergebnisse eines Forschungs-Teilprojekts. – Die Heimat. Jg. 83 (1976), S. 148–158, 5 Abb.

378. Wikinger und Slawen. Zur Frühgeschichte der Ostseevölker. Hrsg. Joachim Herrmann. Neumünster 1982. 376 S., 358 Abb.

379. *Andersen, Henning Hellmuth:* Machtpolitik um Nordalbingien zu Anfang des 9. Jahrhunderts. – Archäologisches Korrespondenzblatt. 10 (1980), H. 1, S. 81–84.

380. *Andersen, Henning Hellmuth:* Der Streit um Nordalbingien zu Beginn des 9. Jahrhunderts. – Archäologie in Lübeck. 1980, S. 34–35. [Alt Lübeck im Zusammenhang der Vorgänge.]

381. *Andersen, Henning Hellmuth:* Die Haltung Dänemarks im Jahre 983. – Zeitschrift für Archäologie. 18 (1984), S. 101–106.

382. *Hoffmann, Erich:* Sachsen, Abodriten und Dänen im westlichen Ostseeraum von der Mitte des 10. bis zur Mitte des 12. Jahrhunderts. – Schiffe und Seefahrt in der südlichen Ostsee. Köln, Wien 1986. (Mitteldeutsche Forschungen. Bd 91.), S. 1–40.

c) Slawenzeit
s. a. Bevölkerungsgeschichte S. 29.

383. Die Slawen in Deutschland. Geschichte und Kultur der slawischen Stämme westlich von Oder und Neiße vom 6. bis 12. Jahrhundert. Ein Handbuch. Hrsg. von Joachim Herrmann. Neuausg. Berlin-Ost 1985.

384. *Bohm, Eberhard:* Elb- und Ostseeslawen. – Lexikon des Mittelalters. Bd 3 (1986), Sp. 1779–1788. [Mit Angabe wichtiger Literatur.]

385. Abodriten, Obodriten. 1. Hermann Hinz: Archäologie. 2. Wolfgang H. Fritze: Geschichte. – Lexikon des Mittelalters. Bd 1 (1980), Sp. 47–49.

Petersohn, Jürgen: Der südliche Ostseeraum im kirchlich-politischen Kräftespiel des Reichs, Polens und Dänemarks vom 10. bis 13. Jahrhundert. 1979. s. Nr. 540.

386. *Fritze, Wolfgang H.:* Probleme der abodritischen Stammes- und Reichsverfassung und ihrer Entwicklung vom Stammesstaat zum Herrschaftsstaat. – Siedlung und Verfassung der Slawen zwischen Elbe, Saale und Oder. Hrsg. von Herbert Ludat. Gießen 1960, S. 141–219.

387. *Gläser, Manfred:* Die Slawen in Ostholstein. Studien zur Siedlung, Wirtschaft und Gesellschaft der Wagrier. Hamburg 1983. 427 S., Kt. Masch. verv. Hamburg, Diss.phil. 1979.

388. *Gläser, Manfred:* Zum Verbleib der Elbslawen nach dem Verlust ihrer Unabhängigkeit. – Die Heimat. Jg. 89 (1982), S. 215–220, 2 Abb., 1 Kt. [Aufgrund von Schriftquellen, Namen und Ausgrabungen sind nach Gläser in Lübeck und Umgebung in dt. Zeit mehr Slawen nachzuweisen als bisher angenommen.]

Gläser, Manfred: Das Restslawentum im Kolonisationsgebiet. Dargestellt am Beispiel der Hansestadt Lübeck und ihrer Umgebung. 1982. s. Nr. 144.

389. *Kempke, Torsten:* Ein Beitrag zum Thema „Slawenlegende". Streitfrage: Ostelbien germanisch oder slawisch? – LBll. 145 (1985), S. 121–124. [Insbesondere auf Ostholstein bezogen.]

390. *Andersen, Henning Hellmuth:* Alt Lübeck und die Geschichte. – ZLG. Bd 63 (1983), S. 243–250. [Überblick über die Geschichte Alt Lübecks im Spannungsfeld zwischen Franken/Deutschen, Dänen und Abotriten von der Erbauung 819 bis ins 13. Jahrh.]

391. *Fehring, Günter P.* und Manfred Gläser: Das Lübecker Becken in slawischer Zeit. – Archäologie in Lübeck. 1980, S. 23–25, 1 Kt.

392. *Fehring, Günter P.:* Besiedlungsstrukturen des Lübecker Beckens und ihre Voraussetzungen in slawischer Zeit. – Zeitschrift für Archäologie. (Ost-Berlin), 18 (1984), S. 81–92, 5 Kt.

393. *Willroth, Karl-Heinz:* Das Lübecker Becken im frühen Mittelalter. Eine Bestandsaufnahme slawischer Fundstellen. – LSAK. 11 (1985), S. 7–51.

394. *Herrmann, Joachim:* Über das historische und siedlungsgeschichtliche Umfeld des Seehandelsplatzes Reric zu Beginn des 9. Jahrhunderts. – Offa. 37 (1980), S. 201–207. [Argumentation, daß Reric nicht Alt Lübeck sein kann.]

395. *Herrmann, Joachim:* Reric – Ralswiek – Gross Raden. Seehandelsplätze und Burgen an der südlichen Ostseeküste. – LSAK. Bd 9 (1984), S. 91–96.

396. *Budesheim, Werner:* Die Entwicklung der mittelalterlichen Kulturlandschaft des heutigen Kreises Herzogtum Lauenburg unter besonderer Berücksichtigung der slawischen Siedlung. Wiesbaden: Steiner 1984. (Mitteilungen der Geographischen Gesellschaft in Hamburg. Bd 74.) (Schriftenreihe der Stiftung Herzogtum Lauenburg. Bd 7.)

d) Deutsche und slawische Wehranlagen

397. Die slawischen Burgen. Hrsg. von Hermann Hinz und Karl Wilhelm Struve. Neumünster 1981. 115 S., 83 Abb. – 35 Kt. u. 23 Pl. separat in Mappe. (Die Burgen in Schleswig-Holstein. Bd. 1.) [Über Lage, Zustand, Ausgrabungen und Funde der 36 behandelten Burgen, darunter Alt-Lübeck, Bucu und Pöppendorf.]

398. *Fehring, Günter P.:* Slawische und frühdeutsche Wehranlagen im Bereich des Lübecker Beckens. – Château Gaillard. 9/10 (1982), S. 83–96.

399. *Fehring, Günter P.:* Grabungsbefunde zum slawischen Burgwall Bucu und zur landesherrlichen Burg mit zugehörigem Brunnen im Burgkloster zu Lübeck – ein Zwischenbericht. – LSAK. Bd 6 (1982), S. 77–98, 16 Abb.

400. *Fehring, Günter P.:* Der slawische Burgwall Bucu im Bereich des ehemaligen Burgklosters zu Lübeck. – Archäologie in Lübeck. L. 1980, S. 37–41, 1 Abb., 2 Pl.

401. *Fehring, Günter P.:* Der slawische Burgwall in Alt Lübeck. – Archäologie in Lübeck. 1980, S. 28–32, 2 Abb., 1 Kt.

402. *Ostertun, Helmrich:* Der Limes Saxoniae zwischen Trave und Schwentine. – Zeitschrift der Gesellschaft für Schleswig-Holsteinische Geschichte. 92 (1967), S. 9–37.

403. *Meyer, Diethard:* Der Hirtenberg am Stülper Huk, Gemarkung Dummersdorf, Hansestadt Lübeck. – Archäologie in Lübeck. L. 1980, S. 20–22, 1 Abb., 1 Kt.

404. *Fehring, Günter P.:* Die hochmittelalterlichen Burgen auf dem Hirtenberg am Stülper Huk, zu Travemünde und Dänischburg, Hansestadt Lübeck. – Archäologie in Lübeck. L. 1980, S. 129–130, 1 Abb.

405. *Kempke, Torsten:* Die slawische Burg Pöppendorf, Hansestadt Lübeck. – LSAK. Bd 1 (1978), S. 19–28, 3 Abb. [Über die Burg, die angrenzende Siedlung und dazugehörende Hügelgräber.]

406. *Kempke, Torsten:* Burgwall, Siedlung und Hügelgräber bei Pöppendorf, Hansestadt Lübeck. – Archäologie in Lübeck. L. 1980, S. 25–28, 1 Abb., 1 Kt.

3. Alt-Lübeck

In Lübeck-Schrifttum 1900–1975 auf S. 94–96.

a) Überblicke, Ausgrabungskampagnen, wesentliche Ergebnisse

407. *Hinz, Hermann:* Alt-Lübeck. – Lexikon des Mittelalters. Bd 1 (1980), Sp. 477.

408. *Andersen, Hellmuth H.:* Das Ur-Altlübeck. – Die Heimat. Jg. 85 (1978), S. 338–342, 4 Abb.

409. *Hübener, Wolfgang:* Die Ausgrabung in Alt Lübeck 1949. – Die Heimat. 57 (1950), S. 40–41, 1 Abb.

410. *Hübener, Wolfgang:* Die Ausgrabungen im slawischen Burgwall Alt Lübeck 1949. – LSAK. Bd 3 (1980), S. 13–37, 19 Abb.

411. *Kempke, Torsten:* Alt Lübeck: Die Ergebnisse der Ausgrabung 1947–50, Teil 1: Die Burgmitte. – LSAK. Bd 9 (1984), S. 9–23, 17 Abb.

   Kempke, Torsten: Alt Lübeck: Die Ergebnisse der Ausgrabung 1947–1950, T. 2: Der südliche Teil der Burg – Eine Synthese mit den Grabungsergebnissen 1882–1981. – LSAK. 11 (1985), S. 53–73, Abb.

412. *Andersen, Hellmuth:* Neue Grabungsergebnisse 1977 zur Besiedlung und Bebauung im Inneren des slawischen Burgwalles Alt Lübeck. – LSAK. Bd 3 (1980), S. 39–55, 23 Abb.

413. *Andersen, Hellmuth:* Der älteste Wall von Alt Lübeck. Zur Baugeschichte des Ringwalles. – LSAK. Bd 5 (1981), S. 81–94, 37 Abb.

414. *Andersen, Hellmuth H.:* Neue Untersuchungen zum Ringwall von Alt Lübeck. – LSAK. Bd 5 (1981), S. 95–102, 17 Abb.

415. *Andersen, Henning Hellmuth:* Die Tore von Alt Lübeck. – ZLG. Bd 65 (1985), S. 307–309. [Das 1983 aufgefundene Westtor gehört zur Burganlage von 819, das 1908 entdeckte Südtor zur Burgerneuerung von 1055.]

416. *Andersen, Henning Hellmuth:* Das Südwesttor von Alt Lübeck. – LSAK. Bd 9 (1984), S. 25–35, 21 Abb.

417. *Andersen, Henning Hellmuth:* Das Westtor von Alt Lübeck und die drei Burgperioden. – LSAK. 11 (1985), S. 75–87. [Aufgrund der Grabung von 1983.]

418. *Stephan, Hans:* Eine spätslawische Siedlung bei Alt Lübeck. – LSAK. Bd 9 (1984), S. 89–90, 3 Abb.

b) Alt Lübeck im historischen Geschehen

Andersen, Henning Hellmuth: Alt Lübeck und die Geschichte. 1983. S. Nr. 390.

419. *Andersen, Henning Hellmuth:* Das Danewerk als Ausdruck mittelalterlicher Befestigungskunst. – Château Gaillard. 11 (1983), S. 9–17. [Historische und archäologische Betrachtung des Danewerkes im Verhältnis zu den Burgen in Itzehoe und Alt Lübeck im Spannungsfeld des Mächtedreiecks von Dänen, Sachsen und Abodriten.]

420. *Andersen, H. Hellmuth:* „De morte Crutonis" – zum Machtwechsel im Abodritenstaat 1093. Gedanken zu neuen Grabungsergebnissen. – ZLG. Bd 66 (1986), S. 265–270.

421. *Hammel, Rolf:* Alt Lübeck. Archäologische Ergebnisse zur Siedlungsgeschichte und Überlegungen zur Stellung der Siedlung im Abotritenreich. – ZLG. Bd 65 (1985), S. 9–51, 2 Kt.
Ergänzt in ZLG. Bd 66 (1986), S. 273–274. [Wegen der lückenhaften Überlieferung sind auch die Aussagen der Grabungsergebnisse weitgehend hypothetisch. Burgwall seit 819, nach 1090 unter Fürst Heinrich Hauptort des Abotritenreiches.]

422. *Hübener, Wolfgang:* Alt Lübeck und die Anfänge Lübecks – Überlegungen der Archäologie zu den Anfängen ihres „städtischen Wesens". – Neue Forschungen zur Geschichte der Hansestadt Lübeck. L. 1985. S. 7–25, 2 Abb.

423. *Kempke, Torsten:* Alt Lübecks Aufstieg zur Königsresidenz. – Zeitschrift für Archäologie. (Ost-Berlin). 18 (1984), S. 93–100, 3 Abb.

424. *Brink, Thorgunn Snaedal:* Gotländer in Alt Lübeck – ein Runenstein des 11. Jahrhunderts. – LSAK. Bd 9 (1984), S. 97–98, 2 Abb.

c) Einzelne Fundkomplexe und Einzelfunde

425. *Hübener, Wolfgang:* Die stratigraphischen Grundlagen der Keramik von Alt Lübeck aufgrund der Ausgrabung 1949. – Offa. 12 (1953), S. 87–111.

426. *Kempke, Torsten:* Frühslawische Keramik aus Alt Lübeck. – LSAK. Bd 3 (1980), S. 7–11, 2 Abb.

427. *Kempke, Torsten:* Slawische Keramik aus Alt Lübeck. – Archäologie in Lübeck. 1980, S. 32–34, 2 Abb.

428. *Zazoff, Peter:* Eine Alsengemme in Alt Lübeck. – LSAK. Bd 3 (1980), S. 51–55, 3 Abb.

429. *Knorr, Heinz A.:* Westslawische Gürtelhaken und Kettenschließgarnituren. Ein Beitrag zur Deutung der Alt Lübecker Funde. – Offa. 27 (1970), S. 92–104.

430. *Andrae, Reinhard:* Mosaikaugenperlen – Untersuchung zur Verbreitung und Datierung karolingerzeitlicher Millefioriglasperlen in Europa. – Acta Praehistorica et Archaeologica. 4 (1973), S. 101–198. [Darin auch über einen entsprechenden Fund in Alt Lübeck.]

431. *Schröder, Bernd:* Untersuchungen an Tierknochenfunden aus alt- und jungslawischen Siedlungsschichten des Burgwalls Alt Lübeck. – LSAK. Bd 9 (1984), S. 45–87, Abb.

4. Ausgrabungen in Lübecks Altstadt
(auch geschichtliche Zeit)
In Lübeck-Schrifttum 1900–1975 auf S. 97–98.

a) Bestimmte Bereiche

432. *Gläser, Manfred:* Befunde zur Hafenrandbebauung Lübecks als Niederschlag der Stadtentwicklung im 12. und 13. Jahrhundert. Vorbericht zu den Grabungen Alfstraße 36/38 und Untertrave 111/112. – LSAK. 11 (1985), S. 117–129.

433. *Holst, Jens Christian:* Zur mittelalterlichen Baugeschichte der Häuser Alfstraße 36/38 in Lübeck – ein Zwischenbericht. – LSAK. 11 (1985), S. 131–143.

434. *Kummer, Stefan:* Archäologische Aufschlüsse zur Baugeschichte der Briefkapelle an St. Marien in Lübeck. – Deutsche Kunst und Denkmalpflege. Jg. 35 (1977), S. 139–147, 13 Abb. [Anläßlich der 1974 durchgeführten Bauarbeiten.]

435. *Kummer, Stefan:* Die Briefkapelle von St. Marien in Lübeck. Ein neuer Beitrag zur Entstehungsgeschichte. – LSAK. Bd 1 (1978), S. 97–101, 16 Abb.

436. *Fehring, Günter P.:* Die ehemalige landesherrliche Burg im Bereich des Burgklosters zu Lübeck. – Archäologie in Lübeck. L. 1980, S. 56–59, 4 Abb.

   Fehring, Günter P.: Grabungsbefunde zum slawischen Burgwall Bucu und zur landesherrlichen Burg ... 1982. s. Nr. 399.

437. *Erdmann, Wolfgang* und *Hartmut Rötting:* Archäologische Untersuchungen auf dem Domhügel zu Lübeck. – Archäologie in Lübeck. 1980, S. 91–93, 2 Abb.

438. *Baumgärtner, Hans-Hermann,* Gerhard Boenisch, Günter Bräuer und Wolfgang Erdmann: Untersuchungen des Domkirchhofs zu Lübeck – ein archäologisch-anthropologischer Vorbericht. – LSAK. Bd 8 (1984), S. 57–80, 15 Abb.

439. *Meyer, Diethard und Manfred Neugebauer:* Archäologisch-baugeschichtliche Beobachtungen und Teiluntersuchungen am Haus Engelsgrube 56 und seinen Nachbarhäusern in Lübeck. – LSAK. Bd 6 (1982), S. 163–183, 6 Abb.

440. *Erdmann, Wolfgang:* Archäologie in der Großen Petersgrube zu Lübeck: Erkenntnisse zu dänenzeitlicher Stadtgeschichte und skandinavischem Keramikimport im 13. Jahrhundert. – Die Heimat. Jg. 89 (1982), S. 188–200, 10 Abb.

441. *Erdmann, Wolfgang:* Hochmittelalterliche Baugrundgewinnung in Lübeck und das Problem der Lokalisierung beider Gründungssiedlungen: Erste Befunde aus den Gebieten Große Petersgrube und An der Untertrave. – LSAK. Bd 6 (1982), S. 7–31, 11 Abb.

442. *Erdmann, Wolfgang:* Untersuchungen in der Großen Petersgrube zu Lübeck. Befunde zur Stadtgeschichte und Fundvergesellschaftung ca. 1200–1250. – Archäologisches Korrespondenzblatt. 12 (1982), S. 543–554, Abb.

443. *Erdmann, Wolfgang:* Hochmittelalterliche Siedlungsgeschichte und Holzbauten unter dem Hause Große Petersgrube 27 in Lübeck. (Grabung Große Petersgrube Vorbericht II). Mit einem Beitrag von Horst Willkomm. – LSAK. 11 (1985), S. 89–116.

444. *Erdmann, Wolfgang:* Ein lübeckisches Fachwerkhaus um 1173. – Archäologisches Korrespondenzblatt. 16 (1986), S. 369–377, 6 Abb. [Haus Große Petersgrube 27, Schwellenholz mit Zapfloch ergraben.]

445. *Stephan, Hans-Georg:* Archäologische Untersuchungen in der Hundestraße in Lübeck. – Archäologisches Korrespondenzblatt. Jg. 7 (1977), S. 301–305, Abb.

446. *Stephan, Hans Georg:* Archäologische Grabungen im Handwerkerviertel der Hansestadt Lübeck (Hundestr. 9–17). Ein Vorbericht. – LSAK. Bd 1 (1978), S. 75–80, 37 Abb. [Ausgrabungen von 1976.]

447. *Stephan, Hans-Georg:* Archäologische Untersuchungen in der Hundestraße zu Lübeck. – Archäologie in Lübeck. L. 1980, S. 78–81, 3 Abb.

448. *Erdmann, Wolfgang:* Bau- und Besiedlungsgeschichte der Grundstücke Hundestraße 9–17 in Lübeck. Zum Stand der Grabungsauswertungen. – Archäologisches Korrespondenzblatt. 13 (1983), S. 131–136, Abb.

449. *Erdmann, Wolfgang* unter Mitarbeit von Doris Mührenberg und Michael de Palacios: Bau- und Besiedlungsgeschichte der Grundstücke Hundestraße 9–17 in Lübeck: ein Zwischenbericht. – LSAK. Bd 8 (1984), S. 23–31, 2 Abb.

450. *Mührenberg, Doris:* Grundstücksteilungen und bauliche Entwicklung im Spätmittelalter am Beispiel Hundestr. 9–17 in Lübeck. – Jahrbuch für Hausforschung. Bd 35 (1986), S. 155–174, 8 Abb.

451. *Nielsen, Peter:* Die Baugeschichte des Bürgerhauses Kapitelstr. 5 in Lübeck. Schriftliche Hausarbeit zur Ersten Staatsprüfung für die Laufbahn der Grund- und Hauptschullehrer in Schleswig-Holstein. Kiel 1980. Masch. 95 Bll., Abb.

452. *Wolfgang Erdmann* und *Peter Nielsen:* Ein Testament, Baubefunde und Dendrochronologie: Der Umbau des Lübecker Bürgerhauses Kapitelstraße 5 im 15. Jahrhundert. Mit Untersuchungsergebnissen von Sigrid Wrobel. – Die Heimat. Jg. 89 (1982), S. 233–245, 8 Abb.

453. *Nielsen, Peter* unter Mitarbeit von Wolfgang Erdmann: Das Haus Kapitelstraße 5 in Lübeck. Vorbericht zu einer exemplarischen Entwicklung lübeckischen Hausbaues. – LSAK. Bd 11 (1985), S. 145–153.

454. *Fehring, Günter P.:* Frühe Besiedlung und Bebauung um den Koberg zu Lübeck. – Archäologie in Lübeck. L. 1980, S. 63–66, 2 Abb.

455. *Fehring, Günter P.:* Grabung auf den Grundstücken Königstraße 59–63 in Lübeck. – LSAK. Bd 1 (1978), S. 39–46, 8 Abb. [Grabungen von 1975.]

456. *Hahn, Klaus-Dieter:* Grabung Königstraße 59–63 in Lübeck; Kommentierter Katalog der Kleinfunde aus Glas, Metall, Holz usw. – LSAK. Bd 1 (1978), S. 119–132, Abb.

Hafen s. a. Alfstraße Nr. 432–433.

457. *Erdmann, Wolfgang:* Besiedlungs- und Baugeschichte von Lübecks Hafenvierteln im 12. und 13. Jahrhundert. – Archäologie in Lübeck. L. 1980, S. 87–90, 4 Abb.

458. *Gläser, Manfred:* Holzhäuser am Lübecker Hafen des 12. Jahrhunderts. – Jahrbuch für Hausforschung. Bd 35 (1986), S. 25–44, 8 Abb. [Ausgrabungen 1982–83 auf den Grundstücken An der Untertrave 111/112 und Alfstr. 36/38.]

459. *Gläser, Manfred:* Der Lübecker Hafen im 12. und 13. Jahrhundert. Die Ergebnisse neuerer Grabungen in Travenähe. – LBll. 1985, S. 49–55, 11 Abb., 2 Pl.

460. *Erdmann, Wolfgang:* Archäologische Befunde zur Lübecker Hafenerweiterung unter Heinrich dem Löwen? – ZLG. Bd 65 (1985), S. 311–314, Abb.

461. *Erdmann, Wolfgang:* Lübecks Entwicklung als Hafenstadt im 12. bis 14. Jahrhundert – jüngste Ergebnisse der archäologischen und baugeschichtlichen Forschung. – Stadt und Hafen. Hamburger Beiträge zur Geschichte von Handel und Schiffahrt. Hamburg 1986. (Arbeitshefte zur Denkmalpflege in Hamburg. Bd 8.)

462. *Gläser, Manfred:* Die Ausgrabungen auf dem Gelände des ehemaligen Johannisklosters in Lübeck. – LBll. Jg. 143 (1983), S. 265–273, 14 Abb.

463. *Gläser, Manfred:* Stadtmauer, „Steinwerk" und Verdolung. Einige Ergebnisse der Grabung „Johanniskloster" zur frühen Geschichte Lübecks. – Die Heimat. Jg 89 (1982), S. 205–214, 4 Abb.

464. *Meyer, Diethard* und *Manfred Neugebauer:* Archäologische und baugeschichtliche Untersuchungen im ehemaligen Kranenkonvent zu Lübeck. – LSAK. Bd 3 (1980), S. 89–95, 5 Abb. [Kleine Burgstr. 22, einst Beginen-Stift, heute Altersheim.]

465. *Neugebauer, Manfred:* Der ehemalige Kranenkonvent zu Lübeck. – Archäologie in Lübeck. L. 1980, S. 76–78, 3 Abb.

466. *Erdmann, Wolfgang:* Zum staufischen Saalgeschoßbau Kleine Burgstraße 22 zu Lübeck, dem sogenannten „Cranenkonvent". – ZLG. Bd 63 (1983), S. 9–23, 1 Abb.

467. *Stephan, Hans Georg:* Archäologische Untersuchungen auf dem Markt in Lübeck. Diskussionsbeiträge zur frühen Besiedlung des Stadthügels. – LSAK. Bd 1 (1978), S. 81–91, 5 Abb. [Auf dem freien Marktplatz keine Siedlungsreste aus dem 12. Jahrhundert gefunden.]
Dazu Rolf Hammel: Lübeck. Frühe Stadtgeschichte und Archäologie. 1984. s. Nr. 337.

468. *Erdmann, Wolfgang:* Archäologie im Marktviertel von Lübeck. – Archäologie in Lübeck. L. 1980, S. 81–86, 3 Abb., 2 Pl.

469. *Erdmann, Wolfgang:* Der Schrangen zu Lübeck. – Die Heimat. Jg. 85 (1978), S. 343–349, 6 Abb. [Erste Grabungsergebnisse zu Fleischmarkt und Fronerei.]

470. *Erdmann, Wolfgang:* Grabungen auf dem Schrangen zu Lübeck. (Vortrag.) – Archäologisches Korrespondenzbl. Jg. 8 (1978), S. 339–346, Abb.

471. *Erdmann, Wolfgang:* Fronerei und Fleischmarkt: Archäologische Befunde eines Platzes im Marktviertel des mittelalterlichen Lübeck. (Vorbericht 1.) – LSAK. Bd 3 (1980), S. 107–159, 10 Abb. [Auf dem Schrangen.]

472. *Erdmann, Wolfgang:* Fronerei und Fleischmarkt in Lübeck: Vorbericht zu den ersten Befunden und Funden auf dem Schrangen. – LSAK. Bd 4 (1980), S. 155–162, 3 Abb.

473. *Meyer, Diethard und Manfred Neugebauer:* Archäologisch-baugeschichtliche Untersuchungen im Haus Mengstraße 62 in Lübeck. – LSAK. Bd 6 (1982), S. 185–200, 13 Abb.

b) Einzelne Fundkomplexe und Einzelfunde

s. a. *Olof Ahlers:* Ein kleiner Münzschatzfund vom Schrangen Nr. 828.

Antjekathrin Graßmann: über Wachstafelbücher Nr. 319–320.

474. *Falk, Alfred:* Mittelalterlicher Hausrat. Archäologische Funde und Sachkultur in Lübeck. – Jahrbuch für Hausforschung. Bd 35 (1986), S. 45–65, 12 Abb. [Über verschiedenartige Keramik, Glasgefäße, Holzgefäße, Messer usw.]

475. *Fehring, Günter P.:* Der Burgbrunnen zu Lübeck von 1155 und seine Funde. – Archäologisches Korrespondenzblatt. Jg. 9 (1979), S. 451–456.

476. *Fehring, Günter P.:* Der Brunnen der landesherrlichen Burg zu Lübeck von 1155 und seine Funde. – Die Heimat. Jg 87 (1980), S. 358–365, 8 Abb.

477. *Fehring, Günter P.:* Ein Kastenbrunnen aus Eichenbohlen vom Jahre 1155 – Grabungsbefund aus der ehemaligen Burg zu Lübeck. – Brunnenbau, Bau von Wasserwerken, Rohrleitungsbau. Jg. 31 (1980), S. 5–12, 18 Abb.

478. *Erdmann, Wolfgang:* Zu einem als Kloake genutzten Haussod. – LSAK. Bd 8 (1984), S. 41–43.

479. *Falk, Alfred:* Keramikfunde aus der Lübecker Innenstadt. – Archäologie in Lübeck. L. 1980, S. 104–108, 3 Abb.

480. *Hurst, John G.:* The Pottery Evidence for Lübeck Trade. – LSAK. Bd 4 (1980), S. 175–176, Abb.

481. *Hurst, John G.:* Medieval and post-medieval imports of pottery at Lübeck. – LSAK. Bd 1 (1978), S. 113–117, Abb.

482. *Lagler, Kerstin:* Einige vorgeschichtliche Keramikscherben aus der Lübecker Innenstadt. – LSAK. Bd 6 (1982), S. 335–337, Abb.

483. *Willroth, Karl-Heinz:* Slawische Keramik vom Lübecker Stadthügel. – Archäologie in Lübeck. L. 1980, S. 41–43, 1 Abb.

484. *Hartmann, Peter:* Keramik des 13. Jahrhunderts aus dem Untergrund des Heiligen-Geist-Hospitals. – L. 1226. 1976. S. 299–306, 5 Abb.

485. *Meyer, Diethard:* Ein Töpferofen des 13. Jahrhunderts in Lübeck. – Die Heimat. Jg. 85 (1978), S. 354–356, 2 Abb. [Auf dem Eckgrundstück Koberg – Gr. Burgstraße.]

486. *Meyer, Diethard:* Ein Töpferofen des 13. Jahrhunderts in Lübeck. – Archäologisches Korrespondenzblatt. Jg. 8 (1978), S. 347–351, Abb.

487. *Meyer, Diethard:* Archäologische Untersuchungen an einer Töpferei des 13. Jahrhunderts und in Siedlungsbereichen am Koberg zu Lübeck. – LSAK. Bd 3 (1980), S. 59–81, 11 Abb.

488. *Meyer, Diethard:* Ein Töpferofen des 13. Jahrhunderts am Koberg zu Lübeck. – Archäologie in Lübeck. L. 1980, S. 66–68, 2 Abb.

489. *Wagner, Günther A.:* Thermolumineszenz-Datierungen am Töpferofen Koberg 15 in Lübeck. – LSAK. Bd 3 (1980), S. 83–87, Abb.

490. *Hangst, Kurt,* Gustl Strunk-Lichtenberg, Heinrich Martin Köster, Diethard Meyer und Wolfgang Erdmann: Die Töpferei des 13. Jahrhunderts am Koberg zu Lübeck – Untersuchungen von Rohstoff, Scherben und Glasur. – LSAK. Bd 8 (1984), S. 169–183, 9 Abb.

491. *Hartmann, Peter:* Mittelalterliche und frühneuzeitliche Keramik aus Lübeck. – LSAK. Bd 1 (1978), S. 101–112, 30 Abb. [Ergebnisse der Ausgrabungen an 4 Fundstellen.]

492. *Falk, Alfred:* Steinzeug- und Glasgefäße aus der ehemaligen Ratsapotheke zu Lübeck. – Die Heimat. 88 (1981), S. 94–98, 2 Abb.

493. Archäologisches Material aus der ehemaligen Ratsapotheke zu Lübeck. – Rotterdam Papers. 4 (1982), S. 35–46.

494. *Hartmann, Peter:* Zwei datierte Keramikgefäße des frühen 17. Jahrhunderts aus Oberhessen in Lübeck. – LSAK. Bd 3 (1980), S. 179–181, Abb.

495. *Falk, Alfred:* Arnstädter Fayencen und Stettiner Gut – Bodenfunde aus der Lübecker Innenstadt. – LSAK. Bd 6 (1982), S. 231–238, 3 Abb.

496. *Zubeck, Paul:* Schleswig-Holsteinische Fayencen des 18. Jahrhunderts als Bodenfunde in Lübeck. – LSAK. Bd 4 (1980), S. 177–179, 1 Abb.

497. *Hahn, Klaus-Dieter:* Drahtumwickelte Keramik des 19. Jahrhunderts aus Lübeck. – Beobachtungen an Bodenfunden. – Die Heimat. Jg. 85. (1978), S. 15–20, 3 Abb.

498. *Falk, Alfred:* Glasfunde aus der Lübecker Innenstadt. – Archäologie in Lübeck. L. 1980, S. 102–104, 1 Abb.

499. *Charleston, Robert J.:* A 13th century Syrian glass beaker excavated in Lübeck. With an introduction by Werner Neugebauer. – Lübeck 1226 (1976), S. 321–337, 6 Abb.

500. *Falk, Alfred:* Holzgefäße und -geräte aus der Lübecker Innenstadt. – Archäologie in Lübeck. L. 1980, S. 111–113, 1 Abb.

501. *Falk, Alfred:* Holzgeräte und Holzgefäße des Mittelalters und der Neuzeit aus Lübeck. – Zeitschrift für Archäologie des Mittelalters. 11 (1983), S. 31–48, Abb.

502. *Neugebauer, Werner:* Arbeiten der Böttcher und Drechsler aus den mittelalterlichen Bodenfunden der Hansestadt Lübeck. – Rotterdam Papers. 2 (1975), Bll. 117–137, 28 Abb.

503. *Hasse, Max:* Ein geschnitztes Truhenbrett aus einem Brunnen vom Schrangen zu Lübeck. – LSAK. Bd 6 (1982), S. 219–222.

504. *Erdmann, Wolfgang:* Ein Lübecker Spielzeugschiff des 16. Jahrhunderts. – Die Heimat. Jg. 89 (1982), S. 252–254, 2 Abb. [Gefunden im Haus Große Petersgrube 19a.]

505. *Falk, Alfred:* Metallfunde aus der Lübecker Innenstadt. – Archäologie in Lübeck. L. 1980, S. 108–111, 2 Abb.

506. *Cherry, John:* Medieval Metal Finds from Lübeck. – LSAK. Bd 3. 1980, S. 175–178.

507. *Hasse, Max:* Die Bedeutung des metallenen Hausgeräts für die Bürger des 13. und 14. Jahrhunderts. (1). – LSAK. Bd 4 (1980), S. 133–138, 2 Abb.

508. *Wittstock, Jürgen:* Pilgerzeichen in Lübeck – alte und neue Funde. – LSAK. Bd 8 (1984), S. 15–21, 2 Abb.

509. *Ullemeyer, Rudolf* und *Klaus Tidow:* Textil- und Lederfunde aus der Lübecker Innenstadt. – LSAK. Bd 1 (1978), S. 133–138, Abb.

510. *Tidow, Klaus:* Textilfunde aus der Lübecker Innenstadt. – Archäologie in Lübeck. L. 1980, S. 117–120, 2 Abb.

511. *Tidow, Klaus:* Spätmittelalterliche und frühneuzeitliche Gewebefunde aus der Lübecker Innenstadt. – LSAK. Bd 4 (1980), S. 163–168, 4 Abb.

512. *Nockert, Margareta:* Textile finds from a medieval bishop's grave in Lübeck Cathedral. – LSAK. Bd 1 (1978), S. 159–160, 3 Abb.

513. *Tidow, Klaus:* Textilfunde aus dem Burgkloster und dem Heiligen-Geist-Hospital in Lübeck. – LSAK. Bd 6 (1982), S. 115–122, Abb.

514. *Tidow, Klaus:* Textilfunde aus einem Brunnen vom Grundstück Schüsselbuden 16/ Fischstraße 1–3 in Lübeck. – LSAK. Bd 3 (1980), S. 183–192, Abb.

515. *Tidow, Klaus:* Textilfunde aus einem Brunnen auf dem Schrangen in Lübeck. – LSAK. Bd 1 (1978), S. 139–157, Abb.

516. *Tidow, Klaus:* Untersuchungen an Wollgeweben aus einem Brunnen auf dem Schrangen in Lübeck. – LSAK. Bd 6 (1982), S. 251–285, Abb.

517. *Tidow, Klaus:* Spätmittelalterliche und frühneuzeitliche Textilfunde aus der Grabung Hundestraße 9–17 in Lübeck. – LSAK. Bd 8 (1984), S. 33–40, 4 Abb.

518. *Erdmann, Wolfgang:* Seidener Gürtel aus der Kloake des Lübecker Fronen Ende 14. Jahrhunderts. – Stadt im Wandel. 1985, Bd 1, S. 311, Nr. 249.

519. *Groenman-van Waateringe, Willy:* Mittelalterliche Lederfunde aus der Innenstadt. – Archäologie in Lübeck. L. 1980, S. 114–117, 2 Abb.

520. *Groenman-van Waateringe, Willy:* Die Stellung der Lübecker Lederfunde im Rahmen der Entwicklung der mittelalterlichen Schuhmode. (1). – LSAK. Bd 4 (1980), S. 169–174, 6 Abb.

521. *Groenman-van Waateringe, Willy* und *Anthonie Johannes Guiran:* Das Leder von Lübeck, Grabung Königstraße 59. – LSAK. Bd 1 (1978), S. 161–173, Abb.

522. *Vons-Comis, Sandra Yolanda:* Das Leder von Lübeck. Grabung Heiligen-Geist-Hospital, Koberg 9–11. – LSAK. Bd 6 (1982), S. 239–250, Abb.

523. *Reichstein, Hans:* Tierknochenfunde aus der Lübecker Innenstadt. – Archäologie in Lübeck. L. 1980, S. 120–122, 1 Abb.

524. *Quade, Volker:* Die Tierknochen aus der Kloake der Lübecker Fronerei (15.–17. Jahrhundert). – LSAK. Bd 8 (1984), S. 105–167.

525. *Pudek, Norbert:* Untersuchungen an Tierknochen des 13.–20. Jahrhunderts aus dem Heiligen-Geist-Hospital in Lübeck. – LSAK. Bd 2 (1980), S. 107–201, Abb. [erlaubt Aussagen über die gehaltenen und verzehrten Tiere.]

526. *Paul, Andreas:* Untersuchungen an Tierknochen aus dem mittelalterlichen Lübeck (Grabung Königstr. 59–63). – LSAK. Bd 2 (1980), S. 7–104, Abb. [Erlaubt Aussagen über die im Mittelalter gehaltenen und verzehrten Tiere.]

527. *Falk, Alfred:* Knochengeräte des späten Mittelalters und der frühen Neuzeit. Bodenfunde aus Lübeck. – ZLG. Bd 63 (1983), S. 105–128, 7 Abb.

528. *Kroll, Helmut:* Botanische Funde aus der Lübecker Innenstadt. – Archäologie in Lübeck. L. 1980, S. 122–124, 1 Abb.

529. *Lynch, Ann* und Norbert Paap: Untersuchungen an botanischen Funden aus der Lübecker Innenstadt. Ein Vorbericht. – LSAK. Bd 6 (1982), S. 339–360, Abb.

530. *Paap, Norbert:* Botanische Analysen in Lübeck – eine Zwischenbilanz. – LSAK. Bd 8 (1984), S. 49–55, Abb. [Untersuchung von Bodenproben auf pflanzliche Reste.]

531. *Paap, Norbert:* Untersuchungen zu Darmparasiten aus der Kloake Gerade Querstraße 1 zu Lübeck. – LSAK. Bd 8 (1984), S. 45–47, Abb.

532. *Kroll, Helmut:* Mittelalterlich-frühneuzeitliches Steinobst aus Lübeck. – LSAK. Bd 3 (1980), S. 167–173, Abb.

533. *Bräuer, Günter:* Zu den anthropologischen Untersuchungen an Funden menschlicher Skelette aus der Lübecker Innenstadt. – Archäologie in Lübeck. L. 1980, S. 125–128, 4 Abb.

534. *Caselitz, Peter:* Die menschlichen Skelettreste aus dem Paradies des Lübecker Domes. – LSAK. Bd 6 (1982), S. 287–301.

535. *Jacobshagen, Burkhard* mit einer Vorbemerkung von Günter P. Fehring: Die menschlichen Skelettfunde aus dem Burgkloster. Aussagen zur Bevölkerung und den Sterblichkeitsverhältnissen im alten Lübeck. – LSAK. Bd 8 (1984), S. 85–96, 2 Abb.

536. *Herrmann, Bernd:* Ein amputierter Fuß aus der frühneuzeitlichen Kloake der Lübecker Fronerei. – LSAK. Bd 8 (1984), S. 81–84, Abb.

c) Leben in der Stadt aus archäologischer Sicht

537. *Fehring, Günter P.:* Der Beitrag der Archäologie zum „Leben in der Stadt des späten Mittelalters". – Das Leben in der Stadt des Spätmittelalters. Internationaler Kongreß, Krems an der Donau 1976. Wien 1977, S. 9–35, 31 Abb. u. Kt. [Lübeck in starkem Maße berücksichtigt.]

538. *Fehring, Günter:* Erkenntnisse der Archäologie zum Leben im mittelalterlichen Lübeck. – LBll. Jg. 144 (1984), S. 281–285, 297–300, 12 Abb. [Topographie, Wasserversorgung, Abfallbeseitigung, Tier- und Pflanzenfunde usw.]

539. *Falk, Alfred:* Archäologische Erkenntnisse zu Wirtschafts- und Alltagsleben. – Archäologie in Lübeck. L. 1980, S. 94–97, 3 Abb.

D. 12. Jahrhundert

s. a. Vor- und Frühgeschichte S. 46.

In Lübeck-Schrifttum 1900–1975 auf S. 99–101.

540. *Petersohn, Jürgen:* Der südliche Ostseeraum im kirchlich-politischen Kräftespiel des Reichs, Polens und Dänemarks vom 10. bis 13. Jahrhundert. Mission, Kirchenorganisation, Kultpolitik. Köln 1979. 672 S. (Osteuropa in Vergangenheit und Gegenwart. 17.) Würzburg, Habilschr. 1970. [Auch über das Bistum Lübeck und die Obodritenmission.]

541. *Fiege, Hartwig:* Wie Ostholstein und Lauenburg deutsch wurden. Hamburg 1979. 164 S., Abb., Kt. [Von der Eroberung, Mission und Kolonisation.]

542. *Lotter, Friedrich:* Die Konzeption des Wendenkreuzzugs. Ideengeschichtliche, kirchenrechtliche und historisch-politische Voraussetzungen der Missionierung von Elb- und Ostseeslawen um die Mitte des 12. Jahrhunderts. Sigmaringen 1977, 92 S. (Vorträge und Forschungen. Sonderband 23.)

543. *Weczerka, Hugo:* Lübeck und der Ostseeraum im 12./13. Jahrhundert. – Neue Forschungen zur Geschichte der Hansestadt Lübeck. L. 1985, S. 27–40. [Faktoren für den Aufstieg Lübecks: Lage, Aktivität der Kaufleute, Lübisches Recht u.a.m.]

544. *Hammel, Rolf:* Gründung und Entwicklungsstufen von Lübeck im 12. und 13. Jahrhundert. – Archäologie in Lübeck. L. 1980, S. 44–47, 1 Kt.

545. *Lange, Ulrich:* Lübecks Anfänge in neuer Sicht. – ZLG Bd 56 (1976), S. 99–106. [Besprechung von Bernhard Am Ende, Studien zur Verfassungsgeschichte Lübecks im 12. und 13. Jahrhundert. Lübeck 1975. (Veröffentlichungen zur Geschichte der Hansestadt Lübeck. Reihe B, Bd 2.) Lübeck-Schrifttum 1900–1975, Nr. 1240. Im wesentlichen Zustimmung, doch glaubt Lange, daß die Siedlung Adolfs II. kleiner gewesen sei.]

546. *Jordan, Karl:* Heinrich der Löwe. Eine Biographie. München 1979. 316 S., 16 Abb.

547. *Sonnleitner, Käthe:* Die Slawenpolitik Heinrichs des Löwen im Spiegel einer Urkundenarenga. Ein Beitrag zum Thema Toleranz und Intoleranz im Mittelalter. – Archiv für Diplomatik. 26 (1980), S. 259–280. [Auswertung einer Urkunde des Lübecker Domkapitels von 1163.]

548. *Rietschel, Siegfried:* Die Städtepolitik Heinrichs des Löwen. – Altständisches Bürgertum. Darmstadt 1978. Bd 1, S. 1–38. [Unter den Städten Heinrichs des Löwen wird Lübeck angemessen berücksichtigt.]
Zuerst veröffentlicht in: Historische Zeitschrift. 102 (1909), S. 237–276.

549. *Jordan, Karl:* Die Städtepolitik Heinrich des Löwen. – Festschrift zur Ausstellung Brunswiek 1031 – Braunschweig 1981. Bd 1. Braunschweig 1981, S. 97–103.

550. *Jordan, Karl:* Lübeck unter Graf Adolf II. von Holstein und Heinrich dem Löwen. – Lübeck 1226 (1976), S. 143–159, 3 Abb.

551. *Rörig, Fritz:* Die Gründungsunternehmerstädte des 12. Jahrhunderts. – Altständisches Bürgertum. Darmstadt 1978. Bd 1, S. 77–127. [Hier die These Rörigs, daß die Gründungen im Kolonialland durch Fernhandel treibende Bürger Altdeutschlands erfolgt sind, daß hier ein neuer Typ Stadt mit Ratsverfassung entstanden ist, besonders in Lübeck.]
Zuerst veröffentlicht in: Hansische Beiträge zur deutschen Wirtschaftsgeschichte, Breslau 1928, S. 243–277.

552. *Mayer, Theodor:* Die Anfänge von Lübeck. Entstehung und Auflösung eines Schlagworts. – Altständisches Bürgertum. Darmstadt 1978. Bd 1, S. 244–254. [Auseinandersetzung mit den Thesen von Fritz Rörig und Luise von Winterfeld.]
Zuerst veröffentlicht in: Westfälische Forschungen. 9 (1956), S. 209–212.

553. *Reinhardt, Uta:* Bardowick – Lüneburg – Lübeck. – Lübeck. 1226 (1976), S. 207–225, 2 Abb. [Lübeck als Erbe der Fernhandelszentrale Bardowick.]

554. *Stoob, Heinz:* Schleswig – Lübeck – Wisby. – ZLG. Bd 59 (1979), S. 7–27, 6 Kt. [Darin u. a. These Stoobs von der ersten Marktsiedlung Lübecks im Bereich Klingenberg-Mühlenstraße und dem ältesten Hafen an der Obertrave.]

s. a. *Stoob, Heinz:* Lübeck, mit Kt. der Stadtentwicklung Nr. 115.

555. *Hoffmann, Erich:* Schleswig und Lübeck im 12. und 13. Jahrhundert. – Beiträge zur Schleswiger Stadtgeschichte. H. 26 (1981), S. 26–38.

556. *Hoffmann, Erich:* Die Seehandelszentren Lübeck und Schleswig von der Mitte des 12. bis zur Mitte des 13. Jahrhunderts. – Lauenburgische Heimat. N. F., H. 103, (1982), S. 22–31.

557. *Hoffmann, Erich:* Die schrittweise Ablösung Schleswigs durch Lübeck als wichtigstes Seehandelszentrum an der westlichen Ostsee (ca. 1150–1250). – LSAK. Bd 7 (1983), S. 39–46, 2 Abb.

558. *Hoffmann, Erich:* Der Aufstieg Lübecks zum bedeutendsten Handelszentrum an der Ostsee von der Mitte des 12. bis zur Mitte des 13. Jahrhunderts. – ZLG. Bd 66 (1986), S. 9–44. [Mit Schwerpunkten auf der Gründung, der Entwicklung auf Kosten Schleswigs, dem „Freiheitsbrief" von 1226.]

559.   *Radtke, Christian:* Zur Geschichte der Stadt Schleswig in vorhansischer Zeit. – HGbll. Jg. 101 (1983), S. 15–27. [Darin auch der Übergang der wirtschaftlichen Funktion an das aufstrebende Lübeck.]

560.   *Boockmann, Hartmut:* Barbarossa in Lübeck. – ZLG. Bd 61 (1981), S. 7–18. [Kaiser Friedrich I. Barbarossa zwang 1181 die Lübecker zur Aufgabe ihres Widerstandes und bestätigte ihre Rechte. Hier die Ereignisse aufgrund des Chronisten Arnold von Lübeck.]

561.   *Carstensen, Richard:* Barbarossa in Lübeck. Vor 800 Jahren. – Schleswig-Holstein. Jg. 1981, H. 10, S. 13–14, 2 Abb.

562.   *Schultzenstein, Klaus:* Die Urbilder von Magdeburg, Hamburg, Lübeck, München als 2. Beitrag zur Stadtkernforschung. Berlin 1971. 62 S., 5 Kt. [Fragwürdige Darstellungen aus politischem Wunschdenken heraus.]

563.   *Schultzenstein, Klaus:* Wo lag die Klosterburg in Lübeck? – Mitteilungsblatt für Vor- und Frühgeschichte. 1975, S. 113–130, 3 Abb. [Fragwürdige, phantasievolle Darstellung.]

564.   *Schultzenstein, Klaus:* Lübeck urdeutsch. Beitrag zur Stadtkernforschung. Von den Ursachen bis zur Marktkirche. Berlin 1980. 96 S., 4 Abb. [Angeblich deutsche und nicht slawische Frühgeschichte Lübecks.]

565.   *Groth, Klaus J.:* Mönche, Mörder, Minnesänger. Die wilden Jahre im jungen Holstein. Geschichte im Stil einer Zeitung – der Slawenchronik Helmold von Bosaus nacherzählt. L. 1981. 48 S., 64 Abb. [Äußerst populäre Darstellung aufgrund der Chronik Helmold von Bosaus.]

E. 13. Jahrhundert

In Lübeck-Schrifttum 1900–1975 auf S. 101–102.

566.   Lübeck 1226. Reichsfreiheit und frühe Stadt. Im Auftrag des Vereins für Lübeckische Geschichte und Altertumskunde hrsg. von Olof Ahlers, Antjekathrin Graßmann, Werner Neugebauer und Wulf Schadendorf. L. 1976. 399 S., Abb. u. Kt. [Festschrift zum 750. Jubiläum der Reichsfreiheit mit einem Faksimile des Reichsfreiheitsbriefes und 20 Beiträgen.] ✳

567.   Politik, Wirtschaft und Kunst des staufischen Lübecks. Vorträge anläßlich der Ausstellung „Lübeck 1226-Reichsfreiheit und frühe Stadt". Mit einem Bericht über die Ausstellung von Werner Neugebauer. L. 1976. 92 S., Abb. u. Kt. (Senat der Hansestadt Lübeck, Amt für Kultur. Veröffentlichung 9.) [3 Aufsätze und der Ausstellungsbericht.] ✳

568.   *Graßmann, Antjekathrin:* Die Urkunde. Abbildung, lateinischer Text, Übersetzung, Siegel und Geschichte der Erhaltung. – Lübeck. 1226. 1976, S. 9–19, 3 Abb. und Faksimile des Reichsfreiheitsbriefes in Originalgröße. [Betr. den Reichsfreiheitsbrief von 1226.]

569. *Goez, Werner:* „Gegeben zu Borgo San Donnino". Aussteller und Ausstellungsort des Freiheitsbriefes von 1226. – Lübeck. 1226. 1976, S. 21–48, 4 Abb.

570. *Boockmann, Hartmut:* Das „Reichsfreiheitsprivileg" von 1226 in der Geschichte Lübecks. – Lübeck. 1226. 1976, S. 97–113.

571. *Goez, Werner:* Friedrich II. und Deutschland. – Politik, Wirtschaft und Kunst des staufischen Lübeck. L. 1976. S. 3–38, Kt. [Wesentlich zum Verständnis des Lübeck-Privilegs von 1226.]

572. *Hubatsch, Walther:* Lübecks Reichsfreiheit unter Kaiser Friedrich II. – ZLG. Bd 56 (1976), S. 5–15. [Lübeck innerhalb der weltpolitischen Situation der Zeit und das Interesse Friedrichs II. an einer stärkeren Bindung der Stadt an das Reich.]

573. *Hubatsch, Walther:* Hermann von Salza und Lübeck. – Lübeck. 1226. 1976, S. 49–56. [Der Deutsche Orden war auf Nachschub aus der Travestadt angewiesen, daher Hochmeister H. v. S. unter den Zeugen der Urkunde 1226 genannt.]

574. *Lange, Ulrich:* Die Grafen von Holstein und Lübeck um 1200. – Lübeck. 1226. 1976, S. 161–172.

575. *Nyberg, Tore:* Kreuzzug und Handel in der Ostsee zur dänischen Zeit Lübecks. – Lübeck 1226. 1976, S. 173–206, 1 Kt.

576. *Hoffmann, Erich:* Die Bedeutung der Schlacht von Bornhöved für die deutsche und skandinavische Geschichte. – ZLG. Bd 57 (1977), S. 9–37. [Die Ereignisse von 1227 waren auch von großer Bedeutung für Lübeck.]

F. 14. Jahrhundert

In Lübeck-Schrifttum 1900–1975 auf S. 102–103.

577. *Brandt, Ahasver von:* Lübeck und die Lübecker vor 600 Jahren. Studien zur politischen und Sozialgeschichte. – ZLG. Bd 58 (1978), S. 9–20. [Skizzenhafter Überblick über die gesellschaftliche und politische Lage um 1370, Ursachen der Unruhen des 14. Jahrhunderts u.a.m.]

578. *Brandt, Ahasver von:* Die Lübecker Knochenhaueraufstände von 1380/84 und ihre Voraussetzungen. Studien in der Sozialgeschichte Lübecks in der zweiten Hälfte des 14. Jahrhunderts. – Brandt, Ahasver von: Lübeck, Hanse, Nordeuropa. Köln 1979, S. 129–208, 1 Abb.
Zuerst in: ZLG. Bd 39 (1959), S. 123–202, 2 Abb.

579. *Carstensen, Richard:* Lübecks Knochenhauer proben den Aufstand. – Schleswig-Holstein. 1984, H. 9, S. 20–22, 1 Abb. [Über den Knochenhaueraufstand von 1384.]

580. *Hammel, Rolf:* Paternostermaker, Hinrich (zwischen 1330 u. 1337–1384), Kaufmann. – BL. Bd 6 (1982), S. 211–214. [Anführer des sogen. Knochenhauer-Aufstandes von 1384.]

581. *Graßmann, Antjekathrin:* Die Lübecker Reichssteuer zur Zeit Karls IV. – Blätter für deutsche Landesgeschichte. Jg. 114 (1978), S. 343–351.

582. *Hammel, Rolf:* Sozial- und wirtschaftsgeschichtliche Untersuchungen zum Grundeigentum in Lübeck im 14. Jahrhundert. Ein Zwischenbericht. – LSAK. Bd 4 (1980), S. 31–65, 4 Abb.

s. a. Hammel Nr. 302–303.

G. 15. Jahrhundert

In Lübeck-Schrifttum 1900–1975 auf S. 103–104.

583. *Brandt, Ahasver von:* Die gesellschaftliche Struktur des spätmittelalterlichen Lübeck. – Brandt, Ahasver von: Lübeck, Hanse, Nordeuropa. Köln 1979, S. 209–232.
Zuerst in: Vorträge und Forschungen. Hrsg. vom Konstanzer Arbeitskreis für mittelalterliche Geschichte, Konstanz. Bd 11 (1966) u.d.T. Untersuchungen zur gesellschaftlichen Struktur der mittelalterlichen Städte in Europa. S. 215–239.

584. *Neumann, Gerhard:* Aus dem Lübecker Leben vor fünfhundert Jahren. – Wa. 1978, S. 98–117, 6 Abb. [Betrachtung der verschiedenen Lebensgebiete.]

585. *Barth, Reinhard:* Argumentation und Selbstverständnis der Bürgeropposition in städtischen Auseinandersetzungen des Spätmittelalters. Lübeck 1403–1408; Braunschweig 1374–1376; Mainz 1444–1446; Köln 1396–1400. 2. unveränd. Aufl. Köln, Wien 1976. 408 S. (Kollektive Einstellungen u. sozialer Wandel im Mittelalter. Bd 3.)

586. *Rotz, Rhiman A.:* The Lubeck Uprising of 1408 and the decline of the Hanseatic League. – Proceedings of the American Philosophical Society. Vol. 121 (1977), S. 1–45. [Hintergründe, Ursachen, beteiligte Persönlichkeiten.]

587. *Rotz, Rhiman A.:* Investigating Urban Uprisings with Examples from Hanseatic Towns 1374–1416. – Order and Innovation in the Middle Ages. Essays in Honor of Joseph R. Strayer. Princeton, New Jersey o.J. 30 S.

588. *Rotz, Rhiman A.:* Profiles of Selected Lübeck Citizens 1360–1450 for investigations into political and social history. Ca. 1975, 92 Bll. Masch. [Vor allem Listen ausgewählter Persönlichkeiten mit Daten.]

589. *Nikulina, T. S.:* Ljubekskoe vosstanie 1408–1416 godov, VIst. = Der Lübecker Aufstand 1408–1416. 1982, 5, 101–107.
Besprechung in HGbll. Jg. 103 (1985), S. 201.

H. 16. Jahrhundert

In Lübeck-Schrifttum 1900–1975 auf S. 104–107.

Über die Reformation s. Kirchengeschichte S. 165.

590. *Häpke, Rudolf:* Die Regierung Karls V. und der europäische Norden. L. 1914. 402 S. (Veröffentlichungen zur Geschichte der Freien und Hansestadt Lübeck. Bd 3.) Unveränderter Nachdruck. Hildesheim 1976. [Verhältnis zu den Anliegerstaaten von Ost- und Nordsee.]

591. *Korell, Günter:* Jürgen Wullenwever. Sein sozial-politisches Wirken in Lübeck und der Kampf mit den erstarkenden Mächten Nordeuropas. Weimar 1980. 137 S. (Abhandlungen zur Handels- und Sozialgeschichte. Bd 19.) [Betrachtet aus der marxistischen Geschichtsauffassung.]

592. *Fisenne, Otto von:* Der Kampf des Lübecker Bürgermeisters Jürgen Wullenwever (1492–1537) gegen den Niedergang Lübecks und des Hansabundes. – Schleswig-Holstein. Jg. 1978, H. 1, S. 10–12, 3 Abb. [Am Beispiel von Mühlenstein-Importen aus Andernach.]

593. *Jespersen, Knud J. V.:* Henry VIII of England, Lübeck and the Count's War 1533–1535. – Scandinavian Journal of History. 6 (1981), S. 243–275. [Erfolglose Bemühungen, Heinrich VIII. in die Grafenfehde hineinzuziehen.]

594. *Röttger, Hermann:* Der Friede von Stockelsdorf vom 18. November 1534. – Jahrbuch für Heimatkunde Eutin. 1985, S. 31–34. [Abgeschlossen zwischen Christian III. von Dänemark und Lübeck. Der Friede beendete die „Grafenfehde".]

I. 17. Jahrhundert

In Lübeck-Schrifttum 1900–1975 auf S. 107–108.

595. *Hroch, Miroslav:* Handel und Politik im Ostseeraum während des Dreißigjährigen Krieges. Praha 1976. (Acta Universitatis Carolinae. Phil. et Hist. Monographia. 64.)

596. *Hoffmann, Erich:* Der Lübecker Friede (12. 5. 1629). – Die Heimat. Jg. 87 (1980), S. 90–98. [Zwischen Kaiser Ferdinand II. und Christian IV. von Dänemark.]

597. *Hoffmann, Erich:* Der Lübecker Friede (12. Mai 1629). – Schleswig-Holstein. 1979, H. 5, S. 7–8, 1 Abb.

598. *Spies, Hans-Bernd:* Lübeck, die Hanse und der Westfälische Frieden. – HGbll. Jg. 100 (1982), S. 110–124. [Über die Verhandlungen in Osnabrück, die 1648 zum Abschluß gebracht wurden.]

599. *Pelus, Marie-Louise:* Lübeck au milieu du XVIIe siècle: Conflits politiques et sociaux, conjoncture économique. – Colloque de l'institut d'histoire de l'université de Picardie: La crise européenne du XVIIe siècle (1640–1660). – Revue d'histoire diplomatique. Janvier-Septembre 1978, numéro spécial. S. 1–21. [Über die Unruhen in der Stadt und ihre wirtschaftlichen Ursachen.]

600. *Graßmann, Antjekathrin:* Lübeck auf dem Friedenskongreß von Rijswijk 1697. – ZLG. Bd 57 (1977), S. 38–51. [Erfolgreiche Bemühungen des Lübecker Gesandten Dr. Georg Radau um Mitaufnahme der Stadt in die Friedensverträge.]

K. 18. Jahrhundert

In Lübeck-Schrifttum 1900–1975 auf S. 108.

601. *Kopitzsch, Franklin:* Grundzüge und Probleme der lübeckischen Geschichte im 18./19. Jahrhundert: Lübecks Weg in die moderne Zeit. – Neue Forschungen zur Geschichte der Hansestadt Lübeck. L. 1985. S. 63–75.

602. *Kommer, Björn R.:* Wirtschaft und Gesellschaft in der zweiten Hälfte des 18. Jahrhunderts. – Kunst und Kultur Lübecks im 19. Jahrhundert. 1981. S. 113–139, 3 Abb.

603. *Brandt, Ahasver von:* Das Lübecker Bürgertum zur Zeit der Gründung der „Gemeinnützigen". Menschen, Ideen und soziale Verhältnisse. – Brandt, Ahasver von: Lübeck, Hanse, Nordeuropa. Köln 1979, S. 270–285, 2 Abb.
Zuerst in: Wa. 1966, S. 18–33, 5 Abb.

604. Lübeck 1798/1836 vor und nach den Napoleonischen Kriegen. Intime Berichte aus dem Leben einer bescheidenen Stadt. Mit einem begleitenden Vorwort von Hans-Bernd Spies. L. 1984. 154 S. [Faksimiledruck von: Garlieb Merkel, Briefe über einige der merkwürdigsten Städte im nördlichen Deutschland, 1798, und Eduard Beurmann, Skizzen aus den Hanse-Städten, 1836.]

L. 1800–1815

In Lübeck-Schrifttum 1900–1975 auf S. 108–110.

605. *Villers, Charles de:* Die Schlacht bei Lübeck 1806. Mit einem Nachwort neu hrsg. von Hans-Bernd Spies. L. 1981. 120 S., 1 Kt. [Zuerst 1807 in Amsterdam erschienen u.d.T.: Villers Brief an die Gräfin F(anny) de B(eauharnais)...]

606. *Spies, Hans-Bernd:* Neue Quellen zur Eroberung Lübecks im Jahre 1806. – Wa. 1982, S. 73–76.

607. *(Blunk, Michaela:)* Informationen zur Regionalgeschichte. Lübeck in der Franzosenzeit 1806–1813. Hrsg. vom Seminar Lübeck für Realschulen IPTS 62. 1986 Masch. verv. 56 S.

608. Das Tagebuch des *Johann Heinrich Lang* aus Lübeck und die Feldzüge der Hanseaten in den Jahren 1813–1815. Bearb. von Lutz Voigtländer. L. 1980. 133 S., Kt. (Veröffentlichungen zur Geschichte der Hansestadt Lübeck. Reihe B, Bd 4.) [Mit Anm. und einem Überblick über die hanseatischen Truppen in den Befreiungskriegen von V.]

M. 1816–1917

s. a. Lübeck 1798/1836 Nr. 604.

In Lübeck-Schrifttum 1900–1975 auf S. 110–111.

609. *Lindtke, Gustav:* Die Stadt der Buddenbrooks. Lübecker Bürgerkultur im 19. Jahrhundert. 2. überarb. u. erw. Aufl. L. 1981. 155 S., 90 Abb. [An Hand des bekannten Romans werden die verschiedenen Lebensbereiche der Lübecker im 2. und 3. Viertel des 19. Jahrhunderts betrachtet.]

610. Kunst und Kultur Lübecks im 19. Jahrhundert. Red. Ulrich Pietsch L. 1981. 325 S., 68 Abb., 1 Kt. (Hefte zur Kunst und Kulturgeschichte der Hansestadt Lübeck. 4.) [Beiträge über das Drägerhaus sowie über die verschiedenen Bereiche von Kunst und Kultur Lübecks im 19. Jahrhundert.] ✳

611. *Kommer, Björn R.:* Wirtschaft und Gesellschaft im 19. Jahrhundert. – Kunst und Kultur Lübecks im 19. Jahrhundert. 1981. S. 141–159, 5 Abb.

612. *Kommer, Björn R.:* Lübeck im 19. Jahrhundert, Aspekte. – LBll. Jg. 141 (1981), S. 223–225, 245–247 [Über die inneren Verhältnisse und das Selbstverständnis der Lübecker.]

613. *Kommer, Björn R.:* Wohnverhältnisse. – Kunst und Kultur Lübecks im 19. Jahrhundert. 1981. S. 183–197, 1 Abb.

614. *Kommer, Björn R.:* Bürgerliche Wohnkultur. – Kunst und Kultur Lübecks im 19. Jahrhundert. 1981, S. 199–213, 5 Abb. [Über die Häuser, die Zimmer und deren Ausstattung.]

615. *Kommer, Björn, R.:* Lübecker Wohnkultur und Lebensart im 19. Jahrhundert. – Geschäftsbericht der Handelsbank. L. 1984, S. 11–23.

616. *Kommer, Björn R.:* Wenn sich alte Türen öffnen ... Lübecker Wohnkultur und Lebensart im 19. Jahrhundert. L. 1985. 127 S., 64 Abb.

617. *Kommer, Björn R.:* Wie es im Lübeck der Buddenbrooks zuging. Dienstbotenprobleme gab es schon damals. – LBll. Jg 142 (1982), S. 77–78, 97–98, 2 Abb.

618. *Poehls, Marita:* Die Revolution 1848/49 in Lübeck. O. O. 1979. Staatsexamensarbeit. 104 S. Masch.

619. *Bei der Wieden, Helge:* Eine Stellungnahme aus Lübeck zum preußischen Erbkaisertum (1849). – ZLG. Bd 63 (1983), S. 271–278.

620. *Ahrens, Gerhard:* Emil Ferdinand Fehlings Begegnungen mit Kaiser Wilhelm II. – ZLG. Bd 60 (1980), S. 111–125. [Berichte Fehlings über Besuche 1913 und 1917.]

N. 1918–1986

In Lübeck-Schrifttum 1900–1975 auf S. 111–113.

621. *Kraus, Anna-Maria:* Die Novemberrevolution in Lübeck. Kiel 1974. Staatsexamensarbeit. 127 S. Masch. [Die Vorgänge 1918 und 1919.]

622. *Rusch, Harri:* Lübeck in der deutschen Revolution November 1918 bis zur Einführung der neuen Verfassung im März 1919. O. O. 1960. Staatsexamensarbeit. 110 S. Masch.

623. *Schreiber, Albrecht:* Zwischen Hakenkreuz und Holstentor. Lübeck 1925 bis 1939 – von der Krise bis zum Krieg. Stadtgeschichte in Presseberichten – der Weg der Hansestadt in das „Tausendjährige Reich“. L. 1983. 104 S., 120 Abb. [Die Geschichte der Nationalsozialisten in Lübeck.]

624. *Schreiber, Albrecht:* Zwischen Hakenkreuz und Holstentor. Lübeck unter Nazi-Kuratel. – Faschismus in Deutschland. Ursachen und Folgen, Verfolgung und Widerstand, Ausländerfeindlichkeit und neonazistische Gefahren. Köln 1985. S. 116–134. [Auszüge aus Schreiber „Zwischen Hakenkreuz und Holstentor“ von 1983.]

625. *Pühl, Katharina* und *Jan Zimmermann:* Entstehung und Entwicklung der NSDAP in Lübeck vor 1933. Ein Unterrichtsprojekt zur Zeitgeschichte. – Geschichte – selbst erfahren. Jg. 13 (1984/1985), 8 S., 3 Abb.

626. Nationalsozialismus in Lübeck 1933–1945. Eine Dokumentation zur Ausstellung im Lübecker St. Annen-Museum vom 30. 1. bis 4. 4. 1983. Hrsg. vom Museum für Kunst und Kulturgeschichte der Hansestadt Lübeck in Zusammenarbeit mit der SPD, Kreisverband Lübeck, und dem DGB, Kreis Lübeck. L. 1985. 132 S., 116 Abb. (Forschungen und Dokumentationen zur Stadtgeschichte. 1.) [Mit Beiträgen verschiedener Autoren als Begleitveröffentlichung zu der Ausstellung]

627. *Petrowsky, Werner:* Arbeitskreis „Geschichte der Lübecker Arbeiterbewegung“. Alternativer Stadtführer zu den Stätten der Lübecker Arbeiterbewegung, des Widerstandes und der nationalsozialistischen Verfolgung. Hrsg. vom Zentrum, Jugendamt der Hansestadt Lübeck. Erarbeitet vom Arbeitskreis „Geschichte der Lübecker Arbeiterbewegung“ in Zusammenarbeit mit der VVN/BdA, Lübeck. L. 1983. 53 S., Abb. Masch. verv.

628. *Petrowsky, Werner:* Lübeck – eine andere Geschichte. Einblick in Widerstand und Verfolgung 1933–1945 sowie Alternativer Stadtführer zu den Stätten der Lübecker Arbeiterbewegung, des Widerstandes und der nationalsozialistischen Verfolgung. Hrsg. vom Zentrum – Jugendamt der Hansestadt Lübeck. L. 1986. 223 S., Abb., Kt. Masch. verv. [Enthält den Text von Nr. 627, dazu einen kurzen Abriß des politischen Widerstandes in Lübeck, Listen der zwangsweise Ausgebürgerten, der politischen Opfer u.a.m.]

629. *Lund, Heinz:* Vor 50 Jahren: Wie die demokratischen Traditionen der freien Stadt Lübeck zerschlagen wurden. – LBll. Jg. 143 (1983), S. 203–204. [Über die Geschehnisse 1933.]

630. *Petersen, Lorenz:* Lübeck unter dem Hakenkreuz: ...da wurden Menschen zu Hyänen. – LBll. Jg. 34 (1983), S. 38–43, 3 Abb. [Erinnerungen Petersens an das Jahr 1933.]

631. *Andersen, Dorothea:* Kirchenkampf in Lübeck aus der Sicht einer Gemeindehelferin. – Zeit, den schmalen Weg zu gehen. Hrsg. von Wolfgang Prehn. Kiel 1985, S. 135–142.

632. *Hauschild, Wolf-Dieter:* Erinnerungen an den Märtyrertod Lübecker Geistlicher. Kirche und Drittes Reich in Lübeck 1933–1943–1983. – LBll. Jg. 143 (1983), S. 317–320, 337–340, 1 Abb. [Märtyrertod von Karl Friedrich Stellbrink, Johannes Prassek, Eduard Müller und Hermann Lange. Kirche zwischen Anpassung und Widerstand.]

633. *Schreiber, Albrecht:* Als vom Himmel Feuer fiel. Lübecks Passion im Luftkrieg 1942. Stadtgeschichte in Presseberichten – der Bombenangriff und seine Zeit aus der Sicht Betroffener. L. 1982. 48 S., 66 Abb. [Über den britischen Luftangriff vom 28./29. 3. 1942.]

634. *Guttkuhn, Peter:* ... und Lübeck sollte sterben... 28./29. März 1942. – VBll. Jg. 33 (1982), S. 3–6, 5 Abb. [Der Luftangriff auf Lübeck aufgrund britischer Quellen.]

635. *Wiedersheim, William A.:* Wie Lübeck vor weiteren Bombenangriffen verschont wurde. – LBll. Jg. 147 (1987), S. 39–40. Abdruck aus „Die Zeit" vom 14. 11. 1986. [Dem Hamburger Bankier Eric Warburg, der in die USA emigriert war, gelang es als amerikanischem Verbindungsoffizier, durch seine Beziehungen zum Internationalen Roten Kreuz einen weiteren Luftangriff auf Lübeck zu verhindern.]

636. Lübeck 1945. Tagebuchauszüge von Arthur Geoffrey Dickens, Überblick von Gerhard Meyer und Erinnerungen von Wilhelm Stier. Hrsg. von Gerhard Meyer. L. 1986. 132 S., 67 Abb. (Veröffentlichungen des Senats der Hansestadt Lübeck, Amt für Kultur. Reihe A, H. 23.) [Dickens S. 6–87, Meyer S. 88–117, Stier S. 118–124.]

637. *Schreiber, Albrecht:* Vor 40 Jahren – Lübeck in der Stunde Null. – Lübecker Nachrichten. 23. 4.–12. 5. 1985. [Die Vorgänge in Lübeck an den gleichen Tagen im April und Mai 1945.]

638. *Heinrich, Carl:* April/Mai '45: Das Ende und ein Anfang. Streiflichter und Episoden. – VBll. Jg. 36 (1985), S. 2–16, Abb. Fortsetzung S. 22–24 unter Friedrich Wilhelm. [Streiflichter und Episoden aus dem Geschehen in Lübeck während des Kriegsendes.]

639. *Meyer, Gerhard:* Arthur Geoffrey Dickens, Lübeck-Tagebuch von 1945. – VBll. Jg. 33 (1982), S. 68–73. [D. wirkte 1945 in Lübeck als britischer Presseoffizier. Hier über sein 1947 im Druck erschienenes „Lübeck Diary".]

640. *Dickens, Arthur Geoffrey:* Lübeck 1945 – Ein Engländer erinnert sich an die ersten bitteren Monate nach Kriegsende. – LBll. 1986, S. 273–277, 297–298, 9 Abb. [Rückblick des einstigen Presseoffiziers und heutigen Historikers.]

641. *Stüber, Gabriele:* Der Kampf gegen den Hunger 1945–1950. Die Ernährungslage in der britischen Zone Deutschlands, insbesondere Schleswig-Holstein und Hamburg. Neumünster 1984. 954 S. (Studien zur Wirtschafts- und Sozialgeschichte Schleswig-Holsteins. Bd 6.) Kiel, Diss.phil. 1983. [Darin wird auch Lübeck behandelt.]

642. *Schier, Siegfried:* Die Aufnahme und Eingliederung von Flüchtlingen und Vertriebenen in der Hansestadt Lübeck. Eine sozialgeschichtliche Untersuchung für die Zeit nach dem Zweiten Weltkrieg bis zum Ende der 50er Jahre. L. 1982. 331 S., 1 Kt., 4 Diagr., 2 Abb. (Veröffentlichungen zur Geschichte der Hansestadt Lübeck R.B., Bd 7). Kiel, Diss.phil. 1980.

643. *Düring, Jochen:* Ein zaudernder Schottenobrist mit lübschem Siebenerausschuß. Als 1945/46 neue Parteien in der Hansestadt Lübeck gegründet wurden. – VBll. Jg. 37 (1986), S. 7–11, 8 Abb. [Insbesondere über die Gründung der CDU.]

644. *Lindtke, Gustav:* Die „Brücke" in Lübeck 1946–1955. – LBll. Jg. 115 (1955), S. 149–150. [Britisches Kulturinstitut.]

645. *Gaul, Gerhard:* Gedanken wurden Worte. Reden von Minister a.D. Gerhard Gaul, Lübeck. L. 1982. 199 S., 1 Porträt. [37 Reden zum Zeitgeschehen.]

646. *Naylor, Florentine (geb. Janke):* Vom alten, vom zerstörten und vom auferstandenen Lübeck. – Wa. 1982, S. 77–88, 5 Abb. [Eindrücke einer gebürtigen Lübeckerin]

Kurze Angaben über bemerkenswerte Ereignisse sind enthalten in den Lübeckischen Blättern, Nr. 13, und in den Jahresheften der „Lübecker Zahlen", Nr. 118.

O. Lübecks Beziehungen zu anderen Städten und Ländern (hansische und nachhansische Zeit)

s. a. die anderen Abschnitte des Bereiches Geschichte.
s. a. Lübisches Recht S. 77.
s. a. besonders Handel mit einzelnen Städten und Ländern S. 92.
s. a. Schiffahrt S. 94.
s. a. Verkehr S. 102.
s. a. Bildende Künste, Allgemeines S. 132.

Zusammenfassungen über das Register.

In Lübeck-Schrifttum 1900–1975 auf S. 115–121.

1. Hansischer Bereich

Infolge der Vorrangstellung Lübecks in der Hanse gibt es keine Schrift über diese, in der die Stadt nicht einen beträchtlichen Raum einnimmt. Doch können von dieser Literatur in einer Regionalbibliographie nur die wenigen Schriften berücksichtigt werden, die die Beziehungen Lübecks zur Hanse speziell betreffen. Einen guten knappen Überblick über das Hanseschrifttum gibt Philippe Dollinger: Die Hanse. 3. überarb. Aufl. Stuttgart 1981. Laufende Verzeichnung des Hanseschrifttums in der „Hansischen Umschau" der HGbll.

647. *Stoob, Heinz:* Lübeck als „Caput Omnium" in der Hanse. – Blätter für deutsche Landesgeschichte. Jg. 121 (1985), S. 157–168. [Kritische Überprüfung dieser These.]

648. *Lippe, Helmut von der:* Die Hansetage in Lübeck. – Geschäftsbericht 1982 Handelsbank in Lübeck, S. 11–14, 3 Abb.

649. *Carstensen, Richard:* Hansetage einst und heute. – Schleswig-Holstein. 1983, H. 9, S. 22–23, 3 Abb. [Über die Hansetage der Hansezeit und die seit 1980 erneut gefeierten Hansetage zur Erinnerung und zu freundschaftlichem Zusammenwirken europäischer Städte.]

650. Der 3. Hansetag der Neuzeit am 9. September 1983 in Lübeck – eine Dokumentation. Hrsg. Presse- und Informationsamt der Hansestadt Lübeck. L. 1983. 48 S., 11 Abb. [Tagung der Vertreter von 68 früheren Hansestädten. Abdruck der gehaltenen Reden und von Berichten der Arbeitsgruppen.]

651. *Behr, Hans-Joachim:* Die Landgebietspolitik nordwestdeutscher Hansestädte. – HGbll. Jg. 94 (1976), S. 17–37. [Vor allem zur Errichtung fester Plätze an wichtigen Handelsstraßen. Auch Lübeck angemessen mitbehandelt.]

652. *Gmür, Rudolf:* Städte als Landesherrn vom 16. bis 18. Jh. – Festschrift Hans Thieme zu seinem 80. Geburtstag, hrsg. von Karl Kroeschell. Sigmaringen 1986, S. 177–197. [Auch Lübeck behandelt.]

653. *Friedland, Klaus:* Kaufmannschaft und Bürgerkorporationen. Gemeinschaftsformen im nordeuropäischen Wirtschaftssystem des 12./13. Jahrhunderts. – Lübeck 1226. 1976. S. 77–86. [Betr. Kölner, Tieler Hanse und Lübeck.]

654. *Hauschild-Thiessen, Renate:* Hamburg, Lübeck, Bremen und das Haus der Oesterlinge in Antwerpen nach dem Frieden von Campo Formio. – Zeitschrift des Vereins für Hamburgische Geschichte. Bd 60 (1974), S. 125–137. [Also 1797 ff., als das Haus den 3 Hansestädten gehörte.]

655. *Fisenne, Otto von:* Die Ostseeinsel Bornholm. Von 1525 bis 1575 ein Lehen der Hansestadt Lübeck. – Schleswig-Holstein. 1982, H. 3, S. 4–5, 2 Abb.

656. *Lingenberg, Heinz:* Lübeck und Danzig. Zur Eröffnung des Hauses Hansestadt Danzig in Lübeck. – Wa. 1984, S. 69–80, 7 Abb. [Über die Aufgaben des Kultur- und Dokumentationszentrums und die Beziehungen der beiden Städte durch die Zeiten.]

657. *Graßmann, Antjekathrin:* Danziger Urkunden im Archiv der Hansestadt Lübeck. – Danzig in acht Jahrhunderten. Münster. 1985, S. 77–84.

658. *Neugebauer, Werner:* Die Gründung Elbings durch den Deutschen Orden und Lübecker Bürger 1237. – Lübeck 1226. 1976, S. 227–266, 17 Abb.

659. *Wriedt, Klaus:* Die ältesten Vereinbarungen zwischen Hamburg und Lübeck. – Civitatum Communitas. Studien zum europäischen Städtewesen. Festschrift Heinz Stoob zum 65. Geburtstag. T. 2. Köln 1984, S. 756–764. [Verträge von 1241.]

660. *Postel, Rainer:* Hamburg und Lübeck im Zeitalter der Reformation. – ZLG. Bd 59 (1979), S. 63–81.

661. *Schreiber, Albrecht:* Als Lübeck und Hamburg noch „Schwestern" waren. Einige Kapitel lübeckisch-hamburgischer Geschichte. – LBll. Jg. 146 (1986), S. 81–84, 3 Abb. [Über die Vierlande, den Alster-Beste-Kanal, Patriotische und Gemeinnützige Gesellschaften, Bombenkrieg, Persönlichkeiten von Bedeutung in beiden Städten usw.]

662. *Gause, Fritz:* Die Gründung der Stadt Königsberg im Zusammenhang der Politik des Ordens und der Stadt Lübeck. – Zeitschrift für Ostforschung. 3 (1954), S. 517–536.

663. *Hubatsch, Walther:* Zum lübischen Einfluß auf die Stadtgründung von Königsberg. Topographische Beobachtungen. – LSAK. Bd 4 (1980), S. 103–108, 1 Abb.

664. *Gelsinger, Bruce E.:* Norwegian jurisdiction over Lübeck: background to an unredeemed offer. – Mediaeval Scandinavia. 11 (1982), S. 242–257. [Behandelt norwegisch-lübeckische Beziehungen Mitte 13. Jahrhundert.]

665. *Angermann, Norbert:* Der Lübecker Hof in Pleskau. – ZLG. Bd 59 (1979), S. 227–235, 1 Kt. [1603 kaufte Lübeck den hier bestehenden Deutschen Hof und führte ihn als Lübecker Hof fort bis zum Nordischen Krieg.]

666. *Dorošenko, Vasilij V.* und *Elisabeth Harder-Gersdorff:* Ost-Westhandel und Wechselgeschäfte zwischen Riga und westlichen Handelsplätzen: Lübeck, Hamburg, Bremen und Amsterdam (1758/59). – ZLG. Bd 62 (1982), S. 103–153.

667. *Dorošenko, Vasilij V.:* Torgovlja i Kupecestvo Rigi v XVII Veke = Rigas Handel im XVII. Jahrh. Riga 1985. 346 S. [Engl. Zusammenfassung; zahlreiche Bezüge auf Lübeck.]

668. *Wiegandt, Jürgen:* Soziale und wirtschaftliche Wechselbeziehungen zwischen Wisby und Lübeck. – Stadtherrschaft u. Bürgertum in frühen städtegeschichtlichen Beispielen des westlichen Ostseebereichs. Kiel 1976, S. 37–41.

2. Schleswig-Holstein, Mecklenburg, Pommern

s. a. Verhältnis zu Reich und Bund S. 76.
Bad Schwartau Nr. 1842–1853.
Sereetz Nr. 1854.
Stockelsdorf Nr. 1855–1864.

In Lübeck-Schrifttum 1900–1975 auf S. 116–117.

669. *Neumann, Otto:* Handel zwischen der Marschenstadt Krempe und der Hansestadt Lübeck um 1500. – Steinburger Jahrbuch. 1981, S. 186–190.

670. *Kaack, Hans-Georg:* Bauer, Bürger, Edelmann. Das Herzogtum Lauenburg von der deutschen Besiedlung bis zur Aufhebung der Ständeherrschaft. Zur Ausstellung anläßlich der 400. Wiederkehr des Abschlusses der Union der Ritter- und Landschaft im Jahre 1585. Hrsg. vom Kreisausschuß des Kreis Herzogtum Lauenburg. Ratzeburg 1985. 330 S., zahlr. Abb., Kt. u. Pl. [Immer wieder Beziehungen zu Lübeck.]

671. *Tschentscher, Horst:* Lübecker im Segeberger Bürgerbuch. – Lübecker Beiträge zur Familien- und Wappenkunde. H. 7 (1976), S. 45–50. [17. u. 18. Jh.]

672. *Schmidt-Sibeth, Friedrich:* Mecklenburgische Geschichte und Altertumskunde. Lübeck als Förderer des vor 150 Jahren gegründeten Vereins. – LBll. Jg. 145 (1985), S. 137–141, 2 Abb. [1835 durch G.C.F. Lisch gegründet.]

673. *Graßmann, Antjekathrin:* Die Dassower „Dreiländerbrücke" – ein Überbleibsel mittelalterlicher Rechtsverhältnisse zwischen Mecklenburg und Lübeck im 19. und 20. Jahrhundert. – Beiträge zur mecklenburgischen Seefahrtsgeschichte. Köln, Wien 1981. S. 59–76, 2 Abb. (Schriften zur mecklenburgischen Geschichte, Kultur und Landeskunde. H. 5.)

674. *Genaust, Helmut:* Lübecker und Holsteiner im ältesten Trauregister von Herrnburg (Fürstentum Ratzeburg) 1649–1704. – Zeitschrift für Niederdeutsche Familienkunde. Jg. 60 (1985), S. 97–130.

675. *Kehn, Wolfgang:* Stettin und Lübeck im Mittelalter. – Pommern. Jg. 14 (1976), H. 4, S. 17–19.

676. *Grönke, Wolfgang:* Die Hansestadt Lübeck und ihre Patenschaften für Stettin und Kolberg. – VBll. Jg. 32 (1981), S. 8–10, 3 Abb.

3. Andere Städte und Länder

In Lübeck-Schrifttum 1900–1975 auf S. 117–121.

677. *Gercken, Erich:* Lübecker in Libau. – Lübecker Beiträge zur Familien- und Wappenkunde. H. 16 (Okt. 1980), S. 3–21. [Liste von 97 Lübeckern, die zwischen 1580 und 1850 nach Libau auswanderten.]

678. *Becker, Felix:* Die Hansestädte und Mexiko 1825–1867. Ein Kapitel hanseatischer Vertragsdiplomatie und Handelsgeschichte. – Zeitschrift des Vereins für Hamburgische Geschichte. Bd 69 (1983), S. 83–102. [Lübeck spielte neben Hamburg und Bremen nur eine geringe Rolle.]

679. *Becker, Felix:* Die Hansestädte und Mexiko. Handelspolitik, Verträge und Handel 1821–1867. Wiesbaden 1984. 135 S. (Acta Humboldtiana. Nr. 9.)

680. *Guttkuhn, Peter:* Lübecker in Nordamerika. – Lübecker Beiträge zur Familien- und Wappenkunde. H. 13 (1979), S. 47–53. [Ältestes Zeugnis ein Brief aus Pennsylvanien von 1700, später über Teilnahme von Lübeckern am Sezessionskrieg.]

681. *Carstensen, Richard:* Lübeck und Venedig, „Schwestern" an Ostsee und Adria. – Wa. 1978, S. 138–154, 8 Abb. [Vergleich der Städte, Handelsbeziehungen, Städtefreundschaft, Thomas Mann und Venedig.]

682. *Carstensen, Richard:* Lübeck und Venedig. – Schleswig-Holstein. 1978, H. 5, S. 7–10, 4 Abb.

P. Verhältnis zu Reich und Bund, Fragen der Selbständigkeit

In Lübeck-Schrifttum 1900–1975 auf S. 121–122.

683. *Brandt, Ahasver von:* Das Ende der Hanseatischen Gemeinschaft. Ein Beitrag zur neuesten Geschichte der Hansestädte. – Brandt, Ahasver von: Lübeck, Hanse, Nordeuropa. Köln 1979, S. 97–125. [Aufhebung der Hanseatischen Gesandtschaft in Berlin 1920, Frage eines Zusammenschlusses Hamburg-Lübeck, Reichsstatthalterfrage.]
Zuerst in: HGbll. Jg. 74 (1956), S. 65–96.

684. *Schneider, Gerhard:* Gefährdung und Verlust der Eigenstaatlichkeit der Freien und Hansestadt Lübeck und seine Folgen. L. 1986. 229 S. (Veröffentlichungen zur Geschichte der Hansestadt Lübeck. R. B., Bd 14.) [Die Entwicklung von den Reichsreformbestrebungen der Weimarer Republik bis zum Urteil des Bundesverfassungsgerichtes von 1956, dargestellt aufgrund eigenen Mitwirkens und sorgfältiger Quellenstudien.]

685. *Schneider, Gerhard:* Lübeck und Schleswig-Holstein – in Vergangenheit, Gegenwart und Zukunft. – LBll. Jg. 142 (1982), S. 211–213. [Besonders über den Anschluß an Preußen 1937 und die Bemühungen um Wiederherstellung der Eigenstaatlichkeit.]

686. *Stodte, Hermann:* Lübeck – preußisch! – LBll. Jg. 79 (1937), S. 297–309. [Darin enthalten die Reden von Bürgermeister Dr. Otto-Heinrich Drechsler, Senator Walther Schröder und Reichsinnenminister Dr. Wilhelm Frick.]

687. *Guttkuhn, Peter:* Als Lübeck „übergeleitet" wurde. – VBll. Jg. 28 (1977), S. 135. [Eingliederung in Preußen 1937.]

V. RECHT UND STAAT

A. Siegel, Wappen, Flagge

In Lübeck-Schrifttum 1900–1975 auf S. 123.

688. *Schurdel, Harry, D.:* Die Hoheitszeichen der Hansestadt Lübeck. Wappen, Flagge, Siegel. – Schleswig-Holstein. 1985, H. 3, S. 20–22, 9 Abb.

689. *Goetze, Jochen:* Zur Bedeutung der lübeckischen Schiffssiegel. – ZLG. Bd 61 (1981), S. 229–237, 3 Taf. [Die Schiffssiegel von 1223, 1255/56 und 1280 untersucht.]

Über Schiffssiegel s. a. Nr. 872–873.

690. *Korn, Johannes Enno:* Adler und Doppeladler. Ein Zeichen im Wandel der Geschichte. Marburg 1976. Göttingen, Diss.phil. 1969. 110 S. [Hierin auch Erklärung des Lübecker Doppeladlers.]

691. *Henning, Eckart* und *Gabriele Jochums:* Bibliographie zur Heraldik. Schrifttum Deutschlands und Österreichs bis 1980. Köln 1984. 546 S. [Lübeck berücksichtigt.]

B. Rechtsgeschichte

1. Lübisches Recht

In Lübeck-Schrifttum 1900–1975 auf S. 124–127.

692. *Ebel, Wilhelm:* Jurisprudencia Lubecensis. Bibliographie des lübischen Rechts. L. 1980. 119 S. (Veröffentlichungen zur Geschichte der Hansestadt Lübeck. Reihe B, Bd 5.) [Verzeichnis von Literatur zum lübischen Recht, enthaltend mehr als 1300 Titel mit Schwerpunkt auf dem 17. und 18. Jahrhundert.]

693. *Ebel, Wilhelm:* Lübisches Recht. – Handwörterbuch zur deutschen Rechtsgeschichte. Bd 3 (1984), Sp. 77–84.

694. *Harder, Jürgen:* Lübisches Recht – Geschichte und Bedeutung. Das zweite große Stadtrecht des Mittelalters. – LBll. Jg. 141 (1981), S. 299–301, 319–321, 333–334, Jg. 142 (1982), S. 319–321, 7 Abb. [Allgemeiner Überblick über Geschichte und Bedeutung des Lübischen Rechts.]

695. *Ebel, Wilhelm:* Probleme der deutschen Rechtsgeschichte. Göttingen 1978. 279 S. (Göttinger rechtswissenschaftliche Studien. Bd 100.) Darin u.a.: S. 17–33 Die Hanse in der deutschen Staatsrechtsliteratur des 17. und 18. Jahrhunderts, S. 35–46 Hansisches Recht. Begriff und Probleme.

696. *Landwehr, Götz:* Rechtspraxis und Rechtswissenschaft im Lübischen Recht vom 16. bis zum 19. Jahrhundert. – ZLG. Bd 60 (1980), S. 21–65. [Über das Revidierte Stadtrecht von 1586, die Jurisprudentia Lubecensis, gelehrte Rechtspraxis im 17. und 18. Jahrhundert, Rechtsprechung des Oberappellationsgerichts und über die Reformgesetzgebung im 19. Jahrhundert.]

697. *Weitzel, Jürgen:* Über Oberhöfe, Recht und Rechtszug. Eine Skizze. Göttingen 1981. 152 S. (Göttinger Studien zur Rechtsgeschichte. Bd 15.) [Darin enthalten vieles über das lübische Recht, vor allem im Vergleich zu dem von Magdeburg.]

698. *Ebel, Wilhelm:* Rechtsgeschichtliches aus Niederdeutschland. Göttingen 1978. 335 S. [Wiederabdruck älterer Aufsätze.] Darin u.a.:
S. 175–194 Bursprake, Echteding, Eddach in den niederdeutschen Stadtrechten,
S. 223–233 Das Varrecht in norddeutschen Rechten, insbesondere dem Lübischen,
S. 235–250 Kostverträge und Verwandtes, insbesondere nach Lübischen Stadtbüchern,
S. 251–271 Der literarische Streit um den Konkurs Rodde vom Jahre 1810,
S. 325–335 Über skandinavisch-deutsche Stadtrechtsbeziehungen im Mittelalter.

699. *Köbler, Gerhard:* Das Recht an Haus und Hof im mittelalterlichen Lübeck. – Der Ostseeraum. Historische Elemente einer wirtschaftlichen Gemeinschaft. Hrsg. von Klaus Friedland. L. 1980. (Schriftenreihe der Industrie- und Handelskammer zu Lübeck. Nr. 12.), S. 31–52.

700. *Ebel, Wilhelm:* Erbe, Erbgut und wohlgewonnen Gut im lübischen Recht. – Zeitschrift der Savigny-Stiftung für Rechtsgeschichte, Germanistische Abteilung. 97 (1980), S. 1–42. [Untersuchung terminologischer und normativer Probleme.]

701. *Wülfing, Inge Maren, geb. Peters:* Grundherrschaft und städtische Wirtschaft am Beispiel Lübecks. – Die Grundherrschaft im späten Mittelalter. T. 1. Sigmaringen 1983. (Vorträge und Forschungen. 27.), S. 451–517.

702. *Goetze, Jochen:* Der Anteil Lübecks an der Entwicklung des Seerechts. I. Das Mittelalter bis 1530. – ZLG. Bd 63 (1983), S. 129–143.

703. *Landwehr, Götz:* Die hanseatischen Seerechte des 16. und 17. Jahrhunderts. – 1667 års sjölag i ett 300-årigt perspektiv. (Rättshistoriska studier. Bd 8.1984.)

704. *Landwehr, Götz:* Die Bedeutung des lübischen Seerechts während des 18. Jahrhunderts. – Schiffe und Seefahrt in der südlichen Ostsee. Köln, Wien 1986. (Mitteldeutsche Forschungen. Bd 91.), S. 129–173. [Dieses hatte auch in den Seehäfen Holsteins, Mecklenburgs und Pommerns mehr oder weniger Geltung.]

705. *Wolter, Klaus:* Die Schiffrechte der Hansestädte Lübeck und Hamburg und die Entwicklung des Hansischen Seerechts unter besonderer Berücksichtigung der rechtlichen Bestimmungen über Reisenotlagen und Schiffskollisionen. Hamburg 1975. 205 S. Masch. verv. Hamburg, Diss.phil. 1975.

706. *Wolter, Klaus:* Die rechtliche Behandlung von Reisenotlagen und Schiffskollisionen in den älteren See-, Schiffsrechten Lübecks und Hamburgs und im hansischen Seerecht. – See- und Flußhäfen vom Hochmittelalter bis zur Industrialisierung. Hrsg. von Heinz Stoob. Köln, Wien 1986. (Städteforschung. Reihe A, Bd 24.), S. 67–87.

707. *Landwehr, Götz:* Die Haverei in den mittelalterlichen deutschen Seerechtsquellen. Göttingen 1985. 144 S. (Berichte aus den Sitzungen der Joachim-Jungius-Gesellschaft der Wissenschaften e.V., Hamburg, Jg. 3, H. 2.) [Darin auch Lübecker Quellen ausgewertet, insbesondere das Lübische Recht.]

708. *Schwegmann, Gerhard:* Das Reurecht in den Lübecker Ratsurteilen. Hamburg 1969. 115 S. Masch. verv. Hamburg Diss.jur. 1969. [Gegen Zahlung des Reugeldes konnte man von einem Vertrag zurücktreten und sich damit den übernommenen Verpflichtungen entziehen.]

709. *Graßmann, Antjekathrin:* Raub, „Rebellicheit" und unredliche Handlung. Bemerkungen zu den Lübecker Urfehden 1400–1550. – Civitatum Communitas. Studien zum europäischen Städtewesen. Festschrift Heinz Stoob zum 65. Geburtstag. T. 2, Köln 1984, S. 765–780.

710. *Neumann, Gerhard:* „... nicht mehr als 60 Pasteten". Die Luxusordnungen der Hansestadt Lübeck im 15. Jahrhundert. – Damals. Jg. 9 (1977), S. 551–564, 5 Abb.

2. Verschiedenes

In Lübeck-Schrifttum 1900–1975 auf S. 126–127.

711. *Eisenhardt, Ulrich:* Die kaiserlichen privilegia de non appellando, mit einer Abhandlung eingeleitet und in Zusammenarbeit mit Elsbeth Markert registriert und in einer Auswahl hrsg. Köln, Wien 1980. 371 S. (Quellen und Forschungen zur höchsten Gerichtsbarkeit im Alten Reich. Bd 7.)

712. *Neumann, Gerhard:* Zwei Lübecker Hausbesitzer vor dem Kammergericht. – Zeitschrift der Savigny-Stiftung für Rechtsgeschichte. Germ. Abt., Bd 96 (1979), S. 209–213. [Die Bürger Ludike und Hans Northeim 1469–1475.]

713. *Schubert, Werner:* Frankreichs Pläne zur Einführung des Code Napoleon in den Hansestädten (1807/1808). – ZLG. Bd 57 (1977), S. 138–148.

714. *Frühauf, Gerd:* Die Austrägalgerichtsbarkeit im Deutschen Reich und im Deutschen Bund. Hamburg 1976. Diss.jur. 229 S. [Darin auch die Austrägalgerichtsbarkeit des Oberappellationsgerichts der vier freien Städte Deutschlands in Lübeck.]

C. Verfassung und Staatsrecht

s. a. Wahlen, Parteien, Politiker S. 83.

In Lübeck-Schrifttum 1900–1975 auf S. 128–131.

715. *Scheper, Burchard:* Frühe bürgerliche Institutionen norddeutscher Hansestädte. Beiträge zu einer vergleichenden Verfassungsgeschichte Lübecks, Bremens, Lüneburgs und Hamburgs im Mittelalter. Köln, Wien 1975. 235 S. (Quellen und Darstellungen zur hansischen Geschichte. NF 20.)

716. *Scheper, Burchard:* Über Ratsgewalt und Gemeinde in nordwestdeutschen Hansestädten des Mittelalters. – Niedersächsisches Jahrbuch für Landesgeschichte. Bd 49 (1977), S. 87–108.

717. *Postel, Rainer:* Eine alte demokratische Tradition? „Hanseaten". Zur politischen Kultur Hamburgs, Bremens und Lübecks. – Der Bürger im Staat. Jg. 34, H. 3 (Sept. 1984), S. 153–158. [Gegen vorschnelle Gleichsetzung von republikanisch und demokratisch. Wer übte in den Hansestädten die Macht aus?]

718. *Helms, Emil:* Die neuen Verfassungen der drei Hansestädte. – Hanseatische Rechtszeitschrift. Jg. 4 (1921.), Sp. 339–346.

D. Grenzregelungen

In Lübeck-Schrifttum 1900–1975 auf S. 131–132.

719. *Speiermann, Friedrich:* Dic Vermessung der Grenze zur Deutschen Demokratischen Republik an der Untertrave vom Priwall bis zur Schlutuper Wiek. – MGG. H. 55 (1982), S. 125–131, 2 Kt.

720. *Dohrendorf, Bernd:* Die Rechtsverhältnisse in der Lübecker Bucht nach der Erweiterung der DDR-Hoheitsgewässer in der Ostsee. – LBll. 1985, S. 37–38, 1 Kt. mit den Grenzen.

721. *Carlsen, I.:* Fischfang in der inneren Lübecker Bucht auf dem Territorium der DDR. – Das Fischerblatt. Jg. 23 (1975), S. 183–188.

722. *Dumke, Gerhard:* Zahlenwimpel 7 – ein deutsch-deutsches Zeichen. – Deutsches Schiffahrtsarchiv. Zeitschrift des Deutschen Schiffahrtsmuseums. 4 (1981), S. 213–230. [Über den Fischereistreit in der Lübecker Bucht bis zu der 1974 erfolgten Vereinbarung mit der DDR und über Auseinandersetzungen an Wakenitz und Ratzeburger See.]

723. *Dohrendorf, Bernd:* Gebietsänderung zwischen Lübeck und G r ö n a u. – LBll. 1985, S. 56.

E. Rat (Senat)

1. Allgemeines

In Lübeck-Schrifttum 1900–1975 auf S. 132–133.

724. *Ahrens, Gerhard:* Vom alten Rath zum neuen Senat. Aufzeichnungen des Senators Hermann Wilhelm Hach aus dem Jahre 1860. – ZLG. Bd 65 (1985), S. 223–251. [Hach, 1800–1867, wurde 1845 in den Senat gewählt, berichtet über Amtseinführung, Sitzordnung, Abstimmungsverfahren u.a.m.]

725. *Kommer, Björn R.:* Über die Amtstracht des Lübecker Senates. – Nordelbingen. Bd 50 (1981), S. 183–196, 8 Abb.

726. *Kommer, Björn R.:* Über die Amtstracht des Lübecker Senats. – LBll. Jg. 140 (1980), S. 361–364, 2 Abb.

727. Recht und Würde eines Ehrenbürgers für Rodolfo G r o t h und Dr. Heinrich D r ä g e r.
– LBll. Jg. 142 (1982), S. 347–350, 2 Abb. [Rede des Bürgermeisters Dr. Knüppel für
G r o t h und Rede des Stadtpräsidenten Pohl-Laukamp für D r ä g e r.]

2. Bürgermeister und Ratsherren

In Lübeck-Schrifttum 1900–1975 auf S. 133–139.

728. *Fehling, Emil Ferdinand:* Die Lübeckische Ratslinie von den Anfängen der Stadt bis auf
die Gegenwart. L. 1925, unveränderter Nachdruck 1978. 235 S. (Veröffentlichungen
zur Geschichte der Freien und Hansestadt Lübeck. Bd 7,1.) [Kurzbiographien der
Bürgermeister und Ratsherren Lübecks bis 1921. Zugefügt 2 Seiten mit Berichtigungen
von 1978.]

729. *Langenheim, Kurt:* Über die Lübecker Senatoren Bernhard B r u n s und seinen Sohn
Jakob Eberhard Bruns, Männer des 18. Jahrhunderts. – Lübecker Beiträge zur
Familien- und Wappenkunde. H. 16 (Okt. 1980), S. 22–42, 3 Abb.

730. *Kohlmorgen, Günter:* Johann F ü c h t i n g (1571–1637), Kaufmann, Ratsherr. – BL. Bd
7 (1985), S. 73–74.

731. *Kohlmorgen, Günter:* Leben und Werk des Ratsherrn und Schonenfahrers Johann
F ü c h t i n g. – LBll. Jg. 143 (1983), S. 33–36, 53–55, 73–74, 5 Abb. [Auszüge aus dem
Werk von Kohlmorgen „Johann Füchting und Füchtings Hof in Lübeck“. Nr. 63.]

732. *Graßmann, Antjekathrin:* Gloxin, David (1597–1671), Bürgermeister von Lübeck.
– BL. Bd 6 (1982), S. 102–105. Über die Gloxin-Familie daselbst S. 98–99.

733. *Kruse, Günter:* Der Bergedorfer Amtmann Gerdt G r a n s i n und sein Sippenkreis.
– Zeitschrift für Niederdeutsche Familienkunde. 59 (1984), S. 24–38. [Gransin war
1596–1602 Amtmann in Bergedorf, dann bis zu seinem Tod 1610 Ratsherr in Lübeck.]

734. *Pohl-Laukamp, Sophus:* Erinnerung an August H e i n e. Um seine Vaterstadt verdient
gemacht. – LBll. Jg. 143 (1983), S. 74–75, Porträt. [1897–1983, Lehrer, seit 1952 in
Lübeck Schulrat, Senator, Stadtpräsident.]

735. *Lemke, Kurt:* Die Lübecker Ratsherren H o v e m a n und ihre Sippe. Kobarg – Neuer
Rat – Saline Oldesloe-Riepenburg. – LBll. Jg. 146 (1986), S. 65–68, 1 Abb. [Hinrich
Hoveman war Ratsherr 1411–1416, sein Sohn Johan 1428–1447.]

736. *Schneider, Gerhard:* K a l k b r e n n e r, Georg Rudolf Reinhard (1875–1956), Senator.
– BL. Bd 6 (1982), S. 144–146.

737. *Seebacher, Hedwig:* Karl Peter K l ü g m a n n (1835–1915), Jurist, Senator in Lübeck,
Hanseatischer Gesandter. – BL. Bd 7 (1985), S. 113–114.

738. *Lemke, Kurt:* Ein reiches Leben in reicher Zeit. Aemilius L ü c h o w – Porträt eines Lübecker Ratsherrn. – LBll. 1985, S. 57–59, 5 Abb. [Um 1340–1403, Kaufmann und Ratsherr.]

739. *Graßmann, Antjekathrin:* M a r q u a r d , Johann (1610–1668), Bürgermeister. – BL. Bd 6 (1982), S. 180–183.

Senator Johann Thomas O t t o s. Nr. 318.

740. *Gaul, Gerhard:* Der Mann der ersten Stunde. Zum Gedenken an Otto P a s s a r g e . – LBll. Jg 136 (1976), S. 129–133. [Nachruf in einer Gedenkstunde im Audienzsaal des Rathauses. 1891–1976, Bürgermeister.]

741. *Hammel, Rolf:* W i t t e n b o r g , Johann (ca. 1320–1363), Bürgermeister. – BL. Bd 6 (1982), S. 303–305.

3. Syndiker und Diplomaten

In Lübeck-Schrifttum 1900–1975 auf S. 139–140.

742. *Wriedt, Klaus:* Das gelehrte Personal in der Verwaltung und Diplomatie der Hansestädte. – HGbll. Jg. 96 (1978), S. 15–37.

743. *Neumann, Gerhard:* Lübecker Syndici des 15. Jahrhunderts in auswärtigen Diensten der Stadt. – HGBll. Jg. 96 (1978), S. 38–46.

744. *Neumann, Gerhard:* Erfahrungen und Erlebnisse Lübecker Syndici und Prokuratoren in Österreich zur Zeit Kaiser Friedrichs III. (1455–1470). – ZLG. Bd 59 (1979), S. 29–62.

745. *Neumann, Gerhard:* Simon B a t z . Lübecker Syndikus und Humanist. – ZLG. Bd 58 (1978), S. 49–73. [1458–1464 in lübeckischen Diensten.]

746. *Fürsen, Ernst Joachim:* Johann Carl Heinrich D r e y e r , 1723–1802, Gelehrter, Dompropst, Stadtdiplomat. – BL. Bd 5 (1979), S. 76–79.

747. *Seebacher, Hedwig:* K r ü g e r , Daniel Christian Friedrich (1819–1896), Gesandter. – BL. Bd 6 (1982), S. 154–157.

748. *Pettke, Sabine:* Zur Rolle Johann O l d e n d o r p s bei der offiziellen Durchführung der Reformation in Rostock. – Zeitschrift der Savigny-Stiftung für Rechtsgeschichte. Bd 100, Kanonistische Abt. 70 (1984), S. 339–348. [Lübecker Ratssyndikus 1534–1536.]

749. *Neumann, Gerhard:* Johannes O s t h u s e n . Ein Lübecker Syndikus und Domherr in der zweiten Hälfte des 15. Jahrhunderts. – ZLG Bd 56 (1976), S. 16–60. [Seit 1466 als Diplomat in lübeckischen Diensten.]

F. Wahlen, Parteien, Politiker

In Lübeck-Schrifttum 1900–1975 auf S. 141–142.

750. *Fuchs, Hartmut:* Privilegien und Gleichheit. Die Entwicklung des Wahlrechts in der Freien und Hansestadt Lübeck 1875–1920. – Die Heimat. 85 (1978), S. 209–214. [Kurzfassung der gleichnamigen Kieler Dissertation von 1971.]

751. *Stein, Kalman:* The Labor Movement in Luebeck 1866–1914: The development of a reformist Social Democratic Party. New York: Columbia University, Phil.Diss. 1976. 603 S. Masch. verv. [Über Sozialdemokraten, Gewerkschaften sowie daraus hervorgegangene kulturelle Vereinigungen, insbesondere von den 1890er Jahren bis 1914.]

752. *Asmussen, Peter:* Lübeck zur Zeit der Sozialistengesetze 1871–1891. L. 1982. 99 S. [Über die Rolle der Sozialdemokraten in Lübeck.]
2. Aufl. 1984.

753. Protokoll über die Verhandlungen des Parteitages der Sozialdemokratischen Partei Deutschlands, abgehalten zu Lübeck vom 22. bis 28. September 1901. Berlin 1901. Nachdruck Berlin 1980. Mit einem Personen-, Zeitschriften-, Zeitungs- sowie Ortsreg. zum Nachdruck von Max Schwarz. 339 S. (Reprints zur Sozialgeschichte.)

754. *Musch, Wilfried:* Die Wiedergründung der SPD in der Hansestadt Lübeck nach dem Zweiten Weltkrieg. Schriftliche Hausarbeit zur ersten Staatsprüfung für Grund- und Hauptschullehrer. Kiel 1976. Masch. [Die Vorgänge 1945–1947, vor allem aufgrund von Presseberichten.]

755. *Beck, Dorothea:* Julius Leber. Sozialdemokrat zwischen Reform und Widerstand. Berlin 1983. 384 S. (Deutscher Widerstand 1933–1945. Zeitzeugnisse und Analysen.) Bochum, Diss. Abt. Geschichtswissenschaft. [1891–1945. Biographie, zugleich Beitrag zur Geschichte Lübecks, der Sozialdemokratie und des Widerstandes.]

756. *Beck, Dorothea:* Julius Leber, Politiker, *1891 Biesheim, †1945 Berlin. – NDB. Bd 14 (1985), S. 18–19.

757. *Lund, Heinz:* Der Prozeß gegen Dr. Julius Leber. Die Ereignisse in Lübeck am 31. Jan. und 1. Febr. 1933. – LBll. Jg. 143 (1983), S. 69–72, 1 Abb.

758. *Beck, Dorothea:* Julius Leber. – 20. Juli. Portraits des Widerstands. Hrsg. von Rudolf Lill und Heinrich Oberreuter. Düsseldorf, Wien 1984, S. 147–158.

759. *Christiansen, Katharina:* Mein Vater Julius Leber. – Lübecker Nachrichten. 30.12. 1984–6. 1. 1985. [Lebensvolles Bild aus den Erlebnissen der Tochter.]

760. *Döbertin, Winfried:* Julius Leber. Zu seinem 90. Geburtstag. – VBll. Jg. 32 (1981), S. 76–77, 1 Abb. [Kurzbiographie und politisches Weltbild.]

761. Gedenkfeier aus Anlaß des 40. Todestages des Lübecker Bürgerschaftsmitgliedes und Reichstagsabgeordneten Dr. Julius Leber am 5. Januar 1985 im Großen Haus der Städtischen Bühnen. Hrsg. vom Presse- und Informationsamt der Hansestadt Lübeck. L. 1985. 23 S., Abb. (Dokumentationen zum Zeitgeschehen in der Hansestadt Lübeck.) [Abdruck der Vorträge von Hans Mommsen und Björn Engholm.]

762. Leber, Julius: Schriften, Reden, Briefe. Hrsg. von Dorothea Beck und Wilfried F. Schöller. München 1976. 327 S., Abb. [Überarb. u. erw. Neuausg. von: Leber, Ein Mann geht seinen Weg. 1952.]

763. *Wiehmann, Otto:* Schwartz, Johann Carl Theodor (1841–1922), Gewerkschafter. – BL. Bd 6 (1982), S. 267–269.

764. *Barclay, David E.:* Rudolf Wissell als Sozialpolitiker 1890–1933. Berlin 1984. 305 S. (Einzelveröffentlichungen der Historischen Kommission zu Berlin. Bd 44.) [1869–1962, vor dem Ersten Weltkrieg Bürgerschaftsabgeordneter in Lübeck, 1928–1930 Reichsarbeitsminister.]

G. Verwaltung

1. Allgemeines

s. a. Verfassung und Staatsrecht S. 79.

In Lübeck-Schrifttum 1900–1975 auf S. 142.

765. Deutsche Verwaltungsgeschichte. Hrsg. von Kurt G. A. Jeserich u.a. Bd 1–4. Stuttgart 1983–1985. [Rainer Postel über die Hansestädte von 1803 bis 1945, darunter auch Abschnitte über Lübeck.]

766. *Graßmann, Antjekathrin:* Lübeck. – Grundriß zur deutschen Verwaltungsgeschichte 1815–1945. Reihe B, Bd 17 (Hansestädte und Oldenburg), Marburg 1978, S. 1–28, 10 Abb., 2 Kt. [Verwaltungsgliederung der Behörden 1913, die Vorsitzenden des Senats, Verwaltungseinteilung, Statistik, Literaturangaben u.a.m.]

767. Behördenverzeichnis der Hansestadt Lübeck. Stadtverwaltung, Bundes- und Landesbehörden, Kirchen, Kultur und Bildung, Soziale Einrichtungen, Wirtschaft und Verkehr, Gewerkschaften, Parteien, Vereine und Verbände, Schiedsmannsbezirke. – Jeweils im Adreßbuch der Stadt Lübeck Nr. 168.

768. Hansestadt Lübeck: Bürgerschaft und Senat, Ämter und Behörden unserer Stadt. Eine Bürgerinformation, hrsg. vom Senat der Hansestadt Lübeck, Presse- und Informationsamt. L. 1984. 60 S.

769. Verwaltungsbericht der Hansestadt Lübeck. Hrsg. vom Senat der Hansestadt Lübeck, Statistisches Amt und Wahlamt. L. 1937 ff. 1966–1969, 1970–1973, 1974–1977. Mehr nicht erschienen. [Mehrjahreszusammenfassungen über alle Bereiche der Stadtverwaltung, viel Statistik enthaltend.]

770. *Dimpker, Hinrich:* Die „Wiederherstellung des Berufsbeamtentums". Nationalsozialistischen Personalpolitik in Lübeck. Kiel 1981. 145 S. Masch. verv. Kiel, Diss. jur. 1981. [In Lübeck wurden ca. 330 Beamte und Angestellte entlassen.]

2. Einzelne Bereiche der Verwaltung

a) Finanzpolitik, Finanzverwaltung, Steuerwesen

In Lübeck-Schrifttum 1900–1975 auf S. 143–144.

771. *Wülfing, Inge-Maren:* Städtische Finanzpolitik im späteren 13. Jahrhundert. – Städteforschung, R.A., Bd 12. (1982), S. 34–71. [Darin vor allem über Lübeck.]

772. *Weniger, Axel:* Die Finanzverwaltung Lübecks im 19. Jahrhundert. L. 1982. 206 S. (Veröffentlichungen zur Geschichte der Hansestadt Lübeck. Reihe B, Bd 9.) Hamburg, Diss. jur. 1981. [Das Finanzwesen der Stadt in seinen vielfältigen Aspekten von 1815 bis 1871.]

773. *Ahrens, Gerhard:* Das Staatsschuldenwesen der freien Hansestädte im frühen 19. Jahrhundert. – Vierteljahrschrift für Sozial- und Wirtschaftsgeschichte. 68 (1981), S. 22–51.

774. *Schneider, Gerhard:* Lübecks Bankenpolitik im Wandel der Zeiten 1898–1978. L. 1979. 230 S. (Veröffentlichungen zur Geschichte der Hansetadt Lübeck. Bd 25.)

775. Reden zum Haushaltsplan 1973 vor der Bürgerschaft am 22. Februar 1973. L. 1973. 26 S. (Dokumentationen zum Zeitgeschehen in der Hansestadt Lübeck.)

b) Andere Verwaltungsbereiche, hier Polizei, Bundesgrenzschutz, Katasterverwaltung

Industrie- und Handelskammer s. Nr. 833–837.
Handwerkskammer s. Nr. 907–908.
Hafenverwaltung s. Nr. 896–897.

In Lübeck-Schritttum 1900–1975 auf S. 145.

776. *Stolz, Gerd:* Geschichte der Polizei in Schleswig-Holstein. Heide in Holstein 1978. 460 S., Abb. [Über die Polizei in Lübeck S. 211–222, 373–378.]

777. *Seeger, Gernot:* Vom Polizeidiener zum Beamten der Schutzpolizei. – VBll. Jg. 30 (1979), S. 92. [Entwicklung der Lübecker Polizei.]

778. *Stolz, Gerd:* Die Wasserschutzpolizei in der Hansestadt Lübeck. Die WSP-Reviere Lübeck und Lübeck-Travemünde. – Wa. 1978, S. 53–63, 6 Abb. [Seit 1919, Aufgaben, verwendete Fahrzeuge.]

779. *Michaelis, Helmut:* 25 Jahre Polizei des Bundes: Bundesgrenzschutz in der Hansestadt Lübeck. – VBll. Jg. 27 (1976), S. 24–25, 2 Abb. [Gründung 1951, Aufgaben, Entwicklung.]

780. *Speiermann, Friedrich:* Ein Jahrhundert Lübecker Kataster. – Allgemeine Vermessungs-Nachrichten. 1974, H. 9, S. 338–341.

781. *Speiermann, Friedrich:* 100 Jahre Lübecker Katasterverwaltung. – VBll. Jg. 27 (1976), S. 27. [Gründung 1876, Aufgaben, Entwicklung.]

c) Stadtwerke, Feuerwehr u.a.

In Lübeck-Schrifttum 1900–1975 auf S. 146–147.

782. *Posselt, Christine:* Stadtwerke Lübeck. Bild eines Unternehmens. L. 1979. 45 S., Abb.

783. *Henkel, Karl-Joachim:* Stadtwerke Lübeck – Bild eines Unternehmens. – Wa. 1984., S. 14–31, mit Abb. [Über Strom, Gas, Wasser, Verkehr usw.]

784. *Lüdecke, Torsten:* Vom Brunnenwasser zum „Kunstwasser" – die Wasserversorgung im mittelalterlichen und frühneuzeitlichen Lübeck. – Archäologie in Lübeck. L. 1980, S. 97–100, 4 Abb.

Wasserversorgung und Entsorgung im Mittelalter und der frühen Neuzeit s. a. Nr. 130.

785. *Roggenkamp, Karl-Heinz:* Die Entwicklung der Lübecker Trinkwasserversorgung. – MGG. H. 55 (1982), S. 183–188, 2 Abb. [Insbesondere über die nach dem Zweiten Weltkrieg angelegten Brunnen.]

786. *Graßmann, Antjekathrin:* Lübecks Flußbadeanstalten. – Wa. 1982, S. 131–140, 5 Abb. [Entwicklung vom Ende des 18. bis zum Beginn des 20. Jahrhunderts.]

787. 25 Jahre Lübecker Schwimmhalle GmbH. L. 1984. 64 S., Abb. [Darin über Badesitten in alter Zeit, der Aufsatz von Antjekathrin Graßmann „Lübecks Flußbadeanstalten" (S. 15–26 mit Abb.) und die Charakterisierung der verschiedenen Badeanstalten Lübecks.]

788. 90 Jahre Stromversorgung in Lübeck. – VBll. Jg. 29 (1978), S. 5, 1 Abb. [1887 Central-Station für elektrische Beleuchtung Mengstr. 26, 1911 Kraftwerk Herrenwyk.]

789. *Griese, Kurt:* Die Überlandleitung des Kreises Stormarn. Ein Beitrag zur Geschichte der Stromversorgung in Schleswig-Holstein. Neumünster 1984. (Stormarner Hefte. 10.) [Darin S. 101–102 über den Bau der Verbundleitung zwischen den Kraftwerken Lübeck-Herrenwyk und Hamburg-Tiefstack.]

790. *Posselt, Christine:* Erdgas für Lübeck. – VBll. Jg. 29 (1978) S. 10, 1 Abb.

791. *Kohlmorgen, Günter:* Von der alten Hauptfeuerwache Lübecks bis zum modernen Neubau der Berufsfeuerwehr. – LBll. Jg. 144 (1984), S. 356–358, 1 Abb. [Insbesondere über die Hauptfeuerwache von 1904.]

792. *Hartmann, Bolko:* Deutsche Feuerwehruniformen und -helme. Stuttgart 1984. 137 S., Abb. [Lübeck mit berücksichtigt.]

3. Verwaltungsbeamte

In Lübeck-Schrifttum 1900–1975 auf S. 147–148.

793. *Offen, Claus-Hinrich:* Diensteinkünfte lübeckischer Beamter und Angestellter um 1825. – Rundbrief des Arbeitskreises für Wirtschafts- und Sozialgeschichte Schleswig-Holsteins. 27 (1983), S. 11–18.

794. *Groß, Herbert:* Johann Georg Witthauer. – VBll. Jg 27 (1976), S. 89, Porträt. [1799–1876, Forst- und Oeconomieinspektor, übte die Oberaufsicht über die städtischen Forst- und sonstigen Domanialbesitzungen aus.]

H. Rechtswesen

1. Gerichte und Prozesse

In Lübeck-Schrifttum 1900–1975 auf S. 148–152.

795. 100 Jahre Landgericht und Amtsgericht Lübeck. Hrsg. von Jürgen Harder. L. 1979. 47 Bll. Masch. verv. [4 Aufsätze.]

796. *Harder, Jürgen:* 100 Jahre Landgericht und Amtsgericht Lübeck. – Schleswig-Holsteinische Anzeigen. 1979, T.A., S. 186–188.

797. *Harder, Jürgen:* 100 Jahre Land- und Amtsgericht – im Spiegel der „Lübeckischen Blätter". – LBll. Jg. 139 (1979), S. 223–227.

798. *Lobsien, Werner:* Streiflichter aus dem Lübecker Amtsgericht in den Jahren 1939 bis 1971. L. 1979. 14 Bll.

799. *Kohlmorgen, Günter:* Ein Niedergerichtsprozeß aus dem Jahre 1647 wegen des Zehnten Pfennigs. – ZLG. Bd 62 (1982), S. 293–294.

2. Juristen

In Lübeck-Schrifttum 1900–1975 auf S. 152–153.

800. *Landwehr, Götz:* Wilhelm E b e l 1908–1980. Nachruf. – ZLG. Bd 60 (1980), S. 214–217. [Göttinger Rechtshistoriker, verdient um die Erforschung des Lübischen Rechts.]

801. *Landwehr, Götz:* Wilhelm E b e l 1908–1980. – HGBll. Jg. 98 (1980), S. V–VII.

802. *Ahrens, Gerhard:* Georg Arnold H e i s e (1778–1851), Rechtswissenschaftler, Präsident des Oberappellationsgerichts zu Lübeck. – BL. Bd 7 (1985), S. 97–99.

803. *Polley, Rainer:* K i e r u l f f , Johann Friedrich Martin (1806–1894), Präsident des Oberappellationsgerichts der 4 freien Städte in Lübeck. – NDB. Bd 11 (1977), S. 595.

804. *Polley, Rainer:* K i e r u l f f , Johann Friedrich Martin, 1806–1894, Jurist. – BL. Bd 7 (1985), S. 110–112. [1853–1879 Präsident des Oberappellationsgerichts der vier freien Städte zu Lübeck.]

805. *Klinkisch, Paul:* Lebensbild von Dr. jur. Ernst Wittern. Hamburg 1978. 63 S., Abb. [1867–1950, Lübecker Rechtsanwalt; Darstellung verfaßt von seinem Schwiegersohn.]

VI. Wirtschaft

A. Wirtschaftsgeschichte bis Ende des 19. Jahrhunderts
s. a. Geschichte
s. a. geschichtliche Abhandlungen unter den anderen
Abschnitten des Bereichs Wirtschaft
In Lübeck-Schrifttum 1900–1975 auf S. 155.

806. *Stark, Walter:* Untersuchungen zum Profit beim hansischen Handelskapital in der ersten Hälfte des 15. Jahrhunderts. Weimar 1985. 147 S. (Abhandlungen zur Handels- und Sozialgeschichte. Bd 24.) [Zur Untersuchung wurden auch Handlungsbücher des Lübecker Kaufmanns Hildebrand Veckinchusen aus den Beginn des 15. Jahrhunderts mit herangezogen.]

807. *Sprandel, Rolf:* Die Stellung Lübecks in der Wirtschaftskonjunktur des Spätmittelalters. – LSAK. Bd 4 (1980), S. 97–102, 4 Abb.

808. *Friedland, Klaus:* Gilde und Korporation in der Wirtschaftspolitik einer Ostseestadt (Am Beispiel Lübeck). – Stadtherrschaft und Bürgertum in frühen städtegeschichtlichen Beispielen des westlichen Ostseebereichs. Kiel 1976, S. 46–52.

809. *Loose, Hans-Dieter:* Erwerbstätigkeit der Frau im Spiegel Lübecker und Hamburger Testamente des 14. Jahrhunderts. – ZLG. Bd 60 (1980), S. 9–20.

810. *Stein, Hans-Konrad:* Die vermögende Oberschicht und die „Spitzenvermögen" in Lübeck während des 16. bis 18. Jahrhunderts. Thesen, Ergebnisse und Erfahrungen aus der Bearbeitung des Reichskammergerichtsbestands und anderer Archivquellen in Lübeck. – Forschungen aus den Akten des Reichskammergerichts. Hrsg. von Bernhard Diestelkamp. Köln usw. 1984, S. 159–185.

811. *Stein, Hans-Konrad:* Der Grundbesitz der vermögenden Lübecker und Hamburger Oberschicht im 16. bis 18. Jahrhundert. – ZLG. Bd 65 (1985), S. 87–117. [Aufgrund der Akten des Reichskammergerichts.]

812. *Lorenzen-Schmidt, Klaus-J.:* Die Vermögens- und Berufsstruktur Lübecks im Jahre 1762. Materialien zur Sozialtopographie. – ZLG. Bd 62 (1982), S. 155–194.

813. Die Wirtschaft Lübecks zur Zeit der Buddenbrooks. Ausstellungskatalog, hrsg. von der Industrie- und Handelskammer zu Lübeck. L. 1975. 54 S., Abb.

814. *Hasloop, Heino:* Die Wirtschaftskrise von 1857, dargestellt am Beispiel Lübecks. – ZLG. Bd 60 (1980), S. 66–110.

B. Entwicklung und Probleme der Lübecker Wirtschaft im 20. Jahrhundert

In Lübeck-Schrifttum 1900–1975 auf S. 155–157.

815. *Arndt, Hans-Jochen:* Strukturen der Lübecker Wirtschaft in Geschichte und Gegenwart. – MGG. H. 55 (1982), S. 133–145, 5 Abb. [Entwicklung seit dem 19. Jahrhundert, insbesondere seit 1948.]

816. Ausstellung „Aspekte der Wirtschaft im IHK-Bezirk Lübeck". L. 1978. 108 S. [In dem zur Ausstellung erschienenen Heft werden Firmen des IHK-Bezirks Lübeck gekennzeichnet.]

817. Kurs Lübeck. Marketing für die Hansestadt Lübeck. L. 1985. 58 S., Masch. verv.

818. Ostsee-Jahrbuch. Industrie- und Handelskammer zu Lübeck. L. 1976 ff. Vorher u.d.T.: Die Wirtschaft im Ostseeraum. L. 1960–1975. [Über die verschiedenen Bereiche der Wirtschaft des Ostseeraums.]

C. Finanz- und Geldwesen
Finanzpolitik, Finanzverwaltung, Steuerwesen s. S. 85.

In Lübeck-Schrifttum 1900–1975 auf S. 157–159.

819. *Brandt, Ahasver von:* Der Lübecker Rentenmarkt von 1320–1350. Düsseldorf 1935. 50 S. Kiel, Diss.phil. 1935.
Rez. von Fritz Rörig in: Zeitschrift der Savigny-Stiftung für Rechtsgeschichte. Germ.Abt. Bd 57 (1937).

820. *Schöllhorn, Johann:* Hundert Jahre Notenbank in der Hansestadt Lübeck. – VBll. Jg. 27 (1976), S. 10–11. [1876 Gründung einer Filiale der Reichsbank in Lübeck, günstige Auswirkung auf die Wirtschaft der Hansestadt, nach dem Zweiten Weltkrieg von der Landeszentralbank weitergeführt.]

821. *Kopitzsch, Franklin:* Sparkassenrealität und Sozietätsbewegung im Zeitalter der Aufklärung. – Sparkassen in der Geschichte. 2. Neustadt an der Aisch. 1984, S. 123–156. [Darunter auch Lübeck, wo 1817 eine erste Sparkasse gegründet wurde.]

822. *Koke, Detlev:* Die Landesversicherungsanstalt Schleswig-Holstein in der Hansestadt Lübeck. – VBll. Jg. 29 (1978), S. 78–79, 1 Abb. [In Lübeck befand sich 1890–1937 die LVA der Hansestädte, seit 1939 die LVA Schleswig-Holstein. Hier über Aufgaben und Tätigkeit.]

D. Münzen, Medaillen, Maße, Gewichte

In Lübeck-Schrifttum 1900–1975 auf S. 160–161.

823. *Graßmann, Antjekathrin:* Lübecks Münzgeschichte im Wandel der Zeit. Das volle Münzrecht wurde 1226 verliehen. – LBll. Jg. 142 (1982), S. 125–127.

824. *Dummler, Dieter:* Die Münzen der Freien und Hansestadt Lübeck. – Wa. 1978, S. 14–34. [Allgemeinverständlicher Überblick über die Entwicklung bis zur Einführung der Reichswährung 1873.]

825. *Stefke, Gerald:* „Goldwährung" und „lübisches" Silbergeld in Lübeck um die Mitte des 14. Jahrhunderts. – ZLG. Bd 63 (1983), S. 25–81.

826. *Graßmann, Antjekathrin:* Münzfunde aus der Lübecker Innenstadt. – Archäologie in Lübeck. L. 1980, S. 101–102, 1 Abb.

827. *Manfred Gläser* und Matthias Münchow: Münzfunde und Münzdatierungen bei der Grabung Johanniskloster, Lübeck. – Die Heimat. Jg. 90 (1983), S. 145–149, 4 Abb.

828. *Ahlers, Olof:* Ein kleiner Münzschatzfund vom Schrangen zu Lübeck. – LSAK. Bd 3 (1980), S. 161–164.

829. *Stefke, Gerald:* Die lübischen Stierkopf-Hohlpfennige der 1360er und frühen 1370er Jahre. – Hamburger Beiträge zur Numismatik. 27/29 (1982), S. 107–127.

830. *Brandt, Ahasver von:* Bene Merenti – ein lübisches Ehrenzeichen. Rückblick auf seine Geschichte und seine Inhaber. – LBll. Jg. 142 (1982), S. 331–334, 2 Abb. [Mit Liste der Inhaber. Nachdruck aus Wa. 1958, S. 58–64.]

831. *Kröger, Uwe:* Der Lübecker Scheffel, ein Getreidemaß in früherer Zeit. – ZLG. Bd 65 (1985), S. 333–340, 3 Abb.

832. *Kröger, Uwe:* Vom Pfund und Lot in Lübeck bis zum Kilogramm. – ZLG. Bd 66 (1986), S. 185–203, 5 Abb. [Die lübeckischen Gewichtseinheiten und ihre Veränderungen.]

E. Handel

s. a. Geschichte, insbesondere Lübecks Beziehungen
zu anderen Städten und Ländern S. 72.

1. Industrie- und Handelskammer

In Lübeck-Schrifttum 1900–1975 auf S. 154.

833. 600 Jahre Selbstverwaltung der Wirtschaft in Lübeck, 125 Jahre Industrie- und Handelskammer zu Lübeck. Hrsg. von der Industrie- und Handelskammer zu Lübeck. Red.: Hans-Jochen Arndt. – L. 1978. 171 S., zahlr. Abb., Kt., Diagramme. [Mit zahlreichen Reproduktionen von Quellentexten.]

834. 125 Jahre IHK (Industrie- und Handelskammer) zu Lübeck. 600 Jahre Selbstverwaltung der Wirtschaft und 125 Jahre Kaufmannschaft in der Hansestadt. – Lübecker Nachrichten. 10. 9. 1978, Sonderbeilage mit 14 S. und Abb.

835. *Arndt, Hans-Jochen:* Die Industrie- und Handelskammer zu Lübeck. – Lübecker Adreßbuch. 1979/80, S. 45–47, 1 Abb.

836. Jahresbericht der Industrie- und Handelskammer zu Lübeck. L. 1978 ff. Mit Beilage: Jahreszahlen IHK zu Lübeck. L. 1978 ff.
Vorher unter anderen Titeln: Bericht der Handelskammer zu Lübeck (und ähnliche Benennungen). L. 1859 ff. Das Jahr ... Jahresbericht der Industrie- und Handelskammer zu Lübeck. L. 1966–1977.

837. IHK aktuell. Monatsschrift der Industrie- und Handelskammer zu Lübeck. 1971 ff. (1921–1970 u.d.T.: Mitteilungen der Handelskammer zu Lübeck und andere Benennungen). [Darin aus der Kammer, Firmenberichte, Handel, Steuer und Finanzen, Handelsregister, Verkehr u.a.m.]

2. Allgemeine Handelsgeschichte, Handelspolitik

In Lübeck-Schrifttum 1900–1975 auf S. 162–163.

838. *Brandt, Ahasver von:* Ein Stück kaufmännische Buchführung aus dem letzten Viertel des 13. Jahrhunderts. (Aufzeichnungen aus dem Detailgeschäft eines Lübecker Gewandschneiders.) – Brandt, Ahasver von: Lübeck, Hanse, Nordeuropa. Köln 1979, S. 308–335, 2 Taf.
Zuerst in: ZLG. Bd 44 (1964), S. 5–34, 2 Taf.

839. *Brandt, Ahasver von:* Die Veckinchusen-Handlungsbücher. Vorgeschichte, Problematik und Verwirklichung einer Quellenedition. – HGbll. Jg. 93 (1975), S. 100–112. [Besprechung des Buches von Michail P. Lesnikov: Die Handelsbücher des hansischen Kaufmannes Veckinchusen. Berlin-Ost 1973. Lübeck-Schrifttum 1900–1975 Nr. 1714.]

840. *Irsigler, Franz:* Der Alltag einer hansischen Kaufmannsfamilie im Spiegel der Veckinchusen-Briefe. – HGbll. Jg. 103 (1985), S. 75–99. [15. Jahrhundert.]

841. *Lippe, Helmut von der:* Wägen und Wagen. Von der Tradition der Lübecker Kaufmanns-Compagnien. L. 1984. 128 S., zahlr. Abb. [Ursprung, Entwicklung und Arbeitsweise der Lübecker Kaufmanns-Compagnien.]

842. *Graßmann, Antjekathrin:* Die Statuten der Kaufleutekompanie von 1500. – ZLG. Bd 61 (1981), S. 19–35. [Aufgrund einer um 1900 angefertigten Abschrift. Mit Einführung und kurzen erläuternden Anmerkungen.]

843. *Brandt, Ahasver von:* Waren- und Geldhandel um 1560. Aus dem Geschäftsbuch des Lübecker Maklers Steffen Molhusen. – Brandt, Ahasver von: Lübeck, Hanse, Nordeuropa. Köln 1979, S. 233–245.
Zuerst in: ZLG. Bd 34 (1954), S. 45–57.

844. *Pelus, Marie-Louise:* Naissance, évolution et fonctionnement d'une entreprise commerciale à Lübeck dans les années 1560–1570. – Revue d'Histoire Economique et Sociale. 53 (1975), S. 128–139. [Insbesondere über den Lübecker Kaufmann Wolter von Holsten.]

Über Wolter von Holsten s. a. Nr. 949–950.

845. *Kommer, Björn R.:* Die Lübeck-Artikel im „Almanach général des Marchands" 1774–1786. – ZLG. Bd 62 (1982), S. 295–299. [Über die Handelsverbindungen Lübecks und bedeutende Firmen.]

846. *Graßmann, Antjekathrin:* Handels- und Schiffahrts-Verträge der Hansestadt Lübeck in der ersten Hälfte des 19. Jahrhunderts. L. 1978. 131 S., Abb. (Schriften der Industrie- und Handelskammer zu Lübeck. Nr. 10.) [Mit umfangreichen Reproduktionen von Quellen.]

847. *Mirow, Jürgen:* Die Großhandels- und Fernverkehrsfunktion Lübecks. Ein Vergleich der Entwicklungstendenzen vor und nach dem Zweiten Weltkrieg. – Berichte zur deutschen Landeskunde. Bd 52 (1978), H. 2, S. 17–33.

848. *Arndt, Hans-Jochen:* Lübecks Handel im Ostseeraum. – Der Wagen. 1980, S. 7–10, 1 Abb. [Auf den gegenwärtigen Handel bezogen.]

849. *Poppen, Udo:* Lübeck – eine Stadt mit hoher Einzelhandelszentralität. – Wa. 1978, S. 65–70, 2 Abb. [Einzugsbereich, Umsatz, Standortfragen.]

850. Schriftenreihe der Industrie- und Handelskammer zu Lübeck. L. Nr. 1 (1966) ff. ✳ [Erscheint jährlich und betrifft vor allem deutsch-skandinavische Wirtschaftsgespräche.]

3. Handel mit einzelnen Städten und Ländern

s. a. Beziehungen Lübecks zu anderen Städten und Ländern in der Geschichte S. 72.

In Lübeck-Schrifttum 1900–1975 auf S. 163–167.

851. Handels- und Schiffahrtsvertrag zwischen den Senaten der freien und Hansestädte Lübeck, Bremen und Hamburg und Sr. Majestät dem Kaiser von Brasilien, unterzeichnet zu Rio de Janeiro am 17. November 1827. Eine Dokumentation von Herbert Minnemann (Hrsg.), Hamburg 1977. 170 S. [Reproduktionen von Texten.]

852. *Harder-Gersdorff, Elisabeth:* Lübeck, Danzig und Riga. Ein Beitrag zur Frage der Handelskonjunktur im Ostseeraum am Ende des 17. Jahrhunderts. – HGbll. Jg. 96 (1978), S. 106–138, 6 Tab.

853. *Selling, Dagmar:* Handelsbeziehungen von Kalmar aufgrund historischer und archäologischer Quellen. – LSAK. Bd 4 (1980), S. 109–113, Abb.

854. *Pelus, Marie-Louise:* Eine Hansestadt im Planetensystem des Sonnenkönigs: Der Handel mit Frankreich und seine Bedeutung für die lübeckische Wirtschaft in der Epoche Ludwigs XIV. – ZLG. Bd 65 (1985), S. 119–142, 2 Diagr. [Zunahme der Lübecker Frankreichfahrt, insbesondere des Weinhandels.]

855. *Harder-Gersdorff, Elisabeth:* Zur Frage der Lübecker Rußlandimporte durch Rigafahrer im 17. Jahrhundert. – ZLG. Bd 56 (1976), S. 61–75.

856. *Harder-Gersdorff, Elisabeth:* Herkunft und Vermittlungswege gewerblicher Einfuhren aus West- und Mitteleuropa im Rigaer Seehandel des 18. Jahrhunderts. – Wirtschaftskräfte und Wirtschaftswege. 3. Auf dem Wege zur Industrialisierung. (Beiträge zur Wirtschaftsgeschichte. Bd 6. (1978). S. 203–215. [Besonders über Handel mit Lübeck.]

4. Handel mit bestimmten Waren, insbesondere Weinhandel

In Lübeck-Schrifttum 1900–1975 auf S. 167.

857. *Habermann, Wolfgang:* Der Getreidehandel in Deutschland im 14. und 15. Jahrhundert. Ein Literaturbericht. T. 2, 3: Der hansische Bereich. T. 2,4: Exkurs: Der Rentenmarkt von Hamburg und Lübeck. In: Scripta Mercaturae. Jg. 12 (1978), S. 107–136, Jg. 13 (1979), S. 89–96.

858. *Pelus, Marie-Louise:* L'importance des draps allemands dans le commerce international du XVIe siècle: Un aperçu donné par des documents de Lübeck et de Brême. – Association française des historiens économistes. Bulletin nr. 10, Juillet 1976. [Übersicht über den Handel mit deutschen T u c h e n.]

859. Lübecker W e i n h a n d e l. Kultur- und wirtschaftsgeschichtliche Studien. Hrsg. von Elisabeth Spies-Hankammer. L. 1985. 260 S., Abb. (Veröffentlichungen des Senats der Hansestadt Lübeck, Amt für Kultur. R. B., H. 6.) [14 Aufsätze über die verschiedenen Aspekte des Lübecker Weinhandels.] ✲

860. *Falk, Alfred:* Archäologische Hinweise auf Weinverbrauch und Weinhandel in Lübeck. – Lübecker Weinhandel. 1985, S. 159–173, 10 Abb. [Transport-, Schenk- und Trinkgefäße sowie Schank- und Zapfeinrichtungen.]

861. *Bornhöft, Erich:* Urkundliche Belege zum Lübecker Weinhandel unter besonderer Berücksichtigung des Imports. – Lübecker Weinhandel. 1985, S. 29–40. [Die verschiedenen Handelswege sowie die Schiffe und Fahrzeuge zur Beförderung im Mittelalter.]

862. *Ammann, Hektor:* Untersuchungen zur Wirtschaftsgeschichte des Oberrheinraumes. 1. Konrad von Weinsbergs Geschäft mit Elsässer Wein nach Lübeck im Jahre 1426. – Lübecker Weinhandel. 1985, S. 41–54. [Zuerst erschienen in der Zeitschrift für die Geschichte des Oberrheins. 108 (1960), S. 466–498.]

863. *Utterström, Gustav:* Lübeck und der Weinimport in die nordischen Länder von etwa 1300 bis 1600. – Lübecker Weinhandel. 1985, S. 85–93, 1 Abb.

864. *Kaczkowski, Viktor:* Der Weinexport von Lübeck nach Danzig in der zweiten Hälfte des 15. Jahrhunderts anhand der Lübeckischen Pfundzollbücher und der Danziger Pfahlkammerbücher. – Lübecker Weinhandel. 1985, S. 81–84.

865. *Pelus, Marie-Louise:* Lübecker Weinhändler im Jahre 1693 und ihr Handel mit Frankreich. – Lübecker Weinhandel. 1985, S. 55–62. [Starke Zunahme des Handels mit französischen Weinen, insbesondere aus Bordeaux.]

866. *Spies-Hankammer, Elisabeth:* Die Einkaufsreise des Lübecker Weinhändlers Heinrich Leo Behncke an Rhein und Mosel im Jahre 1860. – Jahrbuch für westdeutsche Landesgeschichte. 12 (1986), S. 153–160.

867. *Schult, Herbert:* Lübecker Weinschiffahrt 1770 bis 1840. – Lübecker Weinhandel. 1985, S. 63–80, 1 Abb. [Insbesondere über Weinhandel mit Bordeaux.]

868. *Spies-Hankammer, Elisabeth:* Lübecker Weinhandelsfirmen im Spiegel ihrer Zeit. – Lübecker Weinhandel. 1985, S. 185–226, 31 Abb., 1 Kt. [Über den Lübecker Weinhandel und die einzelnen Firmen.]

869. *Spies, Hans-Bernd:* Die Lübecker Weinschröter. Ein Beitrag zur Wirtschafts- und Verwaltungsgeschichte. – Lübecker Weinhandel. 1985, S. 149–158, 2 Abb. [Aufgabe der Weinschröter war der Transport der Weinfässer aus den Schiffen in die Keller.]

F. Schiffahrt

Post per Schiff s. a. Nr. 1012–1013.

1. In Geschichte und Gegenwart

s. a. Handel S. 90.

In Lübeck-Schrifttum 1900–1975 auf S. 170.

870. *Ellmers, Detlev:* Frühmittelalterliche Handelsschiffahrt in Mittel- und Nordeuropa. Neumünster 1972. 358 S., Abb. (Offa-Bücher. Bd 28.)

871. *Ellmers, Detlev:* Bodenfunde und andere Zeugnisse zur frühen Schiffahrt der Hansestadt Lübeck. T. 1: Bauteile von Koggen. – LSAK. Bd 11 (1985), S. 155–162, Abb.

872. *Wiechell, Heino:* Das Schiff auf den Lübecker Siegeln des 13. Jahrhunderts – eine frühe Kogge? – ZLG. Bd 58 (1978), S. 111–116, 8 Abb.

873. *Ellmers, Detlev:* Die mittelalterlichen Stadtsiegel mit Schiffsdarstellung an der südlichen Ostseeküste. – Schiffe und Seefahrt in der südlichen Ostsee. Köln, Wien 1986. (Mitteldeutsche Forschungen. Bd 91.), S. 41–88, 27 Abb. von Siegeln. [Auswertung zur Kenntnis der Schiffsentwicklung. Wichtig das Lübecker Siegel von 1224.]

Über Schiffssiegel s. a. Nr. 689.

874. *Heinsius, Paul:* Das Schiff der hansischen Frühzeit. 2. Aufl. Köln, Wien 1986. 333 S., 61 Abb., 16 Taf. (Quellen und Darstellungen zur hansischen Geschichte. N. F., Bd 12.) [Unveränderter Nachdruck der 1956 erschienenen Dissertation, ergänzt durch ein Nachwort des Verfassers: „Zum Stand der Forschung bis 1983".]

875. *Pietsch, Ulrich:* Die Lübecker Seeschiffahrt vom Mittelalter bis zur Neuzeit. L. 1982. 253 S., 206 Abb. (Hefte zur Kunst und Kulturgeschichte der Hansestadt Lübeck. 5.) [Betrachtung der Lübecker Seeschiffahrt, S. 43–249 Katalog der Ausstellung.]

876. *Lüden, Catharina:* Sklavenfahrt mit Seeleuten aus Schleswig-Holstein, Hamburg und Lübeck im 18. Jahrh. Heide 1983. 140 S., Abb., Kt. [Sklavenhandel auf dänischen und holländischen Schiffen.]

877. *Schult, Herbert:* Havariereisen pommerscher Segelschiffe im ausgehenden 18. Jahrhundert im Spiegel Lübecker Dispachen. – Schiffe und Seefahrt in der südlichen Ostsee. Köln 1986. (Mitteldeutsche Forschungen. Bd 91.) S. 176–198. [Seeschäden nach dem Urteil von Versicherern.]

878. *Kresse, Walter:* Die hanseatische Reederei im 18. und 19. Jahrhundert. – HGbll. Jg. 93 (1975), S. 89–99, 3 Abb. [Lübeck auf S. 89–91.]

879. *Lindtke, Gustav:* Die Schiffer-Gesellschaft zu Lübeck. Von Seefahrt, Wohlfahrt und Tradition. L. 1977. 112 S. 70 Abb. [Über das Wirken der Gesellschaft und ihr Haus.] 2. Aufl. 1977.

Über das Haus der Schiffergesellschaft s. a. Nr.

880. *Schreiber, Ulrich* und *Rudolf Hoffmann:* Flug- und Fährlinien im Ostseeraum. – Mare Balticum. 1985, S. 8–27.

881. *Harke, Helga:* Die Entwicklung der Fährverbindungen zwischen der skandinavischen Halbinsel und dem übrigen Europa. Hausarbeit im Fach Erdkunde, Prüfung für Lehrer mit erweiterter Fachausbildung. Berlin um 1967. 95 S., zahlr. Diagr. u. Kt. Masch.

882. *Koch, Martin:* Die Vogelfluglinie, eine europäische Fährverbindung. Geschichte, Verkehrsentwicklung, Verkehrserwartungen. L. 1979. 99 S., Abb. (Schriftenreihe der Industrie- und Handelskammer zu Lübeck. Nr. 11.)

883. *Lippe, Ulrich von der:* Lübecks Ro/Ro-Verkehr. Entwicklung und Zukunftsperspektiven. In: Hansa. Jg. 114 (1977), S. 1896.

2. Elbe-Lübeck-Kanal

In Lübeck-Schrifttum 1900–1975 auf S. 170–172.

884. *Göhler, Michael:* Ein Denkmal „unverwüstlicher hanseatischer Thatkraft". 80 Jahre Elbe-Lübeck-Kanal. – LBll. Jg. 140 (1980), S. 185–187, 200–202. [Stecknitz-Kanal als Vorläufer, Elbe-Lübeck-Kanal 1900 vollendet, Ausblicke.]

885. *Rissel, Heribert:* Schiffahrt auf dem Elbe-Lübeck-Kanal. Köln 1979. 122 S. [Über den geplanten Ausbau des Kanals für das Europa-Schiff von 1350 t.] Erw. Nachtr. 1984. 128 S.

3. Einzelne Schiffe

In Lübeck-Schrifttum 1900–1975 auf S. 172–174.

886. *Schult, Herbert:* Die Galeass Aeos/Alexander. Geschichte eines Frachtsegelschiffes 1802–1842. – ZLG. Bd 59 (1979), S. 151–173, 2 Abb.

887. *Graßmann, Antjekathrin:* Der Untergang des „Friedrich Franz II." 1849. Zum Dampfschiffsverkehr Wismars und Lübecks um die Mitte des 19. Jahrhunderts. – Schiffe und Seefahrt in der südlichen Ostsee. Köln, Wien 1986. (Mitteldeutsche Forschungen. Bd 91.), S. 199–218.

888. *Schult, Herbert:* Der Schoner Emanuel Geibel. Auch ein Beitrag zum Geibeljahr. – ZLG. Bd 64 (1984), S. 297–300. [1848 in Lübeck gebaut, strandete 1868 bei Windau.]

889. *Schwensfeger, Heinz:* Flugzeuge und 67 Schiffe suchten nach der „Pamir". Sechs Überlebende von sechsundachtzig nach dem Drama im Atlantik. – VBll. Jg. 33 (1982), S. 51, 2 Abb. [1957 in schwerem Sturm südwestlich der Azoren gesunken.]

890. *Schuldt, Kuno:* Schiffe mit Namen „Lübeck". Eine Auswahl von Schiffen, die den Namen der Hansestadt führten oder noch führen. – Schleswig-Holstein. 1979, H. 6, S. 9–12, 9 Abb.

891. *Grobecker, Kurt:* Passat. Das abenteuerliche Leben eines Windjammers. L. 1982. 128 S., zahlr. Abb. [Viermastbark, Stapellauf 1911, Flying -P-Liner der Reederei Laeisz, jetzt vor dem Priwall liegend.]

892. „Passat": Nationale Aufgabe. – Der Spiegel. Jg. 33, Nr. 52 (1979), S. 80–81, Abb.

893. *Prager, Hans Georg* und Christian Obersehlte: Dampfeisbrecher Stettin und seine Vorgänger und Nachfolger. Vom Eisbrechschlitten zum Polar-Giganten. L. 1986. 232 S., Abb. [Besonders das Schicksal der „Stettin" bis zu ihrem gegenwärtigen Standort im Travemünder Hafen.]

G. Hafen

s. a. Schiffahrt S. 94.
Skandinavienkai s. Nr. 1812–1813.

In Lübeck-Schrifttum 1900–1975 auf S. 174–176.

894. *Neugebauer, Werner:* Lübeck und die Trave – aus der Geschichte eines Flusses und eines Hafens. – Jahrbuch der Hafenbautechnischen Gesellschaft. Bd 38 (1981), S. 9–27, zahlr. Abb. u. Kt. [Überblick über die Gesamtentwicklung.]

895. *Stoob, Heinz:* Über Wachstumsvorgänge und Hafenausbau bei hansischen See- und Flußhäfen im Mittelalter. – See- und Flußhäfen vom Hochmittelalter bis zur Industrialisierung. Hrsg. von Heinz Stoob. Köln, Wien 1986. (Städteforschung. Reihe A, Bd 24.), S. 1–65, 18 Abb. u. Kt. [Lübeck auf S. 32–47.]

Hafen des Mittelalters nach archäologischen Befunden s. Nr. 432–433, 457–461.

896. *Postel, Rainer:* Zur Entwicklung der hansestädtischen Hafen- und Schiffahrtsverwaltung. – See- und Flußhäfen vom Hochmittelalter bis zur Industrialisierung. Hrsg. von Heinz Stoob. Köln, Wien 1986. (Städteforschung. Reihe A, Bd 24.), S. 211–227. [Bemühungen zur Erhaltung der Schiffbarkeit der Hafenzugänge, Schutz vor Feinden sowie Schaffung von Einrichtungen und Institutionen im Interesse der Schiffahrt für die Häfen Bremen, Hamburg und Lübeck.]

897. *Postel, Rainer:* Zur Entwicklung der hansestädtischen Hafen- und Schiffahrtsverwaltung. – Stadt und Hafen. Hamburger Beiträge zur Geschichte von Handel und Schiffahrt. Hrsg. von Jürgen Ellermeyer und Rainer Postel. Hamburg 1986 (Arbeitshefte zur Denkmalpflege in Hamburg. 80), S. 42–53.

898. *Schurig, Walter:* Die untere Trave und Lübecks Seeschiffahrtsweg durch die Plate in ausgewählten Kartenausschnitten vom 16. Jahrhundert bis zur Gegenwart. – MGG. H. 55 (1982), S. 73–124, 34 Abb. [Geschichte der Kartographie des Lübecker Raumes und Entwicklung von Schiffahrtswegen und Häfen.]

899. *Lilienfeld-Toal, Siegfried von:* Der Ausbau der Untertrave. – Jahrbuch der Hafenbautechnischen Gesellschaft. 38 (1981), S. 49–70, Abb., Kt. [Darin alle hafenbautechnischen Maßnahmen ab 1906 behandelt.]

900. Die bisherige und zukünftige Entwicklung der öffentlichen Seehäfen Lübecks. L. 1977. 89 Bll., Kt. Masch. verv.

901. *Schmitz, Herbert:* Die Seehäfen der Hansestadt Lübeck. – Ostsee-Jahrbuch. 1983, S. 21–41, Abb.

902. *Schneider, Gerhard:* Der Übergang der unteren Trave an die Reichswasserstraßenverwaltung 1934. – ZLG. Bd 60 (1980), S. 126–160. [Vorgeschichte, Übergang an das Reich aufgrund der Bemühungen Lübecks, Nachkriegsentwicklung.]

903. *Schneider, Gerhard:* Die Beteiligung Preußens am Lübecker Hafen. Wie dem Hafen Lübeck seine Zukunft gesichert wurde. – LBll. Jg. 144 (1984), S. 251–253. [Anläßlich des 50jährigen Bestehens der Lübecker Hafen-Gesellschaft. Über die Verhandlungen mit Preußen und ihr für Lübeck günstiges Ergebnis.]

H. Gewerbe

1. Geschichte, Handwerkskammer

In Lübeck-Schrifttum 1900–1975 auf S. 177–178.

904. *Vogel, Klaus A.:* Herrschaft und Autonomie. Die Beziehungen zwischen Rat und Handwerksämtern im spätmittelalterlichen Lübeck. – ZLG. Bd 66 (1986), S. 57–89.

905. *Ichikawa, Yoriko:* Die Stellung der Frauen in den Handwerksämtern im spätmittelalterlichen und frühneuzeitlichen Lübeck. – ZLG. Bd 66 (1986), S. 91–118. [In Lübeck waren Frauen von den Handwerksämtern im Wesentlichen ausgeschlossen.]

906. *Kommer, Björn R.:* Handwerk und Kunstgewerbe. – Kunst und Kultur Lübecks im 19. Jahrhundert. 1981. S. 161–182, 4 Abb.

907. *Starcky, Jürgen:* Die Handwerkskammer zu Lübeck. In: Lübecker Adreßbuch. 1980/81, S. 31–33.

908. Bericht... Handwerkskammer Lübeck. L. 1937/38 ff.

2. Einzelne Gewerbe

s. a. Kunsthandwerk S. 139.

In Lübeck-Schrifttum 1900–1975 auf S. 178–181.

909. *Zylbergeld, Leon:* Contribution à l'étude des ordonnances du pain du XIIIe siècle: L'exemple de la „Brodtaxe" de Lübeck (1255). – Belgisch Tijdschrift voor Filologie en Geschiedenis. Revue belge de philologie et d'histoire. 60 (1982), S. 263–304. [Analyse der ältesten Lübecker Brottaxe, Abhängigkeit von Getreidepreisen und Löhnen herausgearbeitet.]

910. *Hammel, Rolf:* Vermögensverhältnisse und Absatzmöglichkeiten der Bäcker in hansischen Seestädten am Beispiel Lübeck. Ein Beitrag zur hansischen Gewerbegeschichte des späten 14. Jahrhunderts. – HGbll. Jg. 99 (1981), S. 33–60, 1 Kt.

911. *Bracker-Wester, Ursula:* Eine Großbäckerei aus der Hansezeit. Brotexport von Lübeck nach Skandinavien. – LBll. Jg. 143 (1983), S. 1–4, 3 Abb. [Entdeckung eines alten Backofens im Hause Engelswisch 65.]

912. *Frontzek, Wolfgang:* Als Wasser trinken eine Strafe war – Geschichte der Brauhäuser Wahmstraße 54 und 56. – LBll. Jg. 146 (1986), S. 241–244, 4 Abb. [Über das Braugewerbe am Beispiel der beiden Häuser.]

913. *(Stolze, Karl-August:)* 50 Jahre Elektro-Innung Lübeck 1927–1977. Festschrift. L. 1977.

914. *Lauck, Horst:* Ein Vierteljahrhundert Fernmeldehandwerkerausbildung in Lübeck. – VBll. Jg. 37 (1986), S. 24–25, 2 Abb.

915. *Veltmann, Claus:* Knochenhauer in Lübeck am Ende des 14. Jhdts. Eine sozial- und wirtschaftsgeschichtliche Untersuchung. Göttingen 1986. 208 S. Magisterarbeit. Masch.

916. *Pieske, Christa:* Marzipan aus Lübeck. Der süße Gruß einer alten Hansestadt. L. 1977. 120 S., Abb.

917. *Erdmann, Werner:* Bernstein für die Christenheit. – Schleswig-Holstein. 1985, H. 3, S. 11–13. [Darin auch über die Paternostermaker in Lübeck.]

918. 100 Jahre Raumaustatter-Innung Lübeck 1886–1986. L. 1986. Ohne S.-Zählung, Abb.

919. 75 Jahre Verein Lübecker Spediteure e.V. 1908–1983. L. 1983. 81 S., Abb.

I. Industrie

Industrie- und Handelskammer s. S. 90.

In Lübeck-Schrifttum 1900–1975 auf S. 181–182.

920. *Klinsmann, Luise:* Die Industrialisierung Lübecks. L. 1984. 201 S. (Veröffentlichungen zur Geschichte der Hansestadt Lübeck. R.B, Bd 10.) [Überarbeiteter Text der Dissertation von 1922 (Luise Kons, geb. Schmidt, später Klinsmann). Entwicklung vom 18. bis ins 20. Jahrhundert. Enthält viel Material, insbesondere in den Tabellen.]

921. *Howoldt, Jenns E.:* Lübeck. Von der Handels- zur Industriestadt. – Schleswig-Holsteins Weg ins Industriezeitalter. Hrsg. von Urs. J. Diederichs. Hamburg 1986, S. 41–61, 34 Abb. [Über die verschiedenen Industriegründungen sowie die sozialen und politischen Folgen.]

K. Forstwirtschaft, Fischerei

In Lübeck-Schrifttum 1900–1975 auf S. 182–1893.

922. *Reimers, Hans Rathje:* Die Geschichte des Forstreviers Waldhusen bis 1875. 1975. Masch.

923. Der Lübecker Angler: („DLA"); eine Angler-Information für Lübeck u. Umgebung, nicht nur für Lübecker. Hrsg. ... von Andreas Hardt. L. Jg. 1 (1982) ff.

924. Angelführer für Lübeck: wer, wann, wo, was, wie, womit? Wakenitz, Stadtgewässer, Trave, Travemünde. Hrsg. von Andreas Hardt. L. 1983. 69 S., Abb., Kt. (Der Lübecker Angler. Sonderdr. 1.)

L. Kaufleute, Unternehmer, Firmen, Reedereien, Werften, Handwerker usw.

Baugenossenschaften s. S. 110.
Druck- und Verlagsfirmen s. S. 158.

In Lübeck-Schrifttum 1900–1975 auf S. 183 ff.

925. *Gercken, Erich:* Die Glaserei Achelius/Berkentien. Ein alter Handwerksbetrieb zu Lübeck. – Lübecker Beiträge zur Familien- und Wappenkunde. H. 11 (1978), S. 24–34, 2 Abb.

926. 100 Jahre Anker-Fischkonservenfabrik 1878–1978, Lübeck-Schlutup. L. 1978. 12 S., Abb.

927. Baader. Nordischer Maschinenbau Rudolf Baader GmbH. L. 1980. 33 S., Abb.

928. 1876–1956. Festschrift der Firma Ernst Boie, Lübeck. L. 1956. [Mineralöle. Rückblick und Bilanz.]

929. *Seebacher, Hedwig:* Ernst Walther Brecht (1841–1909), Jurist, Direktor der Lübeck-Büchener Eisenbahngesellschaft. – BL. Bd 7 (1985), S. 31–32.

930. *Seebacher, Hedwig:* Heinrich Theodor Gustav Brecht (1880–1965), Maschinenbauingenieur, Wirtschaftsführer. – BL. Bd 7 (1985), S. 30–31.

931. Heinrich Dräger 80 Jahre. L. 1978. 46 S., Abb. [Festreden.]

932. *Guttkuhn, Peter:* Ehrenbürger Heinrich Dräger. – VBll. Jg. 33 (1982), S. 86.

933. *Neugebauer, Werner:* Dr. Heinrich Dräger † – ZLG. Bd 66 (1986), S. 281–284. [1898–1986, Teilhaber und Leiter des Dräger-Werks, bedeutender Mäzen.]

934. *Richert, Harald:* Die Vierlande und Bergedorf – Stationen für die Unternehmerfamilie Dräger. – Zeitschrift für Niederdeutsche Familienkunde. Jg. 52 (1977), S. 144–149. [Über den Aufstieg der Familie, dazu Ahnenlisten.]

935. 100 Jahre E w e r s & M i e s n e r Maschinenfabrik GmbH. L. 1981. 20 S., Abb.

936. *Brandt, Ahasver von:* Thomas F r e d e n h a g e n (1627–1709). Ein Lübecker Großkauf-
mann und seine Zeit. – Brandt, Ahasver von: Lübeck, Hanse, Nordeuropa. Köln 1979,
S. 246–269, 1 Abb.
Zuerst in: HGbll. Jg. 63 (1938), S. 125–160.

937. *Blunk, Michaela:* Der Handel des Lübecker Kaufmanns Johan G l a n d o r p an der
Wende vom 16. zum 17. Jahrhundert. L. 1985. 366 S., Abb., Diagr. (Veröffentlichungen zur Geschichte der Hansestadt Lübeck. R.B, Bd 12.) Kiel, Diss.phil. 1983.
[J. Glandorp, 1555–1612, Kaufmann, Ratsherr, Stifter von Höfen in der Glockengie-
ßerstraße.]

938. *Angermann, Norbert:* Johann von G o h r e n, ein Lübecker Rußlandkaufmann des 17.
Jahrhunderts. – ZLG. Bd 64 (1984), S. 97–114. [V. Gohren, vor 1620–1672, Ältester der
Novgorodfahrerkompanie mit guten Beziehungen zum Zarenhof.]

939. 1936–1986. 50 Jahre G r e i f - W e r k e, Lübeck. L. 1986. 25 S., Abb. [Maschinenfabrik.]

940. *Müller, Fritz:* Die Versorgung der Hansestadt Lübeck mit Milch. 50 Jahre H a n s a -
M i l c h Ostholstein Lübeck eG mit Darstellung der Entwicklung von der ersten
Lübecker Genossenschaftsmeierei von 1879 bis zur Gegenwart. Kiel 1984. 120 S., Abb.
(Schriftenreihe des Raiffeisenverbandes Schleswig-Holstein und Hamburg e.V.,
Nr. 34.)

940a. Werden und Wachsen der Hansa-Meierei e.G.m.b.h. Lübeck. L. um 1937. 36 S.

941. *Arndt, Hans-Jochen:* Ein Lübsches Unternehmen mit Tradition: Zur Geschichte der
Firma Jost Hinr. H a v e m a n n & Sohn. – Wa. 1984, S. 32–46, Abb. [Seit 1733
bestehend. Zuerst Eisen-, dann Holzhandel.]

942. 1876–1976. 100 Jahre Gebrüder H e i c k. L. 1976. [Teppich-, Gardinen-, Möbelstoff-
und Bodenbelagbranche.]

943. *Thies, A.:* Das H o c h o f e n w e r k Lübeck. – Heimatkalender für das Fürstentum
Ratzeburg. 1926, S. 86–95.

944. *Vogel, Eberhard:* Die geschichtliche Entwicklung der Metallhüttenwerke Lübeck
A.G., Lübeck-Herrenwyk. Mannheim 1958. 100 Bll. Mannheim, Wirtschaftshoch-
schule, Diplomarbeit 1958.

945. *Senkspiel, Jörg:* Schwerindustrie in Lübeck. Die Bedeutung des H o c h o f e n w e r k s für
die Stadt von seiner Gründung bis zur Weltwirtschaftskrise. Kiel, Päd. Hochschule,
Hausarbeit zur ersten Staatsprüfung für das Lehramt an Realschulen in Schleswig-
Holstein. 1980. 140 Bll. Masch. verv.

946. *Gustafsen, Gunther:* Bericht über Metallhüttenwerke Lübeck GmbH, Lübeck-
Herrenwyk. Amtsgericht Lübeck, Aktenzeichen 19N55/81 L. 1981. 73 S., Anl. Masch.
verv.

947. Leben und Arbeit in Herrenwyk. Geschichte der Hochofenwerk Lübeck AG, der Werkskolonie und ihrer Menschen. L. 1985. 400 S., zahlr. Abb. u. Pl. [Erschien anläßlich der Ausstellung von 1985. Über die Geschichte des Hochofenwerks 1905–1982, besonders das Alltagsleben, dargestellt vor allem in Erinnerungen und Fotos.]
2. Aufl. 1987.

948. *Siewert, Horst H.:* Der Industriestandort Lübeck-Herrenwyk. – Ingenieur- und Industriebauten des 19. und frühen 20. Jahrhunderts. Nutzung und Denkmalspflege. Hrsg. von Claus-Peter Echter. Berlin 1985, S. 159–164.

949. *Pelus, Marie-Louise:* Wolter von H o l s t e n, ein Lübecker Kaufmann in der zweiten Hälfte des 16. Jahrhunderts. – HGbll. Jg. 95 (1977), S. 66–79. [Das Testament Wolters von Holsten läßt Rückschlüsse auf Persönlichkeit und Geschäftserfolg des aus Westfalen zugewanderten, im Livlandhandel reich gewordenen und 1575 in Lübeck gestorbenen Kaufmanns zu.]

950. *Pelus, Marie-Louise:* Wolter von H o l s t e n marchand lubeckois dans la seconde moitié du seizième siècle: contribution à l'étude des relations commerciales entre Lübeck et les villes livoniennes. Köln 1981. 610 S. (Quellen und Darstellungen zur hansischen Geschichte. N. F., Bd. 25.)
Dazu Miszelle von Elisabeth Harder-Gersdorff. „Vor allem ein Realist". Geschäftsführung und Aufstieg eines Kaufgesellen in Lübeck um 1570. – HGbll. Jg. 101 (1983), S. 115–124.

Über Wolter von Holsten s. a. Nr. 844.

951. *Lenz, Rudolf:* K a r s t a d t, Rudolph, Warenhausunternehmer 1856–1944. – NDB. Bd 11 (1977), S. 301–303. [Firma 1881 in Wismar, 1884 Filiale in Lübeck.]

952. M a n k e n b e r g 1885–1985. 100 Jahre Regelarmaturen. L. 1985. 28 S., Abb.

953. 1858–1958. Ein Jahrhundert im Dienste gesunden Schlafs. Schleswig-Holsteinische Bettfedernfabrik Willy M a n t e u f f e l, Lübeck-Schlutup. L. 1958. 14 S., Abb.

954. 75 Jahre M a r t e n s (Johannes Heinr. Martens & Co., Backbedarf-Großhandel) 1911–1986. L. 1986. Ohne S.-Zählung, Abb.

955. 70 Jahre NWK (N o r d w e s t d e u t s c h e K r a f t w e r k e). L. 1970. 48 S., Abb.

956. *Rasper, Ludwig:* Zur Frühgeschichte der Lübecker Wirtschaft. I: Die O r e n s t e i n & K o p p e l AG. Aus kleiner Maschinenfabrik mit Eisengießerei entsteht weltweite Werft-, Bagger- und Maschinenbaugesellschaft. – Lübecker Beiträge zur Familien- und Wappenkunde. H. 6 (1975), S. 28–37, 3 Abb.

957. O & K (Orenstein & Koppel) setzt alles in Bewegung. Berlin, Dortmund 1976. 45 S., zahlr. Abb.

958. P a n n k o k e Flachglastechnik 1900–1975. L. 1975. 4 S., Abb.

959. *Haß, Kurt:* Die P o s s e h l-Stiftung in Lübeck. Bericht über eine Stiftung eigener Art. – Schleswig-Holstein. 1982, H. 9, S. 22.

960. Rehder, August Ernst John: Erinnerungen. L. 1972. 25 Bll., Abb., Masch. [1869–1946. Bankdirektor.]

961. *Fleitmann, Wilhelm J.:* Die Rensinck und Hudepoel als Kaufleute in Lübeck im 14., 15. und 16. Jahrhundert. – Postgeschichtliche Blätter, Münster. N. F., 18/19 (1981), S. 362–363.

962. Schaffran. 75 Jahre Schaffran im Schiffbau. (Gegründet 1911). L. 1986.

963. *Schult, Herbert:* Schetelig, Karl Martin Ludwig (1808–1881), Industrieller. – BL. Bd 6 (1982), S. 262–263. [1837 Maschinenfabrik in Lübeck gegründet.]

964. 75 Jahre FLS (F. L. Smidth & Co. GmbH) Lübeck 1909–1984. L. 1984. [Maschinenbau, vor allem für Zementfabriken.]

965. *Hößle, Friedrich von:* Die Lübecker Stadtpapiermühle zu Schlutup mit der Schwarzmühle. – Der Papier-Fabrikant. Berlin. Jg. 19 (1921), H. 52, S. 1537–1542, 3 Abb.

966. Die Tesdorpfs. Geschichte eines alten Lübecker Handelshauses. – VBll. Jg. 31 (1980), S. 75, 2 Abb. [Seit 1678 Weinhandelsfirma in Familienbesitz.]

967. Festschrift den Freunden unseres Hauses gewidmet anläßlich des dreihundertsten Jahres nach der im Jahr 1678 erfolgten Gründung der Weinhandlung de la Fontaine, Voss und Tesdorpf. L. 1978. 40 S., Abb.

968. ... von uns aus gesehen. Carl Thiel & Söhne, Lübeck. L. 1965. 92 S., Abb. [Firma für Ladeneinrichtungen seit 1887.]

969. Dokumentation Bauen mit Trautsch. L. 1978. 20 S., Abb.

M. Verkehr (außer Schiffahrt)

1. Straßenverkehr
auch Straßenbahn, Omnibusse

s. a. Stadtwerke S. 86.

In Lübeck-Schrifttum 1900–1975 auf S. 192–193.

970. *Katzschke, Erich:* Verkehrswege zwischen Lübeck und Hamburg. – Postgeschichtliche Blätter Hamburg. 1973, S. 35–58.

971. *Harms, Hermann* (Text) und *Hans-Jürgen Wohlfahrt* (Abb.): Die Alte Salzstraße im Wandel der Zeit. Neumünster 1983. 125 S., Abb. (Schriftenreihe der Stiftung Herzogtum Lauenburg. Bd 5.) [Entstehung, Name, Linienführung usw.]

972. Schöne alte Salzstraße. Ein Bildband. Aufnahmen von Hans Morgner, Text von Werner Harro König. Lüneburg 1965. 84 S., überwiegend Abb.

973. *Saager, Wolf-Rüdiger:* 100 Jahre Nahverkehr in Lübeck. L. 1981. 163 S., Abb., Kt. [Von der Pferdebahn bis zum Omnibusbetrieb.]

974. 100 Jahre Personennahverkehr in Lübeck. – LBll. Jg. 141 (1981), S. 127–128, 1 Abb.

975. *Posselt, Christine:* Wie Lübeck sich verkraftete. – VBll. Jg. 36 (1985), S. 18–21, 7 Abb. [Busse anstelle von Straßenbahnen]

976. *Saager, Wolf-Rüdiger:* Fünfzig Jahre Stadtbusse in Lübeck. – Wa. 1986, S. 111–120, 7 Abb. [1935 wurden die Straßenbahnen im innerstädtischen Verkehr z.T. durch Busse abgelöst. 1959 wurden die letzten Straßenbahnen außer Dienst gestellt.]

977. *Höltje, D.:* Die Lübeck-Travemünder Verkehrsgesellschaft. – Der Stadtverkehr. 1972, H. 5/6, S. 158–159, 6 Abb.

978. *Graßmann, Antjekathrin:* Eine gewisse Animosität gegen Radfahrer... Unzeitgemäßes (?) aus den Lübecker Polizeiakten vor neunzig Jahren. – LBll. Jg. 145 (1985), S. 373–376, 4 Abb.

2. Eisenbahn

In Lübeck-Schrifttum 1900–1975 auf S. 193–194.

979. *Nagel, Frank Norbert:* Die Entwicklung des Eisenbahnnetzes in Schleswig-Holstein und Hamburg unter besonderer Berücksichtigung der stillgelegten Strecken. Wiesbaden 1981. 144 S., 27 Abb., 14 Kt., 8 graph.Darst. (Mitteilungen der Geographischen Gesellschaft in Hamburg. Bd 71.)

980. 125 Jahre Lübeck-Büchener Eisenbahn. Mitarb. Helmut Hinze u.a. Hamburg 1976. 56 S., Abb. (Hamburger Hefte zur Eisenbahngeschichte. Folge 1.)

981. *Stolz, Gerd:* Die „Lübeck-Büchener“. Die größte deutsche Privatbahn. – Schleswig-Holstein. 1980, H. 2, S. 2–5, 3 Abb.

982. Lübeck-Büchener Eisenbahn. LBE. Betriebsmittelverzeichnis 1–3. Hamburg 1976. 1. Triebfahrzeuge. 102 Bll. Abb. mit Text. 2. Wagen 1872. 54 S. Abb. mit Text. 3. Wagen 1885. 70 Bll. Abb. mit Text.

983. *Saager, Wolf-Rüdiger:* Doppelstockwagen der Lübeck-Büchener Eisenbahn. Ein Teil Lübecker Verkehrsgeschichte. – VBll. Jg. 29 (1978), S. 71, 1 Abb. [Die eigens für die Strecke Hamburg-Lübeck konstruierten Wagen waren hier von 1936–1977 in Betrieb.]

984. *Zeiger, Klaus:* Die Hochbauten der Personenbahnhöfe der ehem. Lübeck-Büchener-Eisenbahn-Gesellschaft von 1850–1937. Berlin TU, Diss. 1982.

985. *Kloth, Hans-Harald:* Die Privatbahn Eutin – Lübeck (1870–1941). Hamburg 1983. 210 S., 138 Abb.

986. *Kloth, Dieter* und *Hans-Harald:* Geschichte der Eutin-Lübecker Eisenbahngesellschaft.
T. 1–3. – Jahrbuch für Eisenbahngeschichte.
T. 1: Bd 7 (1974), S. 108–115;
T. 2: Bd 8 (1975), S. 94–124;
T. 3: Bd 9 (1976/77), S. 83–117.

987. *Harders, Georg:* Die Eutin-Lübecker Eisenbahn (1870–1941). Jahrbuch für Heimatkunde Eutin. 1984, S. 96–98, 1 Abb.

988. *Seebacher, Hedwig:* Lübeck-Travemünder Eisenbahn. – VBll. Jg. 27 (1976), S. 23 u. 37. [Seit 1882.]

989. *Seebacher, Hedwig:* Lübecks Bahnhof feiert 75jähriges Bestehen. Eröffnung 1. Mai 1908 – Beitrag zur Eisenbahngeschichte. – LBll. Jg. 143 (1983), S. 133–136, 4 Abb. [Über den ersten Bahnhof von 1854, die Planung und den erfolgten Neubau.]

990. *Hecht, Michael:* 75 Jahre Lübeck Hauptbahnhof. Hrsg. Verein Lübecker Verkehrsfreunde e.V. in Zusammenarbeit mit der DB. L.1983. 48 S., 35 Abb. [Bau des Bahnhofsgebäudes und Umlegung der Strecken 1903–1908.]

991. *Hecht, Michael:* 75 Jahre Lübeck HBF. – VBll. Jg. 34 (1983), S. 20–21, 1 Abb. [Die Planung, die Inbetriebnahme 1908 und die weiteren Schicksale des Lübecker Hauptbahnhofs.]

3. Flugverkehr

in Travemünde s. Nr. 1816–1818.

In Lübeck-Schrifttum 1900–1975 auf S. 195.

992. *Godehus, Thomas:* Flugplatz-Porträt (4): Lübeck-Blankensee: Wir bieten Meer. – Flieger-Magazin. 1978, Nr. 9, S. 40–41, Abb., Kt.

993. *Nesemann, Uwe:* „Tollkühne Aeronauten" stiegen in fliegende Kisten. Verein für Luftfahrt wird 75 Jahre alt. Gründung per Anzeige. – Lübecker Nachrichten. 1. 10. 1983, S. 19, 4 Abb.

4. Post

In Lübeck-Schrifttum 1900–1975 auf S. 196–197.

994. Aus der Geschichte der Post in Lübeck. T. 1.2. Hrsg. von Antjekathrin Graßmann und Werner Neugebauer. L. 1979–1980. (Senat der Hansestadt Lübeck, Amt für Kultur. Veröffentlichung 13.14.) [Entstehung anläßlich der gleichnamigen Ausstellung 1979. Zahlreiche Aufsätze und Abbildungen zur Geschichte der Lübecker Post.] ✱

995. *Kähler, Wilhelm:* Grundzüge der postgeschichtlichen Entwicklung Lübecks. – Aus der Geschichte der Post in Lübeck. T. 1. 1979, S. 5–10.

996. *Graßmann, Antjekathrin:* Lübecks Post in Politik und Verwaltung. – Aus der Geschichte der Post in Lübeck. T. 2. 1980, S. 5–12.

997. *Graßmann, Antjekathrin:* Lübecker Post in Politik und Verwaltung. – VBll. Jg. 30 (1979), S. 88–89, 1 Abb. [Kurzer Abriß der Entwicklung der Postverbindungen Lübecks.]

998.   *Neumann, Gerhard:* Vom Lübecker Botenwesen. Ein Beitrag zur Frage der Kommuni-
       kation am Ende des Mittelalters. – Aus der Geschichte der Post in Lübeck. T. 1. 1979,
       S. 11–17.

999.   *Neumann, Gerhard:* Vom Lübecker Botenwesen im 15. Jahrhundert. – ZLG. Bd 57
       (1977), S. 128–137.

1000. *Höpfner, Herbert:* Aus der Geschichte des Thurn und Taxisschen Postamtes in Lübeck.
       – Aus der Geschichte der Post in Lübeck. T. 1. 1979, S. 19–23.

1001. *Fleitmann, Wilhelm J.:* Westfalen beim Thurn und Taxisschen Reichspostamt in
       Lübeck. Reichspostsekretär Berning aus Dülmen und die Einführung des Briefstempels
       „Lübeck 1785". – Postgeschichtsblätter Münster. Nr. 25 NF, Oktober 1985.

1002. *Höpfner, Herbert:* Das Kaiserliche Taxissche Postamt in Lübeck während der
       französischen Besatzung zu Beginn des 19. Jahrhunderts. – Arbeitsgemeinschaft für
       Schleswig-Holsteinische Postgeschichte und Philatelie. Nr. 160 (1977), S. 37–44.

1003. *Höpfner, Herbert:* Die Postverträge zwischen Lübeck und Taxis im 19. Jahrhundert.
       Der Taxis-Lübecker Postvertrag von 1819. – Arbeitsgemeinschaft für Schleswig-
       Holsteinische Postgeschichte und Philatelie. 164 (1978), S. 24–34.

1004. *Höpfner, Herbert:* Die Taxis-Lübecker Postverträge von 1851 und 1857 sowie der
       Übergang des Taxisschen Postamtes an die Lübecker Stadtpostverwaltung im Jahre
       1867. – Arbeitsgemeinschaft für Schleswig-Holsteinische Postgeschichte und Philate-
       lie. 166 (1979), S. 31–46, Abb.

1005. *Höpfner, Herbert:* Die postalischen Verhältnisse in der Hansestadt Lübeck während
       der französischen Besetzung (1806–1813). – Arbeitsgemeinschaft für Schleswig-
       Holsteinische Postgeschichte und Philatelie. 161 (1977), S. 27–56.

1006. *Westphal, Bruno:* Hermann Lingnau, Organisator der Lübecker Post. – Postgeschicht-
       liche Blätter. Hamburg. 1975, H. 18, S. 25–34, 3 Abb. [1815–1885. Erster fachlich
       ausgebildeter Postdirektor in Lübeck.]

1007. *Kuhlmann, Erich:* Die neue Diligence zwischen Hamburg und Lübeck. – Postge-
       schichte und Philatelie in den ehemaligen Herzogtümern Schleswig, Holstein und
       Lauenburg und den Freien und Hansestädten Hamburg und Lübeck. Forschungsbe-
       richt 170, April 1980, S. 35–38 u. 50–54.

1008. *Höpfner, Herbert:* Zu Zeiten der Postkutsche... Die Geschichte eines alten Handelswe-
       ges und sein weithin bekanntes Posthaus in Schönberg im Herzogtum Lauenburg.
       – Lauenburgische Heimat. N. F., H. 96 (Dez. 1979), S. 56–68, 1 Kt., 4 Abb. [Darin
       über die Postverbindung zwischen Hamburg und Lübeck über Schönberg, Sandesne-
       ben, Krummesse.]

1009. *Koch, Johannes Hugo:* Wege zwischen Lübeck und Neustadt. – Aus der Geschichte der
       Post in Lübeck. T. 2. 1980, S. 67–76, 4 Abb.

1010. *Dube, Ludwig:* Die Boten- und Postverbindungen zwischen der Hansestadt Lübeck
       und Mecklenburg. – Aus der Geschichte der Post in Lübeck. T. 1. 1979, S. 25–32, 1 Kt.,
       1 Abb.

1011. *Spies, Hans-Bernd:* J. A. Grimm und die erste direkte Postverbindung zwischen Lübeck und Schweden 1814/15. – Aus der Geschichte der Post in Lübeck. T. 2. 1980, S. 47–55.

1012. *Schult, Herbert:* Anfänge und erste Entwicklung der Postbeförderung per Dampfschiff zwischen Lübeck und St. Petersburg. – Aus der Geschichte der Post in Lübeck. T. 1. 1979, S. 35–48, mit Abb.

1013. *Schult, Herbert:* Zur Geschichte der Dampfschiffspost Lübeck-St. Petersburg 1828 bis 1863 nebst Angaben über die zeitweilige Verbindung Lübeck-Riga. – Aus der Geschichte der Post in Lübeck. T. 2. 1980, S. 29–46, 7 Abb.

1014. *Kommer, Björn R.:* Schonenfahrer-Schütting und Stadtpost. Zur Geschichte des Hauses Mengstr. 18. – Aus der Geschichte der Post in Lübeck. T. 2. 1980, S. 13–27, 6 Abb.

1015. *Spies-Hankammer, Elisabeth:* Lübecker Posthäuser im 19. Jahrhundert. – Aus der Geschichte der Post in Lübeck. T. 1. 1979, S. 49–51, 1 Kt.

1016. *Ahlers, Olof:* Ein schwedisches Postamt in Lübeck. – Aus der Geschichte der Post in Lübeck. T. 1. 1979, S. 33–34.

1017. *Knüppel, Gustav-Robert:* 100 Jahre Postamt am Markt. Postgeschichte der Hansestadt im Wandel der Zeit. – LBll. Jg. 144 (1984), S. 303–304, 4 Abb.

1018. *Bahns, Jörn:* Hundert Jahre Postdienstgebäude am Markt. Entstehung, Entwicklung, Beziehung zur Neugotik. – LBll. Jg. 145 (1985), S. 69–74, 85–89, 11 Abb. [Das Gebäude von 1884, seine kunstgeschichtliche Deutung und seine Veränderungen bis zur Gegenwart.]

1019. *Hofmann, Ernst-Günter:* 100 Jahre Postamt am Markt. Zur Ausstellung im Lübecker Heiligen-Geist-Hospital vom 15. bis 20. Oktober 1984. L. 1984. 7 S.

1020. 100 Jahre Postamt am Markt. – VBll. Jg. 35 (1984), S. 56–58, 4 Abb. [Auszug aus: Archiv für Post und Telegraphie, Beiheft zum Amtsblatt des Reichs-Postamtes. Berlin. Nr. 21, November 1884, S. 641 ff. Genehmigung, Finanzierung, Bau, Funktionen.]

1021. *Goebel, Norbert:* Die Anfänge des Telegrafen- und Fernsprechwesens in der Freien und Hansestadt Lübeck. – Aus der Geschichte der Post in Lübeck. T. 1. 1979, S. 95–105, mit Abb. [beginnend 1852.]

1022. *Goebel, Norbert:* Die Weiterentwicklung des Fernmeldewesens in Lübeck zu Beginn des 20. Jahrhunderts. – Aus der Geschichte der Post in Lübeck. T. 2. 1980, S. 77–83, 3 Abb.

1023. Fernmeldezentrum Lübeck. Einweihung des neuen Fernmeldeamtes Lübeck. Festschrift zur Übergabe und Einweihung des Fernmeldezentrums Lübeck am 9. und 11. Oktober 1985. L. 1985. [Entwicklung und gegenwärtiger Stand mit Abb.]

1024. *Höpfner, Herbert:* Die Lübecker Briefsammelstelle Nusse. – Arbeitsgemeinschaft für Schleswig-Holsteinische Postgeschichte und Philatelie. 167 (1979), S. 47–56, Abb.

1025. *Knauer, Karl* und *Johannes Niese:* Lübeck. Stempel-Handbuch von den Anfängen bis 1868. Hamburg 1977. 80 S., zahlr. Abdrucke von Poststempeln.

1026. *Höpfner, Herbert:* Post- und Fahrscheine der Freien und Hansestadt Lübeck. Hrsg. von der Arbeitsgemeinschaft für Schleswig-Holsteinische Postgeschichte und Philatelie e.V. Hannover 1978. Ohne Seitenzählung, mit zahlreichen Reproduktionen von Poststempeln.

1027. *Buck, Peter:* Lübeck-Motive auf Briefmarken. Erläuterung zu der Farbtafel VI. – Aus der Geschichte der Post in Lübeck. T. 2. 1980, S. 85–87, 1 Farbtaf.

1028. *Spies, Hans-Bernd:* Die Einführung der Stadtbriefkästen in Lübeck. – Aus der Geschichte der Post in Lübeck. T. 1. 1979, S. 53–59.

1029. *Schadendorf, Wulf:* Zwei Bildzeugnisse zur Lübecker Postgeschichte. – Aus der Geschichte der Post in Lübeck. T. 2. 1980, S. 57–58, 2 Abb. [Betr. Bild von Caroline Hebich mit Brief und Bild von der Baugrube der Post am Markt 1882.]

1030. *Neugebauer, Werner:* Aus der Geschichte der Post in Lübeck. Ein Bericht über die Ausstellung im Museum am Dom (16. Sept. bis 28. Okt. 1979). – Aus der Geschichte der Post in Lübeck. T. 2. 1980, S. 89–93, 4 Abb.

1031. *Ahlers, Olof:* Wilhelm Kähler, 1902–1980. Nachruf. – Aus der Geschichte der Post in Lübeck. T. 2. 1980, S. 3–4, 1 Abb. [Lübecker Rechtsanwalt und Notar, Philatelist.]

N. Fremdenverkehr

In Lübeck-Schrifttum 1900–1975 auf S. 197.

1032. *Kauffmann, Wolf-Dietrich:* Die Hansestadt Lübeck und ihr Fremdenverkehr. – Lübecker Adreßbuch. 1976/77 und 1977/78.

1033. *Cassebaum, Hans-Ulrich:* Wachstumsfaktor Fremdenverkehr im IHK-Bezirk Lübeck. L. 1976. 70 S., Abb. (Schriftenreihe der Industrie- und Handelskammer zu Lübeck. Nr. 9.) [Entwicklung, Formen des Tourismus, Statistik.]

1034. *Fuchs, Horst:* 80 Jahre (1904–1984) Hotel- & Gaststättenverband in der Hansestadt Lübeck. Gastlichkeit und Gastgewerbe in Lübeck. Hrsg. Hotel- und Gaststättenverband in der Hansestadt Lübeck e.V. L. 1984. 44 S., Abb.

1035. *Matthiessen, Helmut:* Hotel- und Gaststättenverband in der Hansestadt Lübeck. – VBll. Jg. 35 (1984), S. 36, 2 Abb.

1036. *Lenz, Georg:* Seit 75 Jahren Lübecker Verkehrsverein. – LBll. Jg. 139 (1979), S. 136–138.

1037. Lübeck aktuell. Hrsg. vom Lübecker Verkehrsverein (bis 1978 u.d.T.: Lübecker Vorschau). L. 1951 ff. [Erscheint monatlich, enthält Ankündigungen von Veranstaltungen.]

1038. *Petersen, Sigrid* und *Uschi Köster:* Lübecker Gaststättenführer. L. 1980. 120 S. [Ein Wegweiser durch rund 200 Gaststätten, Kneipen und Lokalitäten.]

1039. *Semrau, Jörg:* Lübecker Altstadtbummel am Abend. Ein gastronomischer Wegweiser. L. 1981. 31 S., Abb. (Lübecker Führer. Heft 9.)

1040. *Meyer, Gerhard:* Sieben Jahrzehnte Jugendherberge in Lübeck. Vom Dachboden der II. St. Lorenz-Knabenschule bis zum Folke-Bernadotte-Haus. – Wa. 1986, S. 101–110, 7 Abb. [Jugendherbergen gibt es in Lübeck seit 1912.]

VII. SOZIALPOLITIK

In Lübeck-Schrifttum 1900–1975 auf S. 198 ff.

A. Institutionen, Ratgeber

1041. 100 Jahre Betriebskrankenkasse der Hansestadt Lübeck. L. 1984. 17 S., Abb.

1042. Marli-Werkstätten GmbH. Gemeinnützige Einrichtungen für Behinderte 20 Jahre 1965–1985. L. 1985. Mit Abb.

1043. Wer hilft wem? / Kiwanis Club Lübeck-Hanse e.V. Red. Hans-Albert Preuß ..., Mitarb. Peter Akelbein ... 2. Aufl. Rondeshagen 1985. 56 S. [Über Lübecks soziale Einrichtungen.]

1044. Statt Buch Lübeck. Hrsg. Netzwerk Selbsthilfe Lübeck e.V. Redaktion Klaus Leopold, Ute Lüttjohann, Doris Nack. 2. Ausg. L. 1985. 188 S., Abb. Masch. verv. [Ein alternativer Stadtführer zu sozialen und politischen Institutionen.]

1045. 25 Jahre Kinderheim und Jugendhilfezentrum der AW (Arbeiterwohlfahrt) in Lübeck. L. 1986. 46 S., Abb.

B. Armen- und Altersfürsorge

In Lübeck-Schrifttum 1900–1975 auf S. 199.

1046. *Möritz, Klaus:* Obdachlosenwesen in Lübeck. – VBll. Jg. 30 (1979), S. 42–43.

1047. *Pelc, Ortwin:* Die Zahl der Armen und die Unterstützungsleistungen in Lübeck 1784–1840. – Rundbrief des Arbeitskreises für Wirtschafts- und Sozialgeschichte Schleswig-Holsteins. 35 (1987), S. 7–16.

1048. *Pelc, Ortwin:* Die Armenversorgung in Lübeck in der ersten Hälfte des 19. Jahrhunderts. – ZLG. Bd 66 (1986), S. 143–184. [Über die Armut in Lübeck, die staatlichen und privaten Institutionen der Armenversorgung und Reformen um die Mitte des 19. Jahrhunderts.]

1049. *Pelc, Ortwin:* Frauenbeteiligung an der Armenversorgung in Lübeck. Eine Aufforderung von Ludwig Suhl aus dem Jahr 1809. – Wa. 1986, S. 93–100, 5 Abb.

1050. *Kohlmorgen, Günter:* Aus der Geschichte von Zerrentiens Armenhaus. – ZLG. Bd 64 (1984), S. 51–79, 12 Abb. [Bis auf den heutigen Tag bestehende Stiftung von Heinrich Zerrentien † 1458.]

1051. *Krieger, Jörg:* Die „Westerauer Stiftung". – VBll. Jg. 31 (1980), S. 20–21, 1 Abb. [An der Straße Ratzeburg – Bad Oldesloe gelegen, seit 1463 Stiftung, noch heute bestehend zur Gewährung von Altersunterstützungen an bedürftige Lübecker.]

1052. Das Lübecker Von-Borries-Stift. – VBll. Jg. 33 (1982), S. 38, 1 Abb. [Parkstr. 10–16. Stiftung des Kaufmanns Carl Adolf von Borries von 1902 für alleinstehende Frauen.]

C. Wohnungswesen unter sozialem Aspekt

In Lübeck-Schrifttum 1900–1975 auf S. 200–201.

1053. *Ellermeyer, Jürgen:* Grundeigentum, Arbeits- und Wohnverhältnisse. Bemerkungen zur Sozialgeschichte spätmittelalterlich-frühneuzeitlicher Städte. – LSAK. Bd 4 (1980), S. 71–95, Abb. [Lübeck mitbehandelt.]

1054. *Kohlmorgen, Günter:* Sozialer Wohnungsbau und Denkmalschutz. Beispiel der Lübecker Wohnstifte. Gemeinnütziges Wohnungswesen. 31 (1978), S. 352–360. [Besonders über den Haasenhof.]

1055. 50 Jahre Gesellschaft für Wohnungsbau Lübeck AG 1923–1973. L. 1973. 24 S., Abb.

1056. 50 Jahre Grundstücksgesellschaft „Trave", 250 Jahre Haasenhof. L. 1958. 20 S., Abb.

1057. *Wischmeyer, Helmut:* 75 Jahre Heimstätten Gesellschaft. Als es in Lübeck Häuser mit Eigenland für 6000 Mark gab. – LBll. Jg. 145 (1985), S. 94–95, 3 Abb. [1910 durch Initiative von Senator Dr. Georg Kalkbrenner gegründet.]

1058. Seit 25 Jahren baut die Neue Lübecker, Schleswig-Holsteinische Baugenossenschaft e.G. L. 1975. 78 S., zahlr. Abb. u. Pl.

VIII. MEDIZINALWESEN

A. Geschichte

s.a. Medizinische Universität zu Lübeck Nr. 1175–1181.
Seequarantäne s. Nr. 1814–1815.

In Lübeck-Schrifttum 1900–1975 auf S. 202.

1059. *Ziggert, Reinhard:* Die Geschichte der Rechtsmedizin in Lübeck bis zum Anfang des 19. Jahrhunderts. L. 1982. 116 S., zahlr. Kopien von Schriftstücken. Masch. verv. Lübeck, Med. Hochschule, Diss. med. 1983

1060. *Straßburg, Thomas:* Die Geschichte der Rechtsmedizin in Lübeck vom Zeitpunkt der Besetzung Lübecks durch die Franzosen bis zum Inkrafttreten der Reichsjustizgesetze im Jahre 1879. L. 1984. 160 S., 10 Abb. Masch. verv. Lübeck, Diss. med 1984. [Vor allem über Lübecker Rechtsfälle, in deren Verlauf medizinische Gutachten angefertigt wurden.]

1061. *Remé, Helmut:* 25 Jahre Chirurgie in Lübeck. – Schleswig-Holsteinisches Ärzteblatt. Jg. 32 (1979), S. 53–58.

1062. *Moeck-Schlömer, Cornelia:* Städtische Hygiene. Wasserversorgung und Entsorgung in mittelalterlichen und frühneuzeitlichen deutschen Städten unter besonderer Berücksichtigung der Hansestadt Lübeck. O.O. 1985. Staatsexamensarbeit. 96 S. Masch.

1063. *Helm, Dietrich:* Die Cholera in Lübeck. Epidemieprophylaxe und -bekämpfung im 19. Jahrhundert. Neumünster 1979. 81 S., Abb. (Kieler Beiträge zur Geschichte der Medizin und Pharmazie. 16.) Lübeck. Diss. med. 1978.

1064. *Edelhoff, Julius:* Der Calmette-Prozeß. – Wa. 1984, S. 62–68. [1930 starben bei der Anwendung des gegen Tuberkulose entwickelten Calmette-Präparats infolge Verunreinigung der Bazillenkulturen in Lübeck 70 von 244 behandelten Säuglingen. Hier über den Prozeß gegen die verantwortlichen Ärzte 1931–1932.]

1065. *Kaube, Karl:* Johanniter-Unfall-Hilfe. – VBll. Jg. 31 (1980), S. 70.

B. Medizinische Fürsorge

1. Kinderfürsorge

In Lübeck-Schrifttum 1900–1975 auf S. 203–204.

1066. *Steinlechner, Irene:* Zur Geschichte der Klinischen Pädiatrie in Lübeck. L. 1976. 110 S., 26 Abb., Kt. Lübeck, Medizinische Hochschule, Diss. med. 1976. [Über Kinderheilkunde und Kinderkliniken zu Lübeck, insbesondere im 19. und 20. Jahrhundert.]

1067. *Fiedler, Uva:* Lübecker Schulgesundheitsfürsorge. – VBll. Jg. 28 (1977), S. 13. [Aus der Säuglings- und Mütterberatung des Professors Pauli entwickelt, heute eine Abteilung des Gesundheitsamts.]

1068. *Strube, Karl:* Schulpsychologische Beratungsstelle der Hansestadt Lübeck. – VBll. Jg. 27 (1976), S. 28–29, 1 Abb. [Seit 1955. Aufgaben, Entwicklung, Vergleiche.]

1069. Kinder- und Pflegeheim Vorwerk, Lübeck. Mit staatlich anerkannter Heimsonderschule. L. 1976. 42 S., Abb.

1070. 75 Jahre Kinder- und Pflegeheim Vorwerk. L. 1981. 28 S., Abb.

1071. Betreuung Behinderter hat in Lübeck Tradition. Von der Arbeit des Kinder- und Pflegeheims Vorwerk. – LBll. Jg. 145 (1985), S. 205–206, 3 Abb.

1072. Wir über uns. Kinder- und Pflegeheim Vorwerk, Lübeck. Redaktion: W. Kuns. L. um 1985. 35 S., zahlr. Abb.

1073. Denkanstöße. Gedanken, Meinungen und Erfahrungen aus dem Kinder- und Jugendheim Vorwerk. 1/1986 ff.
1: Karl Otto Paulsen: Woher kommen wir, wo stehen wir, wohin gehen wir?

2. Psychiatrische Fürsorge

In Lübeck-Schrifttum 1900–1975 auf S. 204.

1074. *Dilling, Horst:* Die Entwicklung der Psychiatrie in Lübeck. – LBll. Jg. 139 (1979), S. 305–308, 327–329. [Grundzüge der Entwicklung seit dem Mittelalter.]

1075. *Jetter, Dieter:* Grundzüge der Geschichte des Irrenhauses. Darmstadt 1981. (Grundzüge. Bd. 43.) 253 S., 40 graph. Darst. [Darin auch über das 1471 angelegte lübeckische Irrenhaus vor dem Mühlentor.]

1076. *Reger, Karl-Heinz* und *Horst Dilling:* Geschichte der Psychiatrie in Lübeck: Das 19. Jahrhundert. L. 1984. 164 S., 11 Abb., 10 Tab. (Veröffentlichungen zur Geschichte der Hansestadt Lübeck. R. B, Bd 11.) [Über die Irrenanstalt und die medizinische Praxis.]

C. Apotheken

In Lübeck-Schrifttum 1900–1975 auf S. 205.

1077. *Hannemann, Ursula:* Von Apotheken, Apothekern und Arzneien. Zur Geschichte des älteren lübeckischen Apothekenwesens. – LBll. Jg. 145 (1985), S. 17–20, 33–36, 319–320, 15 Abb.

1078. *Hagenström, Uwe H. T.:* Unterwegs mit Kosmas und Damian. Ein pharmaziegeschichtliches Kaleidoskop. L. 1983. 285 S., Abb. (350 Jahre Adler-Apotheke Lübeck. Festschrift Bd. 1.) [Beiträge zur Pharmaziegeschichte.]

1079. *Spies, Hans-Bernd:* Geschichte der Adler-Apotheke. Ein Beitrag zum lübeckischen Apothekenwesen. L. 1983. 105 S., Abb. (350 Jahre Adler-Apotheke Lübeck. Festschrift Bd 2.) [Über die 1633 gegründete Apotheke, seit 1884 Adler-Apotheke genannt.]

D. Ärzte, Apotheker

In Lübeck-Schrifttum 1900–1975 auf S. 205–207.

1080. *Helm, Dietrich:* C o r d e s, Joachim Emil (1829–1900), Arzt. – BL. Bd 7 (1985), S. 44–45. [Lübecker, als Arzt um die Verbesserung der hygienischen Zustände, insbesondere die Cholera-Bekämpfung, in Lübeck verdient.]

1081. *Spies, Hans-Bernd:* Ernennung eines Lübecker Arztes zum Preußischen Hofrat. – Wa. 1986, S. 121–124. [Matthias Ludwig L e i t h o f f (1778–1846).]

1082. *Kleinschmidt, Arnold:* Helmut R e m é – Kollege und Freund. – Wa. 1982, S. 103–106, 2 Abb. [Chirurg und Hochschullehrer an der Medizinischen Akademie Lübeck.]

1083. *Mohr, Werner:* Der Chirurg Professor Dr. Otto R o t h. – Wa. 1982, S. 107–112, 1 Abb. [1863–1944, seit 1892 in Lübeck tätig.]

1084. *Fechner, Paul U.:* T a d i n i, the man who invented the artificial lens. An oculist whom Casanova knew. – Casanova Gleanings. Revue internationale d'études casanoviennes et dix-huitièmistes. Vol. XXII, N.S. 6 (1979), p. 17–27. [Aufenthalt Tadinis, des Erfinders künstlicher Linsen, in Lübeck 1758.]

1085. *Kopitzsch, Franklin:* Johann Julius W a l b a u m (1724–1799), Arzt, Naturforscher. – BL. Bd 7 (1985), S. 313–315. [Aus seinen Sammlungen ging später das Naturhistorische Museum hervor.]

IX. BAUWESEN

s.a. Ortskunde: Straßen, Plätze usw. S. 19.
s.a. Wohnungswesen unter sozialem Aspekt S. 110.
s.a. Bildende Künste, Architektur S. 133 und Denkmalschutz S. 140.

A. Stadtplanung, Sanierung

In Lübeck-Schrifttum 1900–1975 auf S. 210–212.

1. Zustand

1086. Stadtbildaufnahme Lübeck. Hrsg. von der Wohnungsbaukreditanstalt des Landes
Schleswig-Holstein in Zusammenarbeit mit dem Stadtplanungsamt Lübeck. 1.2. Kiel,
L. 1978–1981. Jeweils Spiralblocks 60 × 40 cm.
(1. Altstadtinsel.) 1978. 73 Bll.
2. Innenhöfe und Gänge. 1981. 69 Bll.
[Grund- und Aufrisse aller Straßen, Gänge und Höfe der Innenstadt, dazu Stadtpläne.]

s.a. *Habich, Johannes:* Stadtkernatlas Schleswig-Holstein Nr. 114.

1087. Stadtbildanalyse und Entwurf der Gestaltungssatzung für die Lübecker Innenstadt.
Red. Wolfgang Grössle. L. 1977. 156 S., zahlr. Abb. und Diagr. [Gutachten der
Planungsgesellschaft Urba in Zusammenarbeit mit dem Stadtplanungsamt als Grund-
lage für eine Satzung zum Schutz der Lübecker Altstadt.]

1088. *Lafrenz, Jürgen:* Die Stellung der Innenstadt im Flächennutzungsgefüge des Agglome-
rationsraumes Lübeck. Grundlagenforschung zur erhaltenden Stadterneuerung.
Textbd. und Kt.-Bd. Hamburg 1977. Zusammen 407 S., 14 Kt. (Hamburger
geographische Studien. Bd 33.) Hamburg, Diss. geowiss. 1978. [Flächennutzung der
Gegenwart als Grundlage für die Stadtentwicklungsplanung. Karten von hoher
Qualität.]

1089. *Friedrich, Klaus:* Das Beispiel Lübeck als Kulturdenkmal – Zentrum – Wohnort. –
Stadtsanierung & Stadtentwicklung im Ostseeraum. L. 1981. (Ostsee-Jahrbuch 1980),
S. 27–41, 2 Abb., 4 Pl. [Erhaltung der Innenstadt als Kulturdenkmal, ihre Rolle als
Zentrum der gesamten Stadt und ihres Einzugsbereichs und ihre Erhaltung als
Wohnort.]

1090. *Rühsen, Hans-Werner:* Elemente der Citybildung in Lübeck. – MGG. H. 55 (1982),
S. 147–168, 9 Abb. [Über Verwaltung, Geschäftsleben, Wohnstandort, Verkehrspro-
bleme.]

2. Entwicklungs- und Verkehrsplanung

1091. Arbeitsgemeinschaft Raum Lübeck. Hansestadt Lübeck, Kreise Ostholstein, Stor-
marn, Hzgt. Lauenburg. Regionalbezirksplan für den Raum Lübeck 1974–1985.
Entwurf. Stand: 6. Juni 1975. Beschlußfassung des Plenums der Arbeitsgemeinschaft
Raum Lübeck vom 5. 6. 1975. 178 S., 21 Kt. Masch. verv.

1092. Hansestadt Lübeck, Amt für Entwicklungsplanung. Kreisentwicklungsplan der Hansestadt Lübeck. Fortschreibung für die Jahre 1980 bis 1984 ... o.O.u.J.

1093. Lübeck, der Senat der Hansestadt, Projektgruppe Stadtsanierung S 6: Konzept für den ruhenden Verkehr in der Lübecker Innenstadt. L. 1977. 84 S., Kt.

1094. Verkehrsplanung Innenstadt – Berichte des Tiefbauamtes und Ordnungsamtes – Der Senat der Hansestadt Lübeck. L. 1982. 140 S., 10 Abb., 23 Kt.

1095. *Völker, Jürgen:* Generalverkehrsplanung vor dem Abschluß. – Wa. 1982, S. 89–93, 2 Kt.

3. Sanierung

1096. *Stier, Wilhelm:* So begann die Sanierung. Oberbaurat Dr.-Ing. O. Hespeler 90 Jahre. – LBll. Jg. 137 (1977), S. 298–299. [Hespeler 1887–1978, seit 1922 Baurat in Lübeck.]

1097. *Simon, Volker* und *Gerlind Staemmler:* Materialien zur Sanierung Lübecks. Hrsg. vom Institut für Wohnungsbau und Stadtteilplanung der Technischen Universität Berlin. Berlin 1974. 123 S., Kt. u. Planskizzen. Masch. verv.

1098. *Killisch, Winfried F.* und *K. J. Moch* (Forschungsgruppe Stadtsanierung am Geographischen Institut der Universität Kiel): Soziale und wirtschaftliche Strukturuntersuchungen in den Sanierungsgebieten. Hrsg.: Der Senat der Hansestadt Lübeck, Stadtplanungsamt. L. 1976. 151 S., zahlr. Pläne und Abb. Masch. verv. (Sanierung und Sozialplanung. T. 1.)

1099. *Killisch, Winfried* und *Klaus-Jürgen Moch:* Bevölkerungs- und sozialgeographische Untersuchung als Grundlage der Sanierungs- und Sozialplanung. Ein Beitrag zur angewandten Geographie. – Erdkunde. Bd 30 (1976), S. 253–265, 7 Abb. [Betrifft Lübeck.]

1100. *Lienau, Cay* und *Gerhard Ortmann:* Ausländische Arbeitnehmer in Lübeck – Chancen für die Innenstadtsanierung? – MGG. H. 54 (1977), S. 87–106, 8 Kt. u. Diagr. [Über die Wohnsituation der Gastarbeiter.]

1101. Lübeck – Wohnen in der Altstadt. Althaus-Sanierer-Gemeinschaften Hrsg. von Gustav Robert Knüppel. L. 1980. 88 S., Abb.

1102. *Killisch, Winfried F.:* Erhaltende Erneuerung eines historischen Stadtkerns: Zur Praxis der Sanierungsplanung in der Lübecker Altstadt. – Berichte zur deutschen Landeskunde. Bd 54 (1980), S. 165–210, 16 Abb.

1103. Evangelische Akademie Nordelbien, Tagungsstätte Bad Segeberg. Dokumentation. Lübecks Altstadt erhalten. Sanierung – Versuch zu Bilanz und Ausblick. Bad Segeberg 1981. 70 S., 16 Abb. Masch. verv. [Abdruck der auf der Tagung gehaltenen Vorträge.]

1104. Untersuchungen über die Großstadt in Schleswig-Holstein. Hrsg. von Reinhard Stewig. Kiel 1983. 200 S., Kt. (Kieler geographische Schriften. Bd 57.) [S. 81–117 Winfried F. Killisch und studentische Mitarbeiter über Wirkungen kommunaler Sanierungsmaßnahmen in der Lübecker Altstadt.]

1105. Stadterhaltung und Stadterneuerung in Lübeck. Hrsg. von Thomas Bütow. Eine Tagung der Evangelischen Akademie Nordelbien. Bad Segeberg 1984. 128 S. (Evangelische Akademie Nordelbien. Dokumentationen. 6.)

1106. *Billert, Andreas, Colin de Lage und Horst H. Siewert:* Altstadtsanierung: zum Beispiel Lübeck. – Die alte Stadt. Jg. 12 (1985), S. 387–406, 11 Abb.

1107. Die Altstadt. Informationen und Meinungen zur Sanierung in der Lübecker Altstadt. L. Nr. 1 (1976) – 13 (1981).

1108. Lübecker Altstadtzeitung. Informationen und Meinungen zur Sanierung in der Altstadt. Hrsg. von Stadtplanungsamt und Presse- und Informationsamt. Nr. 13 (Oktober 1986) ff. [Erschien 1976–1981 u.d.T. „Die Altstadt" von seiten des Stadtplanungsamts. Mit Nr. 13 Fortsetzung. Jährlich 4–5 Nummern vorgesehen. Enthält Beiträge zur Sanierung.]

1109. Bürger-Nachrichten. Die Bürgerinitiative „Rettet Lübeck" (BIRL) informiert. L. 1976 ff. Unregelmäßiges Erscheinen.

4. Einzelne Bereiche

1110. *Pieske, Christa:* Die Gestaltung des Holstentorplatzes in Lübeck 1906–1913–1926. – Deutsche Kunst- und Denkmalpflege. Jg. 1975, S. 73–90, 17 Abb.

1111. Lübeck, Wettbewerb Holstentorplatz. – Bauwelt. Jg. 68 (1977), H. 6, S. 175–185, Abb., Pläne.

Holstentorplatz s. a. Habich, Johannes: 500 Jahre Holstentor Nr. 98.

1112. *Timm, Christoph:* Die Holstentorhalle in Lübeck. Kommunales Bauen im Altstadtumfeld um 1919–1926 unter F(riedrich) W(ilhelm) Virck. – Nordelbingen. Bd 55 (1986), S. 169–189, 17 Abb. [Backsteinbauten im Sinne der Heimatschutzbewegung.]

1113. Erhaltung oder Gestaltung? – Bauwelt. Jg. 68 (1977), H. 13, S. 451–456, Abb. [Betr.: Restaurierung und Planung Koberg.]

1114. *Schmidt, Hans-Dieter* und *Michael Trieb:* Möglichkeiten und Grenzen der Gestaltungssatzung am Beispiel Lübeck-Koberg. – Bauwelt. Jg. 68 (1977), H. 13, S. 457–462, Abb., Pläne.

1115. *Grothe, Hartmut:* Neue Bürohäuser am Lindenplatz. Gedanken zur Lübeck-Architektur. – VBll. Jg. 35 (1984), S. 38–39, 1 Abb.

1116. *Trüper, Teja* und *Christoph Gondesen:* Die Gestaltung der blockinneren Freiräume in der Lübecker Altstadt. Bestandsaufnahme und Empfehlungen zur Neugestaltung. L. um 1982. 40 S., zahlr. Abb. u. Skizzen.

1117. *(Billert, Andreas:)* Grundstücksgesellschaft Trave mbH, Arbeitsbericht 1/85: Innenstadt Lübeck, Städtebauförderung im Block 90–91. 65 S., Abb. [Zwischen Fischergrube und Engelsgrube]

1118. Altbausanierung in Lübeck. – Baumeister. Jg. 1978, S. 226–228. [Kolk 20–22, Hüxstr. 128.]

1119. Lübeck plant und baut. Hrsg. vom Senat der Hansestadt Lübeck, Baudezernat.
H.1. August 1986: Hotelstandortanalyse. 90 S., 2 Abb., 4 Grafiken, 28 Pläne. [Informationen des Stadtplanungsamtes über Fremdenverkehrsentwicklung, Hotelstruktur sowie Standortbedingungen und Standortbedürfnisse.]
H.2. Oktober 1986: Die Breite Straße. 50 S., 54 Abb., 1 Plan. [Geschichte der Breiten Straße, Lage, Funktion, Bedeutung, Planungswettbewerb.]

B. Architekten, Stadtplaner usw.

In Lübeck-Schrifttum 1900–1975 auf S. 213.

1120. *Hahne, Heinz:* Erwin Albert B a r t h (1880–1933), Gartenarchitekt. – BL. Bd 7 (1985), S. 24–25.

1121. Erwin B a r t h , Gärten, Parks und Friedhöfe. Katalog zur Ausstellung Berlin 1980. 93 S., davon 40 S. Abb. [Geborener Lübecker. Gestaltete den Vorwerker Friedhof und andere Anlagen in Lübeck, wirkte aber vor allem in Berlin.]

1122. *Stürmer, Rainer:* Erwin B a r t h (1880–1933), sein Wirken für Berlins Grünanlagen. – Jahrbuch für Brandenburgische Landesgeschichte. 34 (1983), S. 82–104. [S. 84 über sein Wirken als Stadtgärtner in Lübeck 1908–1911.]

1123. *Brinkmann, Jens-Uwe:* B ö r m , Heinrich Nikolaus, 1780–1831, Ingenieur, Architekt. – BL. Bd 6 (1982), S. 28–29.

1124. *Klein, Dieter:* Martin D ü l f e r. Wegbereiter der deutschen Jugendstilarchitektur. München 1981. (Bayerisches Landesamt für Denkmalpflege. Arbeitsheft 8.) [S. 79–91 über Dülfers Lübecker Stadttheater.]

Dülfer s.a. Nr. 1500–1501.

Otto H e s p e l e r s. Nr. 1096.

1125. *Grau, Heinz:* Erinnerungen an Dr.-Ing. Hans H ü b l e r. Versuch einer Würdigung seiner Leistungen für Lübeck. – LBll. Jg. 146 (1986), S. 359, Porträt. [1902–1986, 1953–1965 Stadtbaudirektor in Lübeck.]

1126. *Garbrecht, Günther:* Ludwig L e i c h t w e i ß , Wasserbauingenieur, 1878–1958. – NDB. Bd 14 (1985), S. 135. [L. war 1917–1925 Wasserbaudirektor in Lübeck.]

1127. *Neugebauer, Manfred* und *Otto Wiehmann*: Hans Wilhelm P i e p e r (1882–1946), Architekt, zuletzt Stadtbaudirektor in Lübeck. – BL. Bd 7 (1985), S. 166–168.

1128. *Pieper, Klaus:* Zeugen des Wirkens eines erfolgreichen Architekten. Erinnerung an Lübecks Stadtbaudirektor Hans Pieper. – LBll. Jg. 142 (1982), S. 143–144, 1 Porträt. [1882–1946. Seit 1927 in Lübeck tätig.]

1129. *Rohde, Hans:* Peter Rehder (1843–1920), Wasserbauingenieur, Oberbaudirektor in Lübeck. – BL. Bd 7 (1985), S. 182–185.

1130. *Rohde, Hans:* Leben und Werk von Peter Rehder. – Zeitschrift für Binnenschiffahrt und Wasserstraßen. 107 (1980), S. 141–146, 1 Abb.

1131. *Kommer, Björn R.:* Johann Adam Soherr (1706–1778), Ingenieur, Architekt. – BL. Bd 7 (1985), S. 300–303.

1132. *Kommer, Björn R.:* Lübecks Stadtbaumeister J. A. Soherr. Zahlreiche Bauwerke zeugen von seinem Wirken. – LBll. Jg. 143 (1983), S. 85–88, 101–103, 123–124, 6 Abb. [1706–1778, Stadtbaumeister Lübecks seit 1749.]

X. MILITÄRWESEN

In Lübeck-Schrifttum 1900–1975 auf S. 214–215.

1133. *Galperin, Peter:* In Wehr und Waffen. Wehrbürger, Söldner und Soldaten in Oldenburg und den Hansestädten. Stuttgart 1983. 248 S., Abb. [Lübeck mit berücksichtigt.]

1134. *Guttkuhn, Peter:* Infanterieregiment Lübeck Nr. 162. – VBll. Jg. 31 (1980), S. 59, 1 Abb.

1135. *Neugebauer, Werner:* Mittelalterliche und jüngere Befestigungsanlagen im Gebiet der Hansestadt Lübeck. – Archäologie in Lübeck. L. 1980, S. 130–133, 2 Abb., 2 Pl.

1136. *Neugebauer, Werner:* Landwehr und Landgraben – wehrhafte Zeugnisse des mittelalterlichen Lübeck. – Archäologie in Lübeck. L. 1980, S. 134–136, 1 Abb., 1 Kt.

1137. Initiative Atomwaffenfreies Europa. Dokumentation zur Ausstellung vom 26. 8. 1983–2. 9. 1983. L. 1983. 27 S., Abb., Kt. [betr. Militär und Rüstung in Lübeck]

1138. *Bruns, Alken:* C h a s o t, Isaac François Egmont Vicomte de (1716–1797), Offizier. – BL. Bd 6 (1982), S. 52–53. [Seit 1759 Kommandant der Lübecker Garnison.]

XI. GEISTIGES UND KULTURELLES LEBEN

A. Schul- und Bildungswesen

1. Entwicklung

In Lübeck-Schrifttum 1900–1975 auf S. 216–217.

1139. *Graßmann, Antjekathrin:* Material zur Lübecker Schulgeschichte im Archiv der Hansestadt Lübeck. – Studien zur Wirtschafts- und Sozialgeschichte Schleswig-Holsteins. Bd 2 (1981), S. 207–211.

1140. *Kopitzsch, Franklin:* Anfänge der Lehrerausbildung im Zeitalter der Aufklärung in Schleswig-Holstein, Hamburg und Lübeck. – Informationen zur erziehungs- und bildungshistorischen Forschung. H. 20/21 (1983), S. 43–64.

1141. *Bangert, Wilhelm:* Genealogische Daten aus der „Geschichte des lübschen Landschulwesens und Chronik der einzelnen Landschulen." Hrsg. von Horst Weimann. – Lübecker Beiträge zur Familien- und Wappenkunde. Doppelheft 14/15 (1979), S. 27–103, Abb.

1142. *Hoffs, Bettina:* Bildungs- und Erwerbsmöglichkeiten für Frauen in Lübeck in der ersten Hälfte des 19. Jahrhunderts. Hamburg 1986. 75 S. Staatsexamensarbeit. Masch.

1143. *Leschinsky, Achim:* Sekundaroberstufe I oder Volksoberschulstufe? Zur Diskussion um den Mittelbau des Schulwesens am Ende der Weimarer Zeit. – Neue Sammlung. Zeitschrift für Erziehung und Gesellschaft. 18 (1978), S. 404–430. [Hier auch über die Planungen und Versuche von Sebald Schwarz.]

Stier, Wilhelm: Erinnerungen an den Wiederbeginn des Unterrichts im Herbst und Winter 1945/1946. s. Nr. 636.

1144. *Stier, Wilhelm:* Schulspeisung in Lübeck. Eric Orton, ein vergessener Wohltäter der Lübecker Jugend. – VBll. Jg. 35 (1984), S. 51. [Orton bemühte sich als Beauftragter der britischen Militärregierung erfolgreich um die Anfang 1946 erfolgte Einführung der Schulspeisung.]

1145. Festschrift der Gewerkschaft Erziehung und Wissenschaft, Kreislehrerverein Lübeck. L. 1950. 48 S., Abb.

1146. *Lahann, Birgit:* Abitur. Von Duckmäusern und Rebellen. 150 Jahre Zeitgeschichte in Aufsätzen prominenter Deutscher. Hamburg 1982. [Darin auch Schulaufsätze von Lübeckern wie z.B. Theodor Eschenburg und Willy Brandt (Herbert Frahm).]

2. Einzelne Schulen

a. Allgemeinbildende Schulen

In Lübeck-Schrifttum 1900–1975 auf S. 217–220.

1147. *Mandel, Hans Heinrich:* In 50 Jahren 1200 Studienräte ausgebildet: Studienseminar Altona-Lübeck 1927–1937–1977. – VBll. Jg. 28 (1977), S. 137. [1937 als Folge des Groß-Hamburg-Gesetzes von Altona nach Lübeck verlegt.]

1148. 50 Jahre IPTS-Seminar Lübeck für Gymnasien. Ein Seminar stellt sich vor. Kiel: Landesinstitut Schleswig-Holstein für Praxis und Theorie der Schule. 1978. 101 S.

1149. *Mandel, Hans Heinrich:* Aus dem Alltag eines Seminarleiters. – Wa. 1978, S. 43–52, 1 Abb. [Seminar für die Ausbildung der Studienreferendare, der künftigen Lehrer an Gymnasien.]

1150. Ernestinenschule zu Lübeck 1804–1979. Festschrift zum 175jährigen Bestehen der Ernestinenschule. Im Auftrag der Schulkonferenz hrsg. von Rolf Saltzwedel. L. 1979. 70 S., Abb. [1900 verstaatlicht, 1904 neues Gebäude am Koberg.]

1151. *Guttkuhn, Peter:* 175 Jahre Ernestinenschule zu Lübeck. – VBll. Jg 30 (1979), S. 39, 1 Abb.

1152. 25 Jahre Patenschaft Johanneum zu Lübeck – St. Johann zu Danzig. 1959–1984. L. 1984. 52 S., Abb.

1153. Festschrift zur Vierhundertjahrfeier des Katharineums zu Lübeck 1531–1931. L. 1931. Nachdruck 1981. 204 S., 41 Abb. [Aufsätze über die Geschichte der Schule, des Schulhauses, Erinnerungen, Zustand 1931.]

1154. 1531–1981 Katharineum zu Lübeck. Festschrift zum 450jährigen Bestehen. Hrsg.: Bund der Freunde des Katharineums e.V. L. 1981. 204 S., 157 Abb. [Entwicklung von 1931 bis 1981.]

1155. *Carstensen, Richard:* 450 Jahre Katharineum zu Lübeck. – Schleswig-Holstein. 1981, H. 7, S. 9–11, 4 Abb. [Die Rolle der Schule innerhalb der Stadt, Gründung, bedeutende Schüler.]

1156. *Katz, Friedemann:* 150 Jahre St. Katharinen-Fechtklub. Erinnerungen an Lübecks älteste Schülerverbindung. – LBll. Jg. 146 (1986), S. 245–246, 2 Abb. [Klub von Primanern bestand von 1836 bis 1939.]

1157. *Graßmann, Antjekathrin:* Crescat et fructum ferat – Mecklenburgische Schüler auf dem Katharineum zu Lübeck im 18. Jahrhundert. – Mecklenburgische Jahrbücher. Jg. 105 (1985), S. 37–51.

1158. *Giese, Rüdiger:* Pommern und einige Wirkungen – ein Jubiläum im Rückblick. – Pommern. Jg. 20 (1982), H. 1, S. 25–32, 5 Abb. [Katharineum – Marienstiftsgymnasium Stettin.]

b) Berufsbildende Schulen

In Lübeck-Schrifttum 1900–1975 auf S. 220–221.

1159. 1905–1955. Festschrift zum fünfzigjährigen Bestehen der Handelslehranstalten der Hansestadt Lübeck. Zur Erinnerung an die Schulfeier am 24. November 1955. L. 1955. 24 S., Abb. [Lehrerlisten, Rückblick, die verschiedenen Fachklassen.]

1160. *Weppelmann, Norbert:* Lübecks Seefahrtsschule im Wandel der Zeit. Vor 175 Jahren gab die Gemeinnützige den Anstoß. – LBll. Jg. 143 (1983), S. 341–343, 357–359, 2 Abb. Auszug aus: Weppelmann, Untersuchungen zur Entwicklung des berufsbildenden Schulwesens, dargestellt am Wirken der Gesellschaft zur Beförderung gemeinnütziger Tätigkeit in Lübeck im 18. u. 19. Jahrhundert. Hamburg, Diss. wirtsch. u. sozialw. 1971.

1161. 1808–1983 – 175 Jahre Seefahrtsschule Lübeck. Hrsg. Seefahrtsschule Lübeck. L. 1983. 32 S., 38 Abb.

1162. *Pelc, Ortwin:* Herkunft und Ausbildung der Schüler der Lübecker Navigationsschule 1808–1827. – ZLG. Bd 62 (1982), S. 195–213.

c) Fachhochschulen, Volkshochschule

In Lübeck-Schrifttum 1900–1975 auf S. 221–222.

1163. *Dohrendorf, Bernd:* Bisherige Entwicklung im Hochschulwesen in der Hansestadt Lübeck. Eine Kurzdarstellung der Geschichte der Lübecker Hochschulen. 1977. 10 S. Masch. verv.

1164. *Dohrendorf, Bernd:* Fachhochschule Lübeck. – VBll. Jg. 28 (1977), S. 45, 1 Abb.

1165. *Dohrendorf, Bernd:* Die Entwicklung im Hochschulwesen in der Hansestadt Lübeck. – Wa. 1978, S. 35–42, 4 Abb. [Eine Kurzdarstellung der Geschichte der Lübecker Hochschulen.]

1166. *Dohrendorf, Bernd:* Die weitere Entwicklung im Hochschulwesen in der Hansestadt Lübeck. – LBll. Jg. 138 (1978), S. 1–5.

1167. Fachhochschule Lübeck. 1. Wissenschaftlicher Bericht 1979–1983. Hrsg. vom Präsidium und Senat der Fachhochschule Lübeck. L. 1984. 96 S., 55 Abb.

1168. 75 Jahre Pythagoras, Alt-Herren- und Studenten-Vereinigung der Fachhochschule für Bauwesen Lübeck. L. 1971. (Pythagoras. Jg. 75. 1971.)

1169. 1933–1983. 50 Jahre Musikhochschule Lübeck. Hrsg. Musikhochschule Lübeck. L. 1983. 88 S., 48 Abb.

1170. *Tessmer, Manfred:* Lübecker Konservatorium der Musik 1911– Musikhochschule Lübeck 1982. – 800 Jahre Musik in Lübeck. T. 1. 1982. S. 137–140.

1171. *Titzck, Rudolf:* Musikhochschule Lübeck in historischer Altstadt. – Schleswig-Holstein. 1980, H. 10, S. 21–23, 3 Abb. [Unterbringung der Musikhochschule in den restaurierten Häusern der Großen Petersgrube.]

1172. *Schlippe, Bernhard:* Das Petriquartier und die Musikhochschule des Landes Schleswig-Holstein in Lübeck. – Deutsche Kunst und Denkmalpflege, 41 (1983), S. 109–116, 11 Abb.

1173. *Kommer, Björn R.:* Lübecks Musikhochschule nach Vollendung eines der schönsten Institute dieser Art in Europa. – LBll. Jg. 143 (1983), S. 291–293, 3 Abb. [Beschreibung der dazugehörenden Häuser in der Großen Petersgrube.]

1174. *Lec'hvien, Michelle:* Die geschichtliche und pädagogische Entwicklung der Lübecker Volkshochschule von 1919 bis 1979. Eine Dokumentation. Mémoire de maîtrise d'allemand, Université de Haute Brétagne Rennes L. 1980. 121 S. Masch.

d) Medizinische Universität

In Lübeck-Schrifttum 1900–1975 auf S. 222.

1175. Feierliche Eröffnung der Medizinischen Akademie Lübeck. Hrsg. von Alfred Plust. L. 1965. 39 S., Abb.

1176. *Mühlhausen, Peter:* 20 Jahre Medizinische Hochschule Lübeck. Eine unter Opfern vollbrachte Aufbauleistung. – LBll. Jg. 144 (1984), S. 320–324, 3 Abb.

1177. *Preuner, Rudolf* und *Jutta Preuner-von Prittwitz:* Universität – Hanse – Lübeck. (Gründungsgeschichte der Medizinischen Hochschule Lübeck.) Kapitel 1.2. L. 1984–1986. [Kapitel 1 und 2 von 3 vorgesehenen Kapiteln behandeln die mittelalterliche Geschichte Lübecks.]

1178. Medizinische Hochschule Lübeck. Bericht des Präsidiums. Amtsjahre 1975/76 (1977) ff.

1179. Medizinische Hochschule Lübeck. Forschungsbericht. 1 (1977) ff.

1180. Medizinische Hochschule Lübeck. Fakultätstage 7. und 8. November 1979. Gründung der Hanseatischen Universitätsstiftung zu Lübeck 1. 2. 1980.

1181. Focus MHL. Zeitschrift für Wissenschaft, Forschung und Lehre an der Medizinischen Hochschule Lübeck. Hrsg. vom Präsidium der Medizinischen Hochschule Lübeck. Jg. 1 (1984) ff. [Berichtet über Pflege und Entwicklung der Wissenschaften durch Forschung sowie Lehre und Studium an der Medizinischen Hochschule.]

B. Archive

In Lübeck-Schrifttum 1900–1975 auf S. 223.

1182. Das Archiv der Hansestadt Lübeck. Hrsg. von Antjekathrin Graßmann. L. 1981. 96 S., 33 Abb. (Senat der Hansestadt Lübeck, Amt für Kultur. Veröffentlichung 16.) [Über die Geschichte des Archivs, Archivare, Benutzung, Bestände, besondere Sammlungen (Münzen, Siegel, Karten, Wappen).]

1183. *Graßmann, Antjekathrin:* Das Archiv der Hansestadt Lübeck. – VBll. Jg. 29 (1978), S. 77.

1184. *Graßmann, Antjekathrin:* Das Lübecker Archiv in den achtziger Jahren. – LBll. Jg. 140 (1980), S. 209–211.

1185. *Bickelmann, Hartmut:* Aus der Arbeit des Archivs der Hansestadt Lübeck. Akten, Sammlungen und wertvolle Handschriften. – LBll. Jg. 146 (1986), S. 119–120.

1186. *Graßmann, Antjekathrin:* Bestandsverzeichnis des Polizeiamts Lübeck 1851–1937. L. 1981. 268 S. (Veröffentlichungen zur Geschichte der Hansestadt Lübeck. R.B, Bd 6). [Darin sind entsprechend den vielfältigen Aufgaben dieser Behörde Archivalien zu fast allen Lebensbereichen enthalten. Durch ein 40seitiges Register erschlossen.]

1187. *Graßmann, Antjekathrin:* Quellenwert und Aussagemöglichkeiten von Lübecker Archivalien zu den Fragen von Haus- und Grundbesitz und Hausbewohnern auf dem Hintergrund der Wirtschafts- und Sozialstruktur. – LSAK. Bd 4 (1980), S. 27–30.

1188. *Graßmann, Antjekathrin:* Lübeck ohne Vergangenheit? Zu den Lübecker Archivalien in der Deutschen Demokratischen Republik und in der Sowjetunion. – Wa. 1986, S. 83–92, 5 Abb.

1189. *Weimann, Horst:* Kirchliche Archivpflege in Lübeck. Erfahrungen und Erinnerungen 1951–1980. – VBll. Jg. 31 (1980), S. 8–9, 1 Abb. [Weimann hat das Archiv der Landeskirche nach dem Zweiten Weltkrieg betreut.]

S. a. Erich Gercken und Horst Weimann: Genealogisches in den landeskirchlichen Archiven zu Eutin und Lübeck. Nr. 176.

C. Bibliotheken

1. Geschichte

s. a. Lesegesellschaften Nr. 1610.

In Lübeck-Schrifttum 1900–1975 auf S. 223 ff.

1190. *Wiegand, Günther:* Zur Frühgeschichte der Stadtbibliothek Lübeck. – ZLG. Bd 61 (1981), S. 51–79. [Über die Bibliothek in den Jahrzehnten nach der um 1620 erfolgten Gründung.]

1191. *Meyer, Gerhard:* Der Scharbausaal und die alte Bibliothek. – LBll. Jg. 136 (1976), Nr. 23 (23. 12.), 8 S., 4 Abb. [Im Scharbausaal wurde die Bibliothek in den Jahren 1616–1622 eingerichtet.]

1192. *Schadow, Perdita:* Die Stadtbibliothek Lübeck als Beispiel für die Entwicklung des Bibliotheksbaus von der Renaissance bis zur Gegenwart. Hausarbeit zur Diplomprüfung für den Dienst an Öffentlichen Bibliotheken an der Fachhochschule Hamburg, Fachbereich Bibliothekswesen. Hamburg 1982. 110 S., 17 Abb. Masch.

1193. *Meyer, Gerhard:* 100 Jahre Öffentliche Bücherei in Lübeck. Grundzüge ihrer Entwicklung. L. 1979. 35 S., 15 Abb. (Senat der Hansestadt Lübeck, Amt für Kultur. Veröffentlichung 11.) [1979 mit der Stadtbibliothek vereinigt.]

1194. *Carstensen, Richard:* Hundert Jahre Öffentliche Bücherei. – LBll. Jg. 139 (1979), S. 92–93. [1879 von seiten der Gemeinnützigen gegründet, 1979 Fusion mit der Stadtbibliothek. Hier die Grundzüge der Entwicklung.]

1195. *Meyer, Gerhard:* Die Lübecker „Öffentliche Bücher- und Lesehalle" von ihren Anfängen 1899 bis zum Ersten Weltkrieg. Ein wichtiger Abschnitt zur Entwicklung der Öffentlichen Büchereien. – VBll. Jg. 30 (1979), S. 20–22, Abb.

2. Die Stadtbibliothek seit ihrer Fusion mit der Öffentlichen Bücherei 1979

In Lübeck-Schrifttum 1900–1975 auf S. 225–226.

1196. *Bock, Klaus:* Die Lübecker Bibliotheken. – Der Wagen. 1976. 1976, S. 123–131. [Neue Konzeption und die ersten Schritte zu ihrer Verwirklichung.]

1197. *Bock, Klaus:* Das neue Personalmodell der Stadtbibliothek Lübeck. – Bibliothek und Buch in Geschichte und Gegenwart. München 1976, S. 206–216.

1198. *Bock, Klaus* und *Peter Voigt:* Neubau Stadtbibliothek Lübeck. L. 1979. 70 S., zahlr. Abb. u. Pl.

1199. *Bock, Klaus:* Der Neubau der Stadtbibliothek Lübeck. – VBll. Jg. 30 (1979), S. 84. [Beschreibung des neubezogenen Baues, in dem Stadtbibliothek und Öffentliche Bücherei vereinigt worden sind.]

1200. Neubau und Erweiterung der Stadtbibliothek in Lübeck. – Glasforum. Jg. 29 (1979), H. 6, S. 5–9, 10 Abb.

1201. *Segebrecht, Dietrich:* Die Stadtbibliothek als neue Attraktion für Lübeck. – Buch und Bibliothek. Jg. 31 (1979), S. 442–445, 449–450, 577–578, 4 Abb. [Über den Neubau.]

1202. *Bock, Klaus:* Lübeck: Auch in historischen Räumen ist Bibliotheksarbeit möglich. – Buch und Bibliothek. Jg. 31 (1979), S. 38–39, 1 Abb. [Weitere Verwendung der alten Bibliotheksräume neben dem Neubau.]

1203. *Voigt, Peter:* Stadtbibliothek Lübeck. Umbau und Erweiterung. – Baumeister. Jg. 77 (1980), S. 704–708, Abb.

1204. *Voigt, Peter:* Erweiterungsbau der Stadtbibliothek Lübeck. – Bauwelt. Jg. 71 (1980), S. 592–597, 28 Abb. u. Risse.

1205. *Bock, Klaus:* Die neue Stadtbibliothek wird voll angenommen. – LBll. Jg. 140 (1980), S. 177–179.

1206. *Bock, Klaus:* Lübecks Stadtbibliothek mit großer Ausleihe. Bücherkauf in einer finanziell schwierigen Zeit. – LBll. Jg. 143 (1983), S. 353–355, 1 Abb.

3. Besondere Bestände der Stadtbibliothek
In Lübeck-Schrifttum 1900–1975 auf S. 226.

1207. *Karstädt, Georg:* Die Musiksammlung der Stadtbibliothek Lübeck. L. 1979. 38 S., 18 Abb. (Senat der Hansestadt Lübeck, Amt für Kultur. Veröffentlichung 12.)

1208. *Meyer, Gerhard:* Die Blaeu-Globen der Stadtbibliothek. – ZLG. Bd 59 (1979), S. 236–241, 5 Abb. [1 Erd- und 1 Himmelsglobus des Verlages Blaeu in Amsterdam wurden 1624 für die Stadtbibliothek erworben.]

1209. *Meyer, Gerhard:* Die Stadtbibliothek sammelt Kopien von Lübecker Frühdrucken. – VBll. Jg. 30 (1979), S. 12–13, 1 Abb.

1210. *Meyer, Gerhard:* Filme der Lübecker Zeitungen von 1751 bis zur Gegenwart in der Lübecker Stadtbibliothek. – LBll. Jg. 143 (1983), S. 17–19. [Mit Daten und Charakterisierungen der einzelnen Zeitungen.]

1211. *Pieske, Christa:* Graphik im wissenschaftlichen Buch von 1500–1800. Lübeck 1970. 47 S., 8 Abb. [Ausstellungskatalog, enthaltend Schriften der Stadtbibliothek.]

s.a. E. Gercken, Leichenpredigten, Hochzeitsgedichte, Jubiläumsglückwünsche usw. im Besitz der Lübecker Stadtbibliothek Nr. 175.

4. Andere Bibliotheken

1212. Bibliothek der Medizinischen Akademie Lübeck. Aufbau und Bestand. – Bibliotheksdienst. 1979, S. 793–794, Abb.

1213. Zentrale Hochschulbibliothek Lübeck. – Bibliotheksneubauten in der Bundesrepublik Deutschland. Frankfurt a.M. 1983, S. 213–218, Abb.

1214. *Tiemann, Barbara:* Die Butendach-Bibliothek in der Reformierten Kirche zu Lübeck. Der Sammler und seine Sammlung. – ZLG. Bd 65 (1985), S. 143–221, 1 Porträt. [Otto Friedrich Butendach, 1730–1798, Pastor der Reformierten Gemeinde.]

D. Gelehrte, Pädagogen usw.

s. a. Einzelne Familien und Personen S. 32.
Dort solche, die außerhalb Lübecks gewirkt haben.

Bildende Künstler, Konservatoren, Kunsthistoriker s. S. 141.
Komponisten, Musiker, Musikwissenschaftler s. S. 149.

In Lübeck-Schrifttum 1900–1975 auf S. 226 ff.

1215. *Ahlers, Olof:* Ahasver von Brandt. Nachruf. – ZLG. Bd 57 (1977), S. 181–184. [1909–1977. Seit 1936 am Lübecker Archiv, 1949–1962 als Direktor, dann Historiker an der Universität Heidelberg.]

1216. *Friedland, Klaus:* Ahasver von B r a n d t. Leben und Werk. – Brandt: Lübeck, Hanse, Nordeuropa. Köln 1979, S. 1–9.

1217. *Rothert, Hans F.* und Jürgen Wiegandt: Bibliographie der Schriften Ahasver von B r a n d t s. – Brandt, Ahasver von: Lübeck, Hanse, Nordeuropa. Köln 1979, S. 383–404.

1218. *Carstensen, Richard:* B r o c k h a u s, Paul Wilhelm Gerhard (1879–1965), Pädagoge, Schriftsteller. – BL. Bd 6 (1982), S. 37–38. [Begründete das Niederdeutsche Krippenspiel, den „Wagen" u.a.m.]

1219. *Angermann, Norbert:* Nicolaus B u l o w (Buelow). 1465–1548, Arzt, Theologe, Übersetzer. – BL. Bd 7 (1985), S. 39–40.

1220. *Miller, David B.:* The Lübeckers Bartholomäus G h o t a n and Nicolaus Bülow in Novgorod and Moscow and the Problem of Early Western Influences on Russian Culture. – Viator. Medieval and Renaissance Studies. 9 (1978). Berkeley, Los Angeles, London 1978. S. 395–412. [Der Drucker Ghotan und der Arzt und Gelehrte Bülow kamen um 1490 nach Rußland.]

1221. *Edelhoff, Julius:* Erinnerung an Eberhard G r o e n e w o l d. – LBll. 1986, S. 279. [1913–1986. Arztsohn aus Lübeck, Katharineum, Dr. phil., Verlagsleiter, Journalist, 1968–1978 Schriftleiter der Lübeckischen Blätter.]

1222. *Steinhausen, Michael:* Laudatio anläßlich einer Überreichung der Urkunde einer Ehrenbürgerschaft der Medizinischen Hochschule Lübeck an Frau Theodora H e ß. – Wa. 1984, S. 10–13, 1 Porträt. [Bibliothekarin an der Bibliothek der Medizinischen Hochschule Lübeck.]

1223. *Mandel, Hans Heinrich:* Gedenkrede, gehalten bei der Trauerfeier für Heinrich J e s s e n, geb. am 5. 5. 1909 in Leck, gestorben am 23. 7. 1983 in Lübeck. – Ausblick. 34 (1984), S. 1–4, 1 Abb. [Hrsg. der Zeitschrift „Ausblick" der Deutschen Auslandsgesellschaft.]

1224. *Wriedt, Klaus:* Karl J o r d a n 1907–1984. – ZLG. Bd 64 (1984), S. 301–304, 1 Abb. [Kieler Historiker, verdient um die Erforschung Heinrichs des Löwen und seiner Zeit.]

1225. *Kästner, Hans-Gerd:* Buxtehude-Preis 1978. – LBll. Jg. 29 (1978), S. 68, 1 Foto von G. Karstädt. [Verleihung an Dr. Georg K a r s t ä d t.]

1226. *Meyer, Gerhard:* K i r c h m a n n, Johannes (1575–1643), Rektor. – BL. Bd 6 (1982), S. 149–150. [Erster Bibliothekar der Lübecker Stadtbibliothek und deren eigentlicher Begründer.]

1227. *Ahlers, Olof:* K o c k, Reimar (1500–1569), Theologe, Lübecker Chronist. – NDB. Bd 12 (1980), S. 285–286.

1228. *Friedland, Klaus:* Professor Dr. Wilhelm K o p p e. – ZLG. Bd 66 (1986), S. 285–286. [1908–1986, Kieler Historiker, Erforscher der Lübecker und der Hansegeschichte.]

1229. *Grobecker, Manfred:* Albert K r a n t z. – NDB. Bd 12 (1980), S. 673–674.

1230. *Stoob, Heinz:* Albert Krantz (1448–1517), ein Gelehrter, Geistlicher und hansischer Syndikus zwischen den Zeiten. – HGbll. Jg. 100 (1982), S. 87–109.

1231. *Wilcken, A.:* Philosophische Akademie zu Lübeck wurde vor 30 Jahren von Prof. Kurt Leider gegründet. – LBll. Jg. 142 (1982), S. 246.

1232. *Diehl, Manfred:* Carl Lunau (1894–1984), Biologe. – BNH. H. 19/20 (1986), S. 152–159, 1 Abb. mit Liste seiner Veröffentlichungen. [Lehrer, Verfasser zahlreicher zoologischer Arbeiten, Mitarbeiter am Naturhistorischen Museum.]

1233. Werner Neugebauer, Wissenschaftliche Schriften 1930–1978. – LSAK. Bd 1 (1978), S. 177–180. [In chronologischer Folge.]

1234. *Friedland, Klaus:* Gerhard Neumann 1908–1980. – HGbll. Jg. 98 (1980), S. VIII–IX. [1908–1980, Bildungspolitiker und Hanseforscher.]

1235. *Köppen, Hanna:* Leopold Neumann (1899–1983). – BNH. H. 19/20 (1986), S. 150–151, 1 Abb. [Lübecker Lehrer, langjähriger Mitarbeiter am Naturhistorischen Museum.]

1236. *Meyer, Gerhard:* Bennata Otten (1882–1955), Bibliothekarin. – BL. Bd 7 (1985), S. 163–164.

1237. *Paulus, Sibylle:* Dr. Willy Pieth, der erste hauptamtliche Bibliothekar der Stadtbibliothek der Freien und Hansestadt Lübeck. Hausarbeit zur Diplomprüfung an der Fachhochschule Hamburg, Fachbereich Bibliothekswesen 1985. 80 Bll., Abb. Masch. [1883–1934.]

1238. *Carstensen, Richard:* Nestor der Hanseforschung. Lübeck hat Fritz Rörig viel zu danken. – Schleswig-Holstein. 1982, H. 11, S. 26–27, 1 Abb. [1882–1952, war 1911–1918 Archivar zu Lübeck, dann Historiker in Leipzig, Kiel und Berlin.]

1239. *Bremse, Uwe:* Dr. h. c. Ernst Schermer zum hundertsten Geburtstag. – Die Heimat. Jg. 93 (1986), S. 334–336, 1 Porträt. [1886–1955, Lübecker Schulrat, Restaurator, Naturwissenschaftler.]

1240. *Schermer, Hans:* Das Travetal war seine Heimat. Der Biologe und Pädagoge Ernst Schermer im Strom Lübeckischer Geschichte 1886–1955. L. 1986. 163 S., Abb. (Veröffentlichungen zur Geschichte der Hansestadt Lübeck. R. B, Bd 15.) [Biographie, am Schluß Verzeichnis der Veröffentlichungen von Ernst Schermer.]

1241. *Jürgensen, Kurt:* Siegfried Schier 1953–1984. – ZLG. Bd 64 (1984), S. 305–306. [Historiker und Pädagoge.]

1242. Hans Schönherr. – LBll. Jg. 141 (1981), S. 187–188, 1 Abb. [1912–1981. Journalist, seit 1952 in Lübeck.]

1243. *Sander, Rolf:* In memoriam Max Schurig. – MGG. H. 54 (1977), S. 129–134, 2 Abb. [1882–1977. Schulgeograph, 1942–1974 Erster Vorsitzender der Geographischen Gesellschaft zu Lübeck.]

1244. *Leschinsky, Achim:* Schwarz, Georg Sebald Christoph (1866–1934), Pädagoge, zuletzt Landesschulrat in Lübeck. – BL. Bd 7 (1985), S. 291–295.

1245. *Spies, Hans-Bernd:* Seelen, Johann Henrich von (1687–1762), Rektor. – BL. Bd 6 (1982), S. 269–271.

1246. *Kopitzsch, Franklin:* Lud(e)wig Suhl (1753–1819, Lehrer, Pastor, Jurist. – BL. Bd 7 (1985), S. 307–309.

1247. *Studnitz, Gotthilft von:* Heinrich Tannert. – BNH. H. 17/18 (1982), S. 243–247, 1 Abb. [1893–1982, Lehrer, Schulrat, Mitarbeiter im Naturhistorischen Museum.]

1248. *Klockmann, Thomas:* Erinnerungen und Erlebnisse eines Forschers. Günther Tessmann und die Lübecker Pangwe-Expedition. – LBll. Jg. 146 (1986), S. 17–20, 37–39, 53–55, 10 Abb. [1884–1969. Völkerkundler, Pangwe-Expedition 1907–1909.]

1249. *Klockmann, Thomas:* Vom Geheimnis menschlicher Gefühle. Günther Tessmanns Pangwe-Monographie im Lichte seiner Lebenserinnerungen sowie neuerer Forschungen. – Wiener Ethnohistorische Bll. 1986, H. 29, S. 3–20.

1250. *Schurig, Walter:* In memoriam Walter Weber. – MGG. H. 54 (1977), S. 125–128, 1 Porträt. [1885–1975. Lübecker Schulgeograph.]

1251. Jakob Wychgram, Jugenderinnerungen. Hrsg. von Walter Deeters. – Jahrbuch für bildende Kunst und vaterländische Altertümer zu Emden. 60 (1980), S. 63–90. [Aufgewachsen in Ostfriesland. 1908–1924 Lübecker Landesschulrat.]

E. Museen

Einzelgegenstände der Museen jedoch unter
bildenden Künsten usw.

1. Museum für Kunst und Kulturgeschichte

In Lübeck-Schrifttum 1900–1975 auf S. 235 ff.

1252. *Brandt, Ahasver von:* Bewahrte Traditionen und gesammelte Kuriositäten. Von den Vorläufern des lübeckischen Sammlungswesens. – Brandt, Ahasver von: Lübeck, Hanse, Nordeuropa. Köln 1979, S. 359–364. [Sammlungen vom 17.–19. Jahrhundert.] Zuerst in: 150 Jahre Lübecker Museen. 1950. S. 24–33, 2 Abb.

1253. *Howoldt, Jenns E.:* Die Aktion „Entartete Kunst" im Lübecker Museum. – Wir bauen das Reich. Neumünster 1983, S. 211–233. [Über die Beschlagnahme von Kunstwerken 1937.]

1254. Lübecker Museumskataloge. Hrsg. von Wulf Schadendorf. L. Bd 1 (1981) ff.
1. Wittstock, Jürgen: Kirchliche Kunst des Mittelalters und der Reformationszeit. 1981.
2. H. 2. Kallen, Peter W.: Niederländische Malerei des 17. Jahrhunderts. 1984.
3. Museum Behnhaus. 2. Aufl. 1976.

1255. *Schadendorf, Wulf:* Museumsarbeit. Aus der Arbeit des Museums für Kunst und Kulturgeschichte der Hansestadt Lübeck. – Wa. 1980, S. 13–43, 13 Abb. [Statistik, Ausstellungen usw.]

1256. *(Kommer, Björn R.:)* Neuerwerbungen 1974–1979, Museum für Kunst und Kulturgeschichte der Hansestadt Lübeck. Katalog der Ausstellung von 1980. L. 1980. 101 S., Abb.

1257. *Wittstock, Jürgen:* Neuerwerbungen für die mittelalterliche Sammlung des Museums für Kunst und Kulturgeschichte der Hansestadt Lübeck 1976/77. – ZLG. Bd 58 (1978), S. 103–110, 10 Abb.

1258. Kunst und Kultur in Lübeck. Museum für Kunst und Kulturgeschichte der Hansestadt Lübeck. Stuttgart 1986. 30 S., Abb. [Sonderdruck aus dem gleichnamigen Kalender mit 12 Gegenständen des Museums und Beschreibungen dazu.]

1259. *Wittstock, Jürgen:* Kirchliche Kunst des Mittelalters und der Reformationszeit. Die Sammlung im St.-Annen-Museum. L. 1981. 318 S., zahlr. Abb. (Lübecker Museumskataloge. Bd 1.)
Besprechung durch Max Hasse in ZLG. Bd 62 (1982), S. 279–284.

1260. Museum Behnhaus. Das Haus und seine Räume. Malerei, Skulptur, Kunsthandwerk. 2. erw. und veränderte Aufl. L. 1976. 172 S., Abb. (Lübecker Museumskataloge. Bd 3.)

1261. *Kommer, Björn:* 200 Jahre Behnhaus – seine Geschichte und seine Bewohner. – LBll. Jg. 141 (1981), S. 271–273.

1262. *Kommer, Björn R.:* 1923–1983: 60 Jahre Museum Behnhaus. Eines der schönsten Bürgerhäuser des 18. Jahrhunderts. – LBll. Jg. 143 (1983), S. 333–335, 2 Abb.

1263. *Kommer, Björn:* Das Behnhaus in Lübeck. – Schleswig-Holstein Kultur-Journal. Nr. 1 (1985), S. 23–27, 12 Abb. [Beschreibung des Hauses und seiner Räume sowie dessen Schicksale im Laufe der Zeiten.]

1264. *Kommer, Björn R.:* Das Behnhaus in Lübeck. – Wa. 1986, S. 69–82, 9 Abb. [Besitzer, Baugeschichte, Verwendung, Restaurierungen.]

1265. Museum Drägerhaus. Kurzführer. Hrsg. vom Museum für Kunst und Kulturgeschichte der Hansestadt Lübeck. L. 1981. 39 S., 39 Abb. (Hefte zur Kunst und Kulturgeschichte der Hansestadt Lübeck. 4.)

1266. *Schadendorf, Wulf:* Das Museum Drägerhaus. Entstehung und Konzeption. – Kunst und Kultur Lübecks im 19. Jahrhundert. 1981. S. 13–24, 2 Abb.

1267. Das Drägerhaus. – Kunst und Kultur Lübecks im 19. Jahrhundert. 1981, S. 27–65, 11 Abb. [Antjekathrin Graßmann über die Eigentümerfolge, Ulrich Pietsch über frühe Baugeschichte und archäologische Befunde, Björn R. Kommer über das Haus und seine Bewohner seit dem 18. Jahrhundert und über die historischen Räume.]

2. Andere Museen

In Lübeck-Schrifttum 1900–1975 auf S. 238–240.

1268. *Spies, Hans-Bernd:* Das Museum am Dom. Entstehungsgeschichte und Inhalt eines Begriffs. – VBll. Jg. 34 (1983), S. 8–9. [Das Museum von 1891, Zerstörung 1942 und Neubau von 1962 mit Naturhistorischem Museum und Sonderausstellungssaal.]

1269. *Spies-Hankammer, Elisabeth:* Ausstellungen im Museum am Dom 1962–1983. L. 1983. 224 S., 188 Abb. (Veröffentlichungen des Senats der Hansestadt Lübeck, Amt für Kultur. Reihe B, H. 1) [Die 210 Ausstellungen mit Daten, Charakterisierung und Abbildungen.]

1270. *Studnitz, Gotthilft von:* 200 Jahre museale Naturkunde in Lübeck. Hrsg. vom Naturhistorischen Museum. L. 1980. 15 S. [Entstehung des Museums, Zerstörung 1942, Neubau 1962, Mitarbeiter.]

1271. *Rammow, Helga:* Völkerkunde in Lübeck '77. Aktuelles aus der alten Sammlung. – LBll. Jg. 137 (1977), S. 93 und Jg. 138 (1978), S. 164–165.

1272. Neukonzeption eines Völkerkundemuseums – Planung für Lübeck. Hrsg. von Helga Rammow. L. 1980. 156 S., 24 Abb. (Senat der Hansestadt Lübeck, Amt für Kultur. Veröffentlichung 15.) [Abdruck der Vorträge des 1980 in Lübeck stattgefundenen Symposiums.]

1273. *Rammow, Helga:* Situation und Charakter der Lübecker Völkerkunde-Sammlung. – VBll. Jg. 32 (1981), S. 90–91, 2 Abb.

1274. *Rammow, Helga* und *Thomas Klockmann:* Lübecks völkerkundliche Sammlungen und ihr heutiger Aussagewert. – MGG. H. 55 (1982), S. 189–198, 5 Abb.

1275. *Rammow, Helga:* Völkerkunde in Lübeck – gestern und heute. Neue Bleibe für die Sammlung im ehemaligen Zeughaus. – LBll. Jg. 144 (1984), S. 1–4, 3 Abb. [Über die Völkerkunde und ihre Bedeutung, die in Lübeck seit 1893 bestehende Sammlung, Professor Richard Karutz und gegenwärtige Aufgaben.]

1276. *(Jodeit, Peter:)* Museum für Puppentheater in Lübeck. Ausstellung von Puppen des 19. Jahrhunderts aus Europa, Asien und Afrika. Hrsg. Museum für Puppentheater in Lübeck. L. 1983. 32 S., 28 Abb.

1277. *Jodeit, Peter:* Puppen hinter lübschen Mauern. Traditionelle Kleinkunst – im Museum ausgestellt. – VBll. Jg. 34 (1983), S. 35, 1 Abb. [Das 1982 eingerichtete Museum für Puppentheater, Kl. Petersgrube 4–6, zeigt Pupppen des 18. und 19. Jahrhunderts aus Europa, Asien und Afrika.]

F. Bildende Künste

s. a. Ortskunde S. 17, insbesondere Abschnitt Straßen, Plätze, Gebäude usw. S. 19.
s. a. Museum für Kunst und Kulturgeschichte S. 129.
s. a. Kirchen und Klöster S. 168.

1. Allgemeines

In Lübeck-Schrifttum 1900–1975 auf S. 240–241.

1278. Hefte zur Kunst und Kulturgeschichte der Hansestadt Lübeck. Hrsg. vom Museum für Kunst und Kulturgeschichte der Hansestadt Lübeck. L. 1 (1978) – 7 (1985).
1. Björn R. Kommer und Ulrich Pietsch: Portale und Türen in Lübeck. 1978.
2. Ulrich Pietsch: Stockelsdorfer Fayencen. 1979.
3. Archäologie in Lübeck. 1980.
4. Kunst und Kultur im 19. Jahrhundert. 1981.
5. Ulrich Pietsch: Die Lübecker Seeschiffahrt vom Mittelalter bis zur Neuzeit. 1982.
6. Björn R. Kommer: Das Buddenbrookhaus. 1983.
7. Die Lübecker Küche. 1985.

1279. Kunst und Künstler in Lübeck. Hrsg. vom Museum für Kunst und Kulturgeschichte der Hansestadt Lübeck. L. 1 (1975) – 10 (1985).
1. Werner Oehlschlaeger. 1975.
2. Johannes Jaeger. 1976.
3. Alen Müller-Hellwig. 1976.
4. Walther Kunau. 1977.
5. Gerhard Backschat. 1978.
6. Lübecker Grafik der zwanziger Jahre. 1978.
7. Hildegard Osten. 1979.
8. Hanna Jaeger. 1980.
9. Erich Lethgau. 1983.
10. Hans Peters. 1985.

1280. Niedersachsen, Hansestädte, Schleswig-Holstein: Baudenkmäler. Hrsg. von Hans-Herbert Möller. 5. Aufl. Stuttgart 1976. 694 S., 55 Abb. im Text, 48 Bildtaf., 2 Kt. (Reclams Kunstführer. Deutschland. Bd 5.) [Lübeck von Dietrich Ellger S. 378–415 mit Abb.]
6. Aufl. 1984.

1281. Kunsttopographie Schleswig-Holstein. Bearb. im Landesamt für Denkmalpflege Schleswig-Holstein und im Amt für Denkmalpflege der Hansestadt Lübeck. Neumünster Ausg. 1979. (Die Kunstdenkmäler des Landes Schleswig-Holstein.) [Lübeck S. 47–178, 272 Abb., 2 Pl.]

1282. Lübeck und Herzogtum Lauenburg: Lübeck und die norddeutsche Backsteingotik; Straßen, Höfe, Gänge; Lübecks teure Idyllen... Hamburg 1983. 99 S., 200 Abb. (HB-Kunstführer Nr. 2.) [Im Teil Lübeck über Stadtviertel, Bauwerke, Vororte und Travemünde.]

1283. *Zaske, Nikolaus* und *Rosemarie:* Kunst in Hansestädten. Leipzig, Köln, Wien 1986. 244 S., 221 Abb. [Nach Ansicht der Verfasser ist die Hansekunst von Lübeck ausgegangen.]

1284. *Schadendorf, Wulf* und *Lutz Wilde:* Zur Architektur und Plastik des 13. Jahrhunderts in Lübeck. – Lübeck 1226. 1976, S. 365–398, 31 Abb. [Nur Abbildungen.]

1285. *Hasse, Max:* Neues Hausgerät, neue Häuser, neue Kleider – eine Betrachtung der städtischen Kultur im 13. und 14. Jahrhundert sowie ein Katalog der metallenen Hausgeräte. – Zeitschrift für Archäologie des Mittelalters. 7 (1979), S. 7–83, Abb.

S. a. Kunst und Kultur Lübecks im 19. Jahrhundert Nr. 610.

1286. *Howoldt, Jenns Eric:* Carl Julius Milde und die Entdeckung des mittelalterlichen Lübeck. – Kunst und Kultur Lübecks im 19. Jahrhundert. 1981. S. 287–298, 3 Abb. [Wiederentdeckung der mittelalterlichen Kunstwerke Lübecks und Bemühungen um deren Erhaltung.]

1287. *Howoldt, Jenns Eric:* Traditionalismus und Jugendstil. – Kunst und Kultur Lübecks im 19. Jahrhundert. 1981. S. 315–324, 3 Abb.

2. Architektur
s. a. Ortskunde S. 17, insbesondere Abschnitt Straßen, Plätze, Gebäude usw. S. 19.
s. a. Bauwesen S. 114.
s. a. Kirchen und Klöster S. 168.

a. Allgemeines

In Lübeck-Schrifttum 1900–1975 auf S. 242–243.

1288. Alt-Schleswig-Holstein und die Freie und Hansestadt Lübeck. Heimische Bau- und Raumkunst aus fünf Jahrhunderten. Hrsg. von Ernst Sauermann. Unveränderter Nachdr. der Ausg. von 1912. Frankfurt a.M. 1980. 196 S., 387 Abb. [Darin auch viele gute Fotos von inzwischen vernichteten Bauten, Räumen, Kunstgegenständen.]

1289. *Kommer, Björn R.:* Lübeck, Nordeuropas mittelalterliche Metropole. Ausstellung zur Baugeschichte der Stadt. L. 1977. 20 S., Abb. (Ausstellungskataloge der Museen für Kunst und Kulturgeschichte der Hansestadt Lübeck. 30.) [Die Entwicklung der Altstadt von den Anfängen bis zur Gegenwart.]

1290. *Wilde, Lutz:* Backsteinbaukunst in Lübeck. – Schleswig-Holstein Kulturjournal. Nr. 2 (1986), S. 9–16, 13 Abb.

1291. *Andresen, Rainer:* Lübeck – Das alte Stadtbild. Bd 1–6. L. 1980–1984.
Bd 1. Geschichte, Kirchen, Befestigungen. 1980. 163 S., Abb.
Bd 2. Geschichte der Wohngänge. T. 1: Ägidienstraße bis Engelswisch. 1981. 144 S., Abb.
Bd 3. Geschichte der Wohngänge. T. 2: Fischergrube bis Hundestraße. 1982. 160 S., Abb.

Bd 4. Geschichte der Wohngänge. T. 3: Johannisstraße bis Marlesgrube. 1983. 148 S., Abb.

Bd 5. Geschichte der Wohngänge. T. 4: An der Mauer bis Wakenitzmauer. 1985. 168 S., Abb.

Bd 6. Die Baugeschichte der St. Petri-Kirche. 1984. 159 S., Abb.

[Nach dem Überblick über die räumliche Entwicklung in Band 1 folgen Bd 2–5 über die Straßen und insbesondere die Wohngänge, die noch vorhandenen und die inzwischen verschwundenen. Sodann mit Band 6 die Baugeschichte der St. Petri-Kirche. Angefertigt aufgrund der Kunstinventare und der Werke Willibald Leo von Lütgendorffs. Reich mit Abbildungen, Plänen und Grundrissen ausgestattet. Der Text nicht ohne Mängel.]

1292. *Müller, Wolfgang J.:* Lübeck um 1250. Kunsthistorische Betrachtungen zum neuen Stadtmodell. – Politik, Wirtschaft und Kunst des staufischen Lübecks. L. 1976, S. 51–77, 14 Abb.

1293. *Neugebauer, Manfred, Sigrid Wrobel* und *Dieter Eckstein:* Die Datierung mittelalterlicher Monumentalbauten in Lübeck: Rathaus, Katharinenkirche, St. Jakobi-Kirche. – LSAK. Bd 6 (1982), S. 201–217, 20 Abb.

1294. *Kommer, Björn R.:* Klassizismus in Norddeutschland. Hintergründe und Verflechtungen am Beispiel Lübeck. – Kunst und Antiquitäten. 1983, H. 2, S. 14–20.

1295. *Matthias, Klaus:* Neue Klassizität und Übergänge zum Jugendstil in der Lübecker Villen- und Wohnhausarchitektur nach 1900. – Wa. 1986, S. 197–210, 32 Abb.

1296. *Matthias, Klaus:* Moderne Lübecker Wohnhaus-Architektur vor 75 Jahren. Bedeutung und Eigenart des frühesten Abschnitts der Hohelandstraße. – Wa. 1984, S. 146–158, 11 Abb.

1297. *Thoms, Gertrud:* Spuren des Jugendstils in Lübecker Vorstädten. – Wa. 1984, S. 175–180, 10 Abb. [Über Gartenpforten.]

b) Altes Bürgerhaus in seiner Entwicklung

Hier über das alte Bürgerhaus allgemein. Über einzelne Häuser s. Ortskunde, Abschnitt Straßen, Plätze, Gebäude usw. S. 19.

In Lübeck-Schrifttum 1900–1975 auf S. 243–244.

1298. *Hübler, Hans:* Das Bürgerhaus in Lübeck. 2. Aufl. Tübingen 1978. 100 S., 60 S. Abb.

1299. Hausbau in Lübeck. Mit Beiträgen zum Hausbau in Hamburg, Lüneburg und Mölln. Berichte über die Tagung des Arbeitskreises für Hausforschung in der Hansestadt Lübeck vom 14.–17. 6. 1984. Sobernheim 1986. 379 S., Abb., Pläne, Diagr. Masch. verv. (Jahrbuch für Hausforschung. Bd 35.) [Abdruck von 16 Vorträgen der Tagung.] ✳

1300. *Fehring, Günter P.:* Zur archäologischen Hausforschung in der Hansestadt Lübeck. Aspekte im Rahmen einer interdisziplinären Stadtkernforschung. – Jahrbuch für Hausforschung. Bd 35 (1986), S. 9–24, 8 Abb. [Überblick über die Arbeiten des Amtes für Vor- und Frühgeschichte in den letzten 10 Jahren, einige Bemerkungen zu den Arbeitsmethoden und einige Gedanken zur Entstehung des städtischen Dielenhauses in Norddeutschland.]

1301. *Neugebauer, Manfred:* Neue baugeschichtliche Untersuchungen zur mittelalterlichen Bürgerhausarchitektur in Lübeck. – Die Heimat. Jg. 87 (1980), S. 149–180, 35 Abb. [Teilprojekt A 6 im Sonderforschungsbereich 17 der Universität Kiel.]

1302. *Erdmann, Wolfgang:* Das mittelalterliche Stadthaus. Bemerkungen zu Formen und Funktionen an Hand Lübecker Beispiele. – Mensch und Umwelt im Mittelalter. Hrsg. von Bernd Herrmann. Stuttgart 1986, S. 170–179, Abb.

1303. *Fehring, Günter P.:* Fachwerkhaus und Steinwerk als Elemente der frühen Lübecker Bürgerhausarchitektur, ihre Wurzeln und Ausstrahlung. – Offa. Bd 37 (1980), S. 267–281, 11 Abb.

1304. *Fehring, Günter P.* und *Manfred Neugebauer:* Das Lübecker Stadthaus der Frühzeit. – Archäologie in Lübeck. L. 1980, S. 51–54, 2 Abb.

1305. *Fehring, Günter P.:* Städtischer Hausbau in Norddeutschland ca. 1150 bis 1250. – Zeitschrift für Archäologie des Mittelalters. Beiheft 4. Bonn 1986.

1306. *Fehring, Günter P.:* Früher Hausbau in den hochmittelalterlichen Städten Norddeutschlands. – Die Heimat. Jg. 90 (1984), S. 392–401, 10 Abb. [Ein Teil über Lübeck.]

1307. *Gläser, Manfred:* Hochmittelalterliche Ständerbauten in Lübeck. – Archäologisches Korrespondenzblatt. 16 (1986), H. 2, S. 215–222.

1308. *Erdmann, Wolfgang:* Entwicklungstendenzen des Lübecker Hausbaus 1100 bis um 1340 – eine Ideenskizze. – LSAK. Bd 7 (1983), S. 19–38, 7 Abb.

1309. *Kokkelink, Günther:* Hausbau und Hausnutzung in Lübeck vom 13. bis 17. Jahrhundert. – Neue Forschungen zur Geschichte der Hansestadt Lübeck. L. 1985. S. 51–62.

1310. *Erdmann, Wolfgang:* Die Entwicklung des Lübecker Bürgerhauses im 13. und 14. Jahrhundert unter dem Einfluß von Profanarchitektur des Ostseeraums. – Die Heimat. Jg. 89 (1982), S. 220–232, 11 Abb.

1311. *Christensen-Streckebach, Margrit* und *Michael Scheftel*: Kleinhausbebauung in Lübeck im 16. Jahrhundert – Zusammenhänge zwischen Eigentumsentwicklung und Baustruktur. – ZLG. Bd 63 (1983), S. 145–169, 8 Abb.

c) Teilbereiche des Hauses

In Lübeck-Schrifttum 1900–1975 auf S. 245.

1312. *Holst, Jens Christian:* Beobachtungen zu Handelsnutzung und Geschoßbildung an Lübecker Steinhäusern des Mittelalters. – Jahrbuch für Hausforschung. Bd 35 (1986), S. 93–144, 35 Abb. [Untersuchung, in welcher Weise der Handel den bürgerlichen Hausbau Lübecks im 13.–15. Jahrhundert prägte.]

1313. *Neugebauer, Manfred:* Lübecks versunkene Keller. – Wa. 1980, S. 198–206, 11 Abb. [Über die verschiedenen Bautypen.]

1314. *Erdmann, Wolfgang:* Die häusliche Feuerstelle des Mittelalters in Lübeck: Überlegungen zu ihrer Entwicklung und Funktion. – Jahrbuch für Hausforschung. Bd 35 (1986) S. 67–92, 3 Abb.

1315. *Kohlmorgen, Günter:* Die Döncker und die getünchten Schornsteine. – ZLG. Bd 63 (1983), S. 253–257.

1316. *Kommer, Björn R.* und *Ulrich Pietsch*: Portale und Türen in Lübeck. Erschienen anläßlich der Ausstellung „Portale und Türen in Lübeck" im St. Annen-Museum 1978. L. 1978. 64 S., 22 Abb. (Hefte zur Kunst und Kulturgeschichte der Hansestadt Lübeck. 1.)

1317. *Engeström, Ragnar:* Tegel i Visbys medeltida stenhus – några nya rön. – Gotländskt Arkiv. 53 (1981), S. 65–70. [Parallelen zwischen Häusern aus der Zeit um 1300 in Visby und Lübeck.]

1318. *Kruse, Karl Bernhard:* Backsteine und Holz – Baustoffe und Bauweise Lübecks im Mittelalter. – Jahrbuch für Hausforschung. 33 (1983), S. 17–61, 11 Abb.

1319. *Kruse, Karl Bernhard:* Vom Wandel der Backsteinmauertechnik in Lübeck vom Mittelalter zur Gegenwart. – Die Heimat. Jg. 89 (1982), S. 246–251, 12 Abb.

3. Plastik, Malerei, Graphik (in chronologischer Folge)

s. a. Kirchen und Klöster S. 168.
s. a. Ortskunde S. 17.
s. a. Museum für Kunst und Kulturgeschichte S. 129.
    Beschreibung von Einzelgegenständen der Museen jedoch hier.
s. a. Künstler-Biographien S. 141.

a) Mittelalter

In Lübeck-Schrifttum 1900–1975 auf S. 246–250.

1320. *Stange, Alfred:* Kritisches Verzeichnis der deutschen Tafelbilder vor Dürer. Bd 1: Köln, Niederrhein, Westfalen, Hamburg, Lübeck, Niedersachsen. Köln 1967. 266 S., ohne Abb. (Bruckmanns Beiträge zur Kunstwissenschaft.) [Auch außerhalb Lübecks befindliche Lübecker Tafelbilder aufgenommen. Jeweils mit Daten, Charakterisierung und Literaturangaben.]

1321. *Hasse, Max:* Lübeck, Hamburg, Bremen; Parallele Entwicklungen; Die Mode. – Die Parler und der schöne Stil 1350–1400. Europäische Kunst unter den Luxemburgern. 1–3. Köln 1978. (Bd 2, S. 525–535, Bd 3, S. 43 u. 137–138.)

1322. *Wilckens, Leonie von:* Unbekannte Buchmalerei und Leinenstickerei des 14. Jahrhunderts im Umkreis von Lübeck. – Niederdeutsche Beiträge zur Kunstgeschichte. Bd 15 (1976), S. 71–98, 46 Abb.

1323. *Mende, Ursula:* Die Türzieher des Mittelalters. Berlin 1981. 342 S., 449 Abb. (Denkmäler deutscher Kunst. Bronzegeräte des Mittelalters Bd. II) [auch über Lübecker Türzieher].

1324. *Jacobsen, Werner:* Der Altar der Zirkelbrüder in Lübeck. – Jahrbuch des Zentralinstituts für Kunstgeschichte. 1 (1985), S. 403–408. [Aus der Katharinenkirche. Datierung 1400–1416.]
Dazu Wolfgang Erdmann in ZLG. Bd 66 (1986), S. 275–280.

1325. *Kieckbusch, Hans:* Der Schwartauer Altar. – Jahrbuch für Heimatkunde Eutin. 1978, S. 25–30, 1 Abb. [Lübecker Arbeit um 1420. Befand sich lange in der Kapelle des Schwartauer Siechenhauses, seit 1926 im St. Annen-Museum.]

1326. *Simon, Eckehard:* Eine Lübecker Historienbibelhandschrift (ca. 1470/75) in der Houghton Library. – Zeitschrift für dt. Altertum u. dt. Literatur. Bd 107 (1978), S. 113–121.

1327. *Ulmann, Arnulf von:* Bildhauertechnik des Spätmittelalters und der Frührenaissance. Darmstadt 1984. 162 S., Abb. [mit vielen Beispielen aus Lübeck.]

1328. *Hasse, Max:* Maler, Bildschnitzer und Vergolder in den Zünften des späten Mittelalters. – Jahrbuch der Hamburger Kunstsammlungen. Bd 21 (1976), S. 31–42. [Betr. auch Bernt Notke.]

1329. *Hasse, Max:* Zu zwei Veröffentlichungen über Altartafeln Lübecker Maler aus der zweiten Hälfte des 15. Jahrhunderts in Schleswig-Holstein und Danzig. – ZLG. Bd 60 (1980), S. 206–210. [Besprechung von 2 Schriften: 1. Renate Jürgens, Spätgotische Altarmalereien in Schleswig-Holstein, Kiel, Diss. phil. 1978. 2. Adam S. Labuda, Malerstwo tablicowe w Gdańsku w 2 pol. XV w. = Tafelmalerei in Danzig in der 2. Hälfte des 15. Jahrh. Warszawa 1979.]

1330. *Karstens, Ties* und *Jürgen Wittstock:* Zwei mittelalterliche Madonnen im St. Annen-Museum. – LBll. Jg. 138 (1978), S. 329–331, Abb. [Über die Restaurierung der gotischen Madonnenstatuen.]

1331. *Anhalt, Brigitte:* Der Heilige Nikolaus von Myra als Schutzpatron der Seefahrenden in der Kunst Schleswig-Holsteins. – Die Heimat. Jg. 90 (1983), S. 343–350, Jg. 91 (1984), S. 385–391, Jg. 92 (1985), S. 325–330, mit Abb. [1984 und 1985 über Lübeck.]

1332. *Jürgens, Renate:* Ein Lübecker Bild Kaiser Karls IV. – gemalt von Johann Willinges? – Nordelbingen. Bd 55 (1986), S. 73–78, 1 Abb. [Porträt im St.-Annen-Museum.]

b) 16.–19. Jahrhundert

In Lübeck-Schrifttum 1900–1975 auf S. 250–253.

1333. *Hasse, Max:* Das Verhalten der Lübecker Maler und Bildschnitzer während der Krisenzeit zu Anfang des 16. Jahrhunderts nebst einem Verzeichnis der damaligen Mitglieder des Lübecker Maleramts. – ZLG. Bd 62 (1982), S. 49–68.

1334. *Jaacks, Gisela:* „Die Suche nach der Gerechtigkeit". Forschungsbericht zu einem wiederentdeckten Lübecker Gemäldefragment. – ZLG. Bd 64 (1984), S. 81–95, 1 Abb. [Dieses Bild, wahrscheinlich im 16. Jahrhundert entstanden, befand sich einst im Kanzleigebäude.]

1335. *Svahnström, Gunnar:* Tinnapfelepitafiets mästare. – Gotländsk Arkiv 1986, S. 53–58. [Bürgermeister Bartholomäus Tinnappel, fiel in der Schlacht bei Gotland 1566; gemalt von Jost Delaval 1575.]

1336. *Kallen, Peter W.:* Niederländische Malerei des 17. Jahrhunderts. L. 1984. 133 S., 57 Abb. (Lübecker Museumskataloge. Bd 2, H. 2.) [Über die 57 niederländischen Gemälde des St. Annen-Museums, meist Vermächtnisse und Stiftungen Lübecker Bürger.]

1337. *Pieske, Christa:* Lübecker Tapetengemälde nach Zuccarelli. – Nordelbingen. Bd 50 (1981), S. 107–120, 7 Abb.

Tapetengemälde in der „Gemeinnützigen" und im Drägerhaus s. Nr. 72–73.

1338. *Kauder, Rita:* Kunst und Bürgertum. – Kunst und Kultur Lübecks im 19. Jahrhundert. 1981. S. 299–313, 6 Abb. [Bürger als Sammler und Auftraggeber, Kunstvereine, Trivialisierung von Kunst.]

1339. *Pieske, Christa:* Buchdruckvignetten des 19. Jahrhunderts in Lübeck. – Gebrauchsgraphik. 1973, H. 5, S. 50–56, Abb.

1340. *Kauder, Rita:* Mode und Tracht. – Kunst und Kultur Lübecks im 19. Jahrhundert. 1981. S. 215–225, 5 Abb.

1341. *Schadendorf, Wulf:* Zur Malerei. – Kunst und Kultur Lübecks im 19. Jahrhundert. 1981. S. 269–285, 4 Abb. [Über die in Lübeck wirkenden Maler.]

c) 20. Jahrhundert

In Lübeck-Schrifttum 1900–1975 auf S. 253–255.

1342. *Enns, Abram:* Kunst und Bürgertum. Die kontroversen zwanziger Jahre in Lübeck. Hamburg, Lübeck 1978. 318 S., zahlr. Abb. [Über die bildende Kunst in Lübeck 1918–1933, vor allem über das Wirken Heises für moderne Kunst und die Widerstände dagegen.]

1343. Lübecker Grafik der zwanziger Jahre. Albert Aereboe, Erich Dummer, Asmus Jessen, Alfred Mahlau, Hans Peters, Waldemar Rosatis, Leopold Thieme. Ausstellung 1978/1979 im St.-Annen-Museum. Redaktion Jürgen Wittstock. L. 1978. 32 S., Abb. (Kunst und Künstler in Lübeck. 6.)

1344. Künstler in Lübeck 1946–1986. Dokumentation der Gemeinschaft Lübecker Maler und Bildhauer. L. 1986. 159 S., Abb. (Veröffentlichungen des Senats der Hansestadt Lübeck, Amt für Kultur. R. A, H. 24.) [Gustav Lindtke und Ulrich Pietsch über die Entwicklung der Gemeinschaft, dann Vorstellung der Künstler jeweils mit Kurzbiographie, Porträt und Charakterisierung.]

1345. Lübeck – Künstler sehen ihre Stadt. Katalog zur Ausstellung der Gemeinschaft Lübecker Künstler im Museum am Dom 30. 4.–8. 6. 1975. L. 1975. 40 S., meist Abb.

1346. Jahresschau 77 Lübecker Künstler. November und Dezember 1977 im Museum am Dom. L. 1977. Mit Abb.

1347. *Strube, Karl:* Figur und Landschaft – Wirklichkeit und Phantasie. Vier Mitglieder der Gemeinschaft Lübecker Maler und Bildhauer. – Wa. 1978, S. 71–95, 30 Abb. [Ursula Wiedemann-Herz, Karlheinz Meyer, Bernd Ferdinand Rose, Ilse Wehrmann. Biographie, Charakterisierung ihrer Kunst mit Beispielen ihrer Bilder.]

1348. *Kleinschmidt, Peter:* Aspekte einer Privatsammlung. Rede zur Eröffnung der Ausstellung Lübecker Malerei der ersten Jahrhunderthälfte. – Wa. 1980, S. 64–70, 7 Abb. [Ausstellung 1979 aus dem Besitz von Ursula und Horst Hannemann.]

1349. Kunst in der Stadt. Lübecker Bildhauersymposium 1983. Red. Ulrich Pietsch und Wolf-Rüdiger Ohlhoff. L. 1983. 63 S., 39 Abb. (Veröffentlichungen des Senats der Hansestadt Lübeck, Amt für Kultur. R. B, H. 2.) [Konzept und Bilanz, Vorstellung der beteiligten Künstler und ihrer Werke, Plastik im Lübecker Stadtbild u.a.m.]

1350. Sich begegnen mit: Heidrun Borgwardt, Hanna Jäger, Silke Raab, Silke Radenhausen, Chris Siebenrock, Gudrun Wassermann. Ausstellung im Pavillon d. Overbeck-Ges. 27. April bis 3. Juni 1984 / Overbeck-Ges. Lübeck, Verein von Kunstfreunden. L. 1984. 28 S., Abb.

4. Kunsthandwerk

s. a. Gewerbe S. 97.
s. a. Kommer, Björn R.: Handwerk und Kunstgewerbe Nr. 906.

In Lübeck-Schrifttum 1900–1975 auf S. 257–261.

1351. Kunsthandwerk der Gegenwart. Lübeck, Museum am Dom, Ausstellung 1.–29. 10. 1978. L. 1978. 44 S. Abb.

1352. *(Dose, Heinrich):* 1957–1979, Professor-Paul-Brockhaus-Stiftung der Gesellschaft zur Beförderung gemeinnütziger Tätigkeit. Dokumentation zum 100. Geburtstag von Paul Brockhaus. L. 1979. 35 S., Abb. [Vorstellung der kunsthandwerklichen Stiftungen.]

1353. *Kommer, Björn R.* und *Marina Kommer:* Lübecker Silber 1781–1871. L. 1978. 127 S., 31 Abb. (Veröffentlichungen zur Geschichte der Hansestadt Lübeck. R. B, Bd 3.) [Über das Lübecker Goldschmiedeamt, die vielfältigen Silberarbeiten, Kennzeichen u.a.m.]

1354. *Richter, Ernst-Ludwig, Björn R. Kommer:* Der spätmittelalterliche Hofbecher und seine nordischen Epigonen. Kritische Bemerkungen zu einer Gruppe von Silberbechern mit Lübecker und Bremer Beschauzeichen. – Jahrbuch d. Hamburger Kunstsammlungen. Bd 24 (1979), S. 63–76, Abb.

1355. *Brandt, Ahasver von:* Mittelalterliche Siegelstempel als Zeugen lübeckischen Kunst-handwerks. – Brandt, Ahasver von: Lübeck, Hanse, Nordeuropa. Köln 1979, S. 371–376, 2 Taf.
Zuerst in: Wa. 1960, S. 25–31, 9 Abb.

1356. Der standhafte Zinnsoldat. Aus der Spielzeugkiste ins Museum. Eine Ausstellung des Museums für Kunst und Kulturgeschichte der Hansestadt Lübeck. St. Annen-Museum 28. 11. 1976–9. 1. 1977. Mitarb.: Wulf Schadendorf u.a. L. 1976. 32 S., Abb.

1357. *Drescher, Hans:* G r a p e n des 12.–13. Jahrhunderts aus Lübeck, Arbeiten Lübecker Giesser? – Lübeck 1226. 1976, S. 307–320, 2 Abb., 3 Kt. [Dreifüßige kleine Kessel aus Metall.]

1358. *Stehr, Barbara:* Keramik. Ausstellung im St. Annen-Museum 1982/1983. L. 1982. 36 S., zahlr. Abb.

1359. *Müller-Hellwig,* Alen: Die Erneuerung der deutschen Bildweberei. – Wa. 1984, S. 181–196, Abb. [Auch über Weberei in Lübeck.]

5. Denkmalschutz

s. a. Bauwesen, insbesondere Sanierung S. 115.

In Lübeck-Schrifttum 1900–1975 auf S. 261.

1360. *Hasse, Max:* Denkmalpflege in Lübeck. Das 19. Jahrhundert. Begleitheft für die Ausstellung im St. Annen-Museum. L. 1975. 46 S. Text, 72 Abb.

1361. *Brix, Michael:* Nürnberg und Lübeck im 19. Jahrhundert. Denkmalpflege, Stadtbild-pflege, Stadtumbau. München 1981. 352 S., 365 Abb., 2 Pl. (Studien zur Kunst des 19. Jahrhunderts. Bd 44.)

1362. *Wilde, Lutz:* Bericht des Amtes für Denkmalpflege der Hansestadt Lübeck 1975/76–1985/86. Jeweils in ZLG. Bd 56 (1976) – 67 (1987).

1363. *Schlippe, Bernhard:* Die Bedeutung der Lübecker Altstadt aus der Sicht der Denkmalpflege. – Lübecker Adreßbuch. 1983, S. 25–27, 3 Abb. [Über die Entwicklung der letzten Jahre.]

1364. *Siewert, Horst H.:* Bauforschung und Denkmalpflege in Lübeck. Lübecks Zeugen seiner Tradition gehören zum Alltag. – LBll. Jg. 144 (1984), S. 365–368.

1365. Bamberg, Lübeck, Regensburg: 3 Beispielstädte. Hrsg. vom Deutschen Nationalkomi-tee für das Europäische Denkmalschutzjahr 1975. Berlin 1975. 72 S., zahlr. Abb., graphische Darst., Kt. [Im Lübeck-Teil (S. 25–48) berichtete Uwe Hansen zunächst kurz über die Entwicklung, dann über die nach dem Zweiten Weltkrieg durchgeführten und geplanten Sanierungen. Mit guten Plänen und Abbildungen.]

1366. Erfahrungen mit Stadterhaltung und Stadterneuerung in historischen Städten. Zehn Jahre Städtebauförderungsgesetz. Hrsg. von der Arbeitsgemeinschaft Bamberg, Lübeck, Regensburg. Hamburg 1981. 100 S., 165 Abb. [Vorstellung der 3 Städte. Bericht über die dabei gemachten Erfahrungen.]

1367. Das europäische Denkmalschutzjahr 1975 in der Hansestadt Lübeck. L. 1976. 28 S. (Dokumentation zum Zeitgeschehen in der Hansestadt Lübeck.)

1368. *Pieper, Klaus:* Sicherung historischer Bauten. Berlin, München 1983. 346 S., Abb. [Darin über Marienkirche, Dom und Rathaus zu Lübeck S. 178–238.]

1369. *Pieper, Klaus:* Konstruktive Probleme historischer Bauten in Lübeck. – VBll. Jg. 30 (1979), S. 51–75, 28 Abb. [Es werden bedeutende Bauten nacheinander behandelt. Mit Fotos und vielen Bauzeichnungen.]

6. Bildende Künstler, Kunsthistoriker
(hier Biographien und Betrachtung der Werke)

s. a. Einzelne Familien und Personen S. 32.

In Lübeck-Schrifttum 1900–1975 auf S. 261 ff.

1370. *Maaß-Spielmann, Brigitte:* Der Maler Albert Aereboe. Kiel 1983. 184 S., Abb. (Schriften der Kunsthalle zu Kiel. 9.) Kiel, Diss.phil. 1981. [Lübecker Maler 1889–1970.]

1371. *Hannemann, Horst:* Albert Aereboe (1889–1970). Ein Maler, der immer wieder neu beginnen mußte. – LBll. Jg. 142 (1982), S. 65–67, 5 Abb.

1372. *Hacker, Jürgen:* „Travemünde, Vorderreihe." Ein Bild von Albert Aereboe aus den frühen 20er Jahren. – Schleswig-Holstein. Jg. 28. (1976), S. 276–277, 1 Abb. [Bildinterpretation.]

1373. Gerhard Backschat. Ausstellung im St. Annen-Museum. L. 1978. 24 S., Abb. (Kunst und Künstler in Lübeck. 5.)

1374. *Jansen, Elmar:* Vom Beethovendenkmal zur Gemeinschaft der Heiligen. Ernst Barlachs Wendung zur Monumentalkunst 1926–1932. – Wa. 1986, S. 47–66, 9 Abb. [Die „Gemeinschaft der Heiligen", 1930 für die Katharinenkirche geschaffen, konnte erst 1947 dort aufgestellt werden.]

1375. *Fouquet, Geoffrey:* Ervin Bossanyi. Oxford 1979. 24 S. [Biographie in englischer Sprache.]

1376. *Karstedt, Peter:* Erwin Bossanyi zum Gedächtnis. Die Geschichte seiner Fresken in der Stadtbibliothek. – LBll. Jg. 144 (1984), S. 269–271, 2 Abb.

1377. *Cuveland, Helga de:* Der Lübecker Bildhauer Diedrich Jürgen Boy und die Taufengel in Lübeck und Reinfeld. – Nordelbingen. 53 (1984), S. 77–84. [Boy 1724–1803.]

1378. *Rüter, Burchard:* Heinrich Brand. Erfahrungen in der Freundschaft mit einem Künstler und seiner Kunst. – Wa. 1980, S. 134–143, 10 Abb.

1379. Draeger, Heinz-Joachim: Die Torstraße. Häuser erzählen Geschichte, Zürich, Freiburg i.Br. 1977. 28 S., Abb. [Erdachte Straße, Einzelheiten beziehen sich auf Lübeck.]
2. Aufl. 1977.

1380. Anna Dräger-Mühlenpfordt: Gemälde, Zeichnungen, Druckgraphik 1908–1980. Katalog. Ausstellung des Museums für Kunst und Kulturgeschichte 14. 10.–18. 11. 1984. L. 1984. 67 S., zahlr. Abb.

1381. *Schmidt, Gerda:* Anna Dräger-Mühlenpfordt. Spuren auf dem Lebensweg einer Malerin. – LBll. Jg. 144 (1984), S. 301–302, 4 Abb.

1382. *Hasse, Max:* Benedikt Dreyer. – Niederdeutsche Beiträge zur Kunstgeschichte. Bd 21 (1982), S. 9–58. [Um 1480 – nach 1555, Lübecker Bildschnitzer.]

1383. *Hannemann, Horst:* Erinnerung an Karl Gatermann (1883–1959): Mehr als ein Maler der holsteinischen Landschaft. – LBll. Jg. 143 (1983), S. 185–186, 3 Abb. [Lübecker Maler.]

1384. *Gatermann, Bernd:* Karl Gatermann 100 Jahre. 1883–1983. – VBll. Jg. 34 (1983), S. 36–37, 3 Abb.

1385. Rolf Goerler. Klangskulpturen. Ausstellung Museum Behnhaus. 6. 5.–17. 6. 1984. L. 1984. 24 S., Abb. [Plastiken mit dem Aussehen von Musikinstrumenten.]

1386. *Martius, Lilli:* Friedrich Carl Gröger, 1766–1838, Maler. – BL. Bd 5 (1979), S. 98–100. [Zeitweise auch in Lübeck tätig.]

1387. *Pieske, Christa:* In memoriam Dr. phil. Max Hasse, 1. Mai 1911–19. April 1986. – LBll. Jg. 146 (1986), S. 153, Porträt. [Seit 1948 Kunsthistoriker am Museum für Kunst und Kulturgeschichte in Lübeck.]

1388. *Kauder, Rita:* Selbstdarstellung einer „neuen Familie". Porträts der Lübecker Familien Heyke-Lange von Johann Baptist Hauttmann. – LBll. Jg. 142 (1982), S. 81–83, 6 Abb. [Porträts der Familien Heyke und Lange aus dem späten 18. und dem frühen 19. Jahrhundert.]

1389. *Enns, Abram:* In memoriam Carl Georg Heise. – Wa. 1980, S. 11–12, 1 Abb. [1890–1979, war 1920–1933 Direktor des St. Annen-Museums.]

1390. Zwei Briefe von Carl Georg Heise. – Wa. 1986, S. 66–68. [Briefe von 1930 an Barlach und Ihde.]

1391. Hudemann, Hilde (Zeichnerin): Lübeck und die Lübecker Bucht. Mit Texten von Günther Lohf und Otto Rönnpag. Hamburg 1985. 111 S., 150 Zeichnungen.

1392. *Hannemann, Horst:* Ein Maler der Stille: Heino Jaede (1876–1948). – LBll. Jg. 141 (1981), S. 174–175, 3 Abb. [Lübecker Maler.]

1393. *Kleinschmidt, Peter:* Heino Jaede – Rede zur Eröffnung der Ausstellung 1981: Zeichnungen und Aquarelle aus dem Nachlaß. – Wa. 1982, S. 113–120, 8 Abb.

1394. Hanna Jaeger. Zeichnungen 1968–1980. Werkverzeichnis. Ausstellung 1980 im St.-Annen-Museum. L. 1980. 42 S., Abb. (Kunst und Künstler in Lübeck. 8.)

1395. *Radenhausen, Silke:* Hanna Jäger. – Wa. 1982, S. 46–64, mit Abb. [Zeichnerin und Graphikerin.]

1396. Johannes Jaeger. Aquarelle, Gemälde, Zeichnungen. Ausstellung 1976 im St.-Annen-Museum. L. 1976. 24 S., Abb. (Kunst und Künstler in Lübeck. 2.)

1397. *Szperalski, Ulrich:* Asmus Jessen, Künstler und Erzieher – Opfer einer Aera. – Wa. 1984, S. 197–218, 12 Abb. [1890–1977.]

1398. *Zimmermann, Friedrich:* Wolfgang Jürgens (1934–1981). – ZLG. Bd 62 (1982), S. 301–302. [Kunsthistoriker, verdient um die Wiederherstellung des Dom-Paradieses.]

1399. *Lohkamp, Brigitte:* Kampen, Heinrich von, Glockengießer zu Lübeck, gestorben um 1524. – NDB. Bd 11 (1977), S. 89–90.

1400. *Wittstock, Jürgen:* Kemmer, Hans (um 1495–1561), Maler. – BL. Bd 6 (1982), S. 146–147.

1401. *Kauder, Rita:* Die drei protestantisch geprägten religiösen Bilder Hans Kemmers im Museum für Kunst und Kulturgeschichte der Hansestadt Lübeck. – ZLG. Bd 62 (1982), S. 83–101, 5 Abb. [Kemmer lebte seit 1522 in Lübeck, 1561 gestorben.]

1402. *Rohr, Alheidis von:* „Ich lebe still und schaffe". Erich Klahn (1901–1978). – Wa. 1980, S. 144–150, 7 Abb. [Maler, schuf Bildteppichentwürfe sowie Decken- und Wandmalereien.]

1403. Kleinschmidt, Gisela: Unter der Vogelfluglinie. Resan Lübeck, Fehmarn, Öland. L. 1983. 63 S., überwiegend Abb.

1404. *Hannemann, Horst:* Über den Zeichner Peter Kleinschmidt. – Wa. 1984, S. 119–132, 10 Abb. [Geboren 1923, Kunsterzieher und Zeichner in Lübeck.]

1405. *Bayer-Klötzer, Eva Suzanne:* Kneller, Sir Godfrey (Gottfried Kniller). – NDB. Bd 12 (1980), S. 176–177. [1646–1723, Maler aus Lübeck, wirkte am englischen Hof.]

1406. Walther Kunau. Ausstellung 1977 im St. Annen-Museum L. 1977. 28 S., Abb. (Kunst und Künstler in Lübeck. 4.) [geb. 1933]

1407. Erich Lethgau. Ausstellung 1983/1984 im St.-Annen-Museum. L. 1983. 64 S., Abb. (Kunst und Künstler in Lübeck. 9.) [1940 geboren.]

1408. *Larsen, Tove Lund:* Joseph Christian Lillie und sein Wirken als Innenarchitekt in Dänemark und Lübeck. Odense 1970. 47 S., 15 Abb. (Odense University Studies in Art History. Vol. 1) [Von Lübeck vor allem Ausgestaltung des Behnhauses behandelt.]

1409. *Hannemann, Horst:* Johann Peter Linde – ein Künstler, der aus Liebe zum Ort zum Maler Travemündes wurde. – LBll. Jg. 142 (1982), S. 157–159, 4 Abb. [1908–1976, Lübecker Maler.]

1410. *Krauss, Wolfgang J.:* Walther Heinrich Eduard L i n d e, genannt „Linde-Walther" (1868–1939). – VBll. Jg. 32 (1981), S. 44–45, 51–53, 5 Abb. [Lübecker Fotograf und Maler.]

1411. *Janssen, Horst:* Alfred M a h l a u, der Zeichner und Pädagoge. Ausstellung im Kunsthaus Lübeck, November 1980. Hamburg 1980. 28 S., viele Abb. [1894–1967, Lübeck eng verbunden.]

1412. *Fisenne, Otto von:* Der Bildhauer Gerhard M a r c k s und seine Terrakottaplastiken an der St. Katharinenkirche in Lübeck. „Ordnung im Chaos des Lebens", lautete sein Wahlspruch. – Schleswig-Holstein. 1984, H. 1, S. 13–14, 3 Abb. [Marcks schuf die Plastiken nach dem Zweiten Weltkrieg ergänzend zu den Barlach-Figuren.]

1413. *Jodeit, Klaus:* M e n z e l in Lübeck. Ein Besuch vor 85 Jahren. – Schleswig-Holstein. Jg. 1982, H. 1, S. 14–15, 4 Abb. [Besuch 1896.]

1414. *Schadendorf, Wulf:* Matthaeus M e r i a n: Lübeck von Westen – 1641. – Ostseeküste von Flensburg bis Lübeck. (Merian. 1979, H. 3.), S. 87–92, Abb. [Über die wiederaufgetauchte Druckplatte und Beschreibung des Kupferstichs.]

1415. *Großkopf, Suzanne:* M i l d e, Carl Julius, (1803–1875), Maler, Konservator. – BL. Bd 7 (1985), S. 140–143.

1416. *Richert, Harald:* Der Künstler und Kunsthistoriker Carl Julius Milde (16. 2. 1803–19. 11. 1875). – Nordelbingen. Bd 46 (1977), S. 49–61, 4 Abb.

1417. Milde, Carl Julius: Lübecker Abc. Eine Liebeserklärung aus alter Zeit, gezeichnet von Carl Julius Milde, erg. mit Anekdoten von Otto Anthes und für die Freunde der Hansestadt wiederentdeckt vom LN-Verlag. 2. Aufl. L. 1976. 80 S., Abb.

Milde und die Entdeckung des mittelalterlichen Lübeck s. Nr. 1286.

1418. Alen M ü l l e r - H e l l w i g. Wandteppiche, Behänge, Gewebe und Stickerei 1923–1976. Ausstellung 1976 im St.-Annen-Museum. L. 1976. 32 S., Abb. (Kunst und Künstler in Lübeck. 3.)

1419. Die Handweberei Alen Müller-Hellwig. Eigene Arbeiten aus fünf Jahrzehnten. Ausstellung in Kiel, Schloß, Schauenburger Halle 24. 2.–18. 4. 1979. Katalog. 12 S., Abb.

1420. *Carstensen, Richard:* Edvard M u n c h s Kinderbilder. – Wa. 1980, S. 44–63, 14 Abb. [Bild der 4 Söhne des Dr. Max Linde und andere Kinderbilder.]

1421. *Eggum, Arne:* Der L i n d e - Fries. Edvard Munch und sein erster deutscher Mäzen, Dr. Max Linde. Aus dem Norwegischen. L. 1982. 90 S., 55 Abb. (Senat der Hansestadt Lübeck, Amt für Kultur. Veröffentlichung 20.) [Der Fries wurde 1904 für Linde geschaffen.]

1422. *Fisenne, Otto von:* Edvard Munch in Travemünde. Der Besuch des norwegischen Malers bei seinem Förderer Adolf Hölterhoff im Januar 1894. – Schleswig-Holstein. 1986, H. 3, S. 10–11, 3 Abb.

1423. *Wittstock, Jürgen:* Bernt N o t k e (1435–1508/09), Maler und Bildschnitzer. – BL. Bd 7 (1985), S. 143–145.

1424. *Haß, Kurt:* Bernt Notke – Meister der Spätgotik. – Schleswig-Holstein. 1984, Nr. 12, S. 6–8, 5 Abb. [Biographie, Werke.]

1425. *Eimer, Gerhard:* Bernt Notke. Das Wirken eines niederdeutschen Künstlers im Ostseeraum. Bonn 1985. 211 S., 154 Abb. [Über den Stand der Notke-Forschung, das Werk, die teilweise neue Wertung des Künstlers, Zeittafel, Literaturverzeichnis usw.]

1426. *Eimer, Gerhard:* Hoc magnum opus. Zur Entstehung von Bernt Notkes Monumental-werken. – Imagines medievales. Acta Universitatis Upsaliensis. Ars suecica. Vol. 7 (1983), S. 77–97.

1427. Werner O e h l s c h l a e g e r. Gold und Silberschmiedearbeiten. Ausstellung 1975 im St.-Annen-Museum. L. 1975. 16 S., Abb. (Kunst und Künstler in Lübeck. 1.)

1428. Hildegard O s t e n. Bildteppiche. Ausstellung 1979 im St.-Annen-Museum. L. 1979. 36 S., Abb. (Kunst und Künstler in Lübeck. 7.)

1429. *Jensen, Jens Christian:* Friedrich O v e r b e c k – Die Werke in Lübeck. – Kunst und Kultur Lübecks im 19. Jahrhundert. 1981, S. 249–267, 3 Abb.

1430. *Radelfahr, Rudolf:* Mein Zeichenlehrer Hans P e t e r s. – VBll. Jg. 29 (1978), S. 53, 74–75, 2 Abb. [1885–1978. Seit 1912 Zeichenlehrer in Lübeck.]

1431. *Radelfahr, Rudolf:* Hans Peters: Liebe zu Dingen und Menschen. Zum 100. Geburtstag des Lübecker Zeichners und Grafikers. – LBll. 1985, S. 221–226, 3 Abb.

1432. Hans Peters 1885–1978. Arbeiten aus dem Nachlaß. Ausstellung 1985 im St.-Annen-Museum. Horst Hannemann über Leben und Werk. L. 1985. 29 S., Abb. (Kunst und Künstler in Lübeck. 10.)

1433. *Hannemann, Horst:* Gedächtnisausstellung für Hans Peters. Lübeckische Zeichen-kunst des 20. Jahrhunderts. – LBll. Jg. 1985, S. 105–108, 6 Abb.

1434. Hans Peters, Skizzen und Glossen. – VBll. Jg. 37 (1986), S. 19–20, 5 Abb.

1435. *Wolf-Timm, Telse:* Theodor R e h b e n i t z (1791–1861), Maler, Universitätszeichenleh-rer. – BL. Bd 6 (1982), S. 242–244.

1436. *Godehus, Inge:* Elisabeth R e u t e r. – VBll. Jg. 28 (1977), S. 114, 134, 2 Abb. [Malerin 1853–1903.]

1437. *Jensen, Jens Christian:* Wulf S c h a d e n d o r f. – Nordelbingen. Bd 55 (1986), S. 7–10, Porträt. [1926–1985. Direktor des Museums für Kunst und Kulturgeschichte 1974–1985.]

1438. *Jensen, Jens Christian:* In Memoriam Wulf Schadendorf. Gedenkrede der Trauerfeier am 7. 8. 1985. – LBll. 1985, S. 227–228.

1439. *Oven, Astrid von:* Verzeichnis der Schriften Wulf Schadendorfs. – Nordelbingen. Bd 55 (1986), S. 11–19.

1440. *Fischer, Leonhard:* Vom Gegenstand zum Bilde. Zum Tode F(ritz) Schmalenbachs. – LBll. Jg. 144 (1984), S. 233. [1909–1984, 1956–1974 Direktor des Lübecker Museums für Kunst und Kulturgeschichte.]

1441. *Kunstreich, Jan S.:* Horst Skodlerrak. – Wa. 1986, S. 33–46, 15 Abb. [1920 im Memelland geborener Kunstpädagoge und Landschaftsmaler.]

1442. Horst Skodlerrak. Bilder, Aquarelle, Zeichnungen, Radierungen. L. 1977. 43 S., Abb. [Ausstellungskatalog der Overbeck-Gesellschaft mit kurzem Text von Jens Christian Jensen, Lebensdaten, Teilnahme an Ausstellungen, Literaturnachweis, Ausstellungskatalog mit Abbildungen.]

1443. Horst Skodlerrak. Pastelle, Aquarelle, Zeichnungen. Ausstellung der Overbeck-Gesellschaft 18. 1.–17. 2. 1985. 40 S., Abb.

1444. *Bröhan, Margrit:* Maria (eigentlich Marie Dorette Caroline Schorer) Slavona, 1865–1931, Malerin. – BL. Bd 7 (1985), S. 298–300.

1445. *(Bröhan, Margrit:)* Maria Slavona 1865–1931 – eine deutsche Impressionistin. Berlin, Lübeck 1981. 80 S., Abb. [Biographie und Katalog.]

1446. *Kleinschmidt, Peter:* Curt Stoermer †. – LBll. Jg. 136 (1976), S. 27–29, 2 Abb. [1891–1976, Lübecker Maler.]

1447. *Hannemann, Horst:* Curt Stoermers Aquarelle. Zum zehnten Todestag des Künstlers. – Wa. 1986, S. 184–196, 11 Abb.

1448. *Hannemann, Horst:* Peter Thienhaus zum Gedächtnis. – LBll. Jg. 144 (1984), S. 305–306.

1449. *Folkers, Dörte* und *Cay Folkers:* Henry van de Veldes Arbeiten für Ernst Wittern in Lübeck. Frankfurt 1983. 160 S., 23 Abb. (Europäische Hochschulschriften. R. 28, Bd 24.)

1450. *Fisenne, Otto von:* Die geheime Liebe der Malgorzata Zakolska zur Hansestadt Lübeck. Sie gilt als eine der bedeutendsten polnischen Landschaftsmalerinnen und Porträtistinnen der Gegenwart. – Schleswig-Holstein. 1984, H. 8, S. 13–14, 3 Abb. [Über M. Z., ihre Fahrt nach Lübeck 1978 und ein dort gemaltes Porträt.]

1451. *Kommer, Björn R.:* Zeller – ein Lübecker Goldschmied um 1800. Leben und Werk des angesehensten Meisters seiner Zeit. – LBll. Jg. 146 (1986), S. 355–358, Jg. 147 (1987), S. 1–2, 4, 9 Abb. [P.G.N. Zeller, geboren 1759.]

G. Musik

1. Allgemeines

Hier Musikgeschichte, Musikinstrumente usw.
Musikhochschule s. Nr. 1169–1173.

In Lübeck-Schrifttum 1900–1975 auf S. 269–270.

1452. 800 Jahre Musik in Lübeck. T.1.2. L. 1982–1983. (Der Senat der Hansestadt Lübeck, Amt für Kultur. Veröffentlichung 19.21.)
T.1. Zur Ausstellung im Museum am Dom aus Anlaß des Lübecker Musikfestes 1982. Hrsg. von Antjekathrin Graßmann und Werner Neugebauer. 1982. 240 S., Abb. [21 Aufsätze zur Lübecker Musikgeschichte.]✳
T.2. Dokumentation zum Lübecker Musikfest 1982. Hrsg. von Arnfried Edler, Werner Neugebauer und Heinrich W. Schwab. 1983. 220 S., Abb. [Texte zu den Vortragskonzerten, von Reden, Vorträgen, Berichten sowie eine Chronologie der Veranstaltungen.]

1453. *Jaacks, Gisela:* Daten zur Lübecker Musikgeschichte im Vergleich mit Daten der allgemeinen Geschichte und der europäischen Musikgeschichte. – 800 Jahre Musik in Lübeck. T. 1. 1982, S. 216–239.

1454. *Schwab, Heinrich W.:* Lübecks Stadtmusikgeschichte. Gesamtbild und Einzelforschung. – 800 Jahre Musik in Lübeck. T. 1. 1982, S. 201–205.

1455. *Matthias, Klaus:* Musikgeschichte Lübecks im letzten Halbjahrhundert. Kirchenmusik und Konzertwesen. – 800 Jahre Musik in Lübeck. T. 1. 1982, S. 156–200, Abb.

1456. Lübecker Musikfest 1982. Programme, Daten, Informationen. L. 1982. 57 S.

1457. *Reckow, Fritz:* Der Empfang des Herrschers in der mittelalterlichen Stadt. – 800 Jahre Musik in Lübeck. T. 2 (1982), S. 9–15.

1458. *Reckow, Fritz:* „... magnifice susceptus est cum hymnis et laudibus Dei...". Die Musik in Arnolds Bericht über den Kaiser-Empfang zu Lübeck im Jahre 1181. – 800 Jahre Musik in Lübeck. T. 1. 1982, S. 7–13, Abb.
Wird erneut abgedruckt in: Festschrift zum 25jährigen Bestehen der Capella antiqua München. Hrsg. von Thomas Drescher. Tutzing 1987. (Münchner Veröffentlichungen zur Musikgeschichte. Bd 43.)

1459. *Falk, Alfred:* Alte Musikinstrumente aus Lübecker Bodenfunden. – 800 Jahre Musik in Lübeck. T. 1. 1982. S. 14–17, 1 Abb.

1460. *Schwab, Heinrich W.:* Zur Sozialgeschichte der am Lübecker Marstalltor dargestellten Musikinstrumente. – 800 Jahre Musik in Lübeck. T. 1. 1982, S. 30–31.

1461. *Neugebauer, Werner:* Die Musikantenfiguren am Marstalltor und die Sage von Meister Markrabe. – 800 Jahre Musik in Lübeck. T. 1. 1982, S. 18–29, 7 Abb. [Figuren von ca. 1500.]

1462. *Schadendorf, Wulf:* Zur Sammlung historischer Musikinstrumente im St.-Annen-Museum. – 800 Jahre Musik in Lübeck. T. 1. 1982, S. 206–215, 15 Abb.

1463. *Spies, Hans-Bernd:* Beispiele finanzieller Musikförderung der Lübecker Bürger in der Frühen Neuzeit. – 800 Jahre Musik in Lübeck. T. 1. 1982, S. 57–63.

1464. *Spies-Hankammer, Elisabeth:* Die Lübecker Luxusordnungen als musikgeschichtliche Quelle. Zum Einsatz von Spielleuten bei Hochzeitsfeierlichkeiten. – 800 Jahre Musik in Lübeck. T. 1. 1982, S. 32–46.

1465. *Busch, Frederik:* In Lübeck erstmals beim Sängerfest vorgetragen: Das Lied der Deutschen. – VBll. Jg. 36 (1985), S. 50. [Das von Hoffmann von Fallersleben 1841 auf der damals britischen Insel Helgoland gedichtete Deutschlandlied wurde 1844 auf einem Sängerfest in Lübeck zum ersten Male öffentlich gesungen.]

1466. *Trave, Fritz von der:* Rausche Woge ! – Das Lübecker Lied. – VBll. Jg. 14 (1963), Nr. 11, S. 5–6, 2 Abb. [Text und Kommentierung.]

1467. *Roske, Michael:* Studie zur Entwicklungsgeschichte des privaten Musikunterrichts. Wolfenbüttel, Zürich 1978. Magisterarbeit. 191 S. (Schriften zur Musikpädagogik. 5.) [Auch Lübeck behandelt.]

2. Kirchenmusik

Über die Orgeln insgesamt, einzelne Orgeln bei den betreffenden Kirchen.

In Lübeck-Schrifttum 1900–1975 auf S. 270–271.

1468. *Wölfel, Dietrich:* Die wunderbare Welt der Orgeln. Lübeck als Orgelstadt. L. 1980. 243 S., 130 Abb. [Die Orgeln Lübecks und ihre Entwicklung in 7 Jahrhunderten.]

1469. *Wölfel, Dietrich:* Führungen zu Lübecks Orgeln. – 800 Jahre Musik in Lübeck. T.2. 1983, S. 188–195, 9 Abb.

1470. *Edler, Arnfried:* Der nordelbische Organist: Studien zu Sozialstatus, Funktion und kompositorischer Produktion eines Musikerberufes von der Reformation bis zum 20. Jahrhundert. Kassel 1982. 458 S. (Kieler Schriften zur Musikwissenschaft. 23.) [Auch Lübeck mitbehandelt.]

1471. *Kraft, Walter:* Der Lübecker Totentanz. Ein geistliches Spiel vom Tod mit tanzenden Gestalten nach dem alten Gemälde-Fries von St. Marien. Textbuch. L., Malente 1954. 20 S.

3. Weltliche Musik

Musikalische Gesellschaften und Vereine s. S. 162.
Kurmusik in Travemünde s. Nr. 1821.

In Lübeck-Schrifttum 1900–1975 auf S. 271.

1472. *Schult, Herbert:* Ein Reichskammergerichtsprozeß um die Herstellung gedrechselter Blasinstrumente und die Versorgung des Oboistenkorps der Lübecker Miliz mit Musikinstrumenten. – 800 Jahre Musik in Lübeck. T. 1. 1982, S. 91–98.

1473. *Bruns, Alken:* Die Poesie der Leierkästen. – 800 Jahre Musik in Lübeck. T. 1. 1982, S. 110–120, 8 Abb.

1474. 1896–1976: 80 Jahre Orchester der Stadt Lübeck. Red.: Veit W. Jerger. L. 1976. 16 S., Abb.

4. Komponisten, Musiker, Musikwissenschaftler (Biographien und Werke)

In Lübeck-Schrifttum 1900–1975 auf S. 272 ff.

1475. B e n d e r, Jan: Erinnerungen eines Lübeck-Verehrers. – Wa. 1982, S. 41–45, 3 Abb. [Organist und Chorleiter, geboren 1909.]

1476. *Sørensen, Søren:* Dietrich B u x t e h u d e (1637–1707), Komponist, Organist. – BL. Bd 6 (1985), S. 41–45.

1477. *Pirro, André:* Dietrich Buxtehude. Réimprimé de l'éd. de Paris 1913. Genève 1976. 506 S.

1478. *Spies, Hans-Bernd:* Buxtehude und die finanzielle Musikförderung in Lübeck. – Musik und Kirche. 53 (1983), S. 5–8.

1479. *Wolff, Christoph:* Das Hamburger Buxtehude-Bild. Ein Beitrag zur musikalischen Ikonographie und zum Umkreis von Johann Adam Reinken. – 800 Jahre Musik in Lübeck. T. 1. 1982, S. 64–79, 7 Abb.

1480. *Karstädt, Georg:* Thematisch-systematisches Verzeichnis der musikalischen Werke von Dietrich Buxtehude. Buxtehude-Werke-Verzeichnis. 2. Aufl. Wiesbaden 1985. 264 S., zahlr. Noten.

1481. *Spies, Hans-Bernd:* Vier neuentdeckte Briefe Dietrich Buxtehudes. – ZLG. Bd 61 (1981), S. 81–93, 3 Abb.

1482. *Karstädt, Georg:* Der Anteil Lübecks an der Buxtehude-Forschung. – VBll. 30 (1979), S. 5–11. [Das Werk Buxtehudes, nur in Resten überliefert, war lange Zeit fast vergessen. Erst gegen Ende des 19. Jahrhunderts besann man sich wieder auf ihn, wobei der Lübecker Musikforscher Carl Stiehl eine bedeutende Rolle spielte.]

1483. *Grusnick, Bruno:* Hugo D i s t l e r. – 800 Jahre Musik in Lübeck. T. 1. 1982, S. 141–155, Abb. [1908–1942, Organist an der Lübecker Jakobikirche, Komponist.]

1484. *Kruse, Sabine:* Das Werk Hugo Distlers. Probleme des Komponierens in der Zeit von 1920–1945. 1978. 96 S. Masch. Staatsexamensarbeit.

1485. *Grusnick, Bruno:* Wie Hugo Distler Jakobiorganist wurde. – Musik und Kirche. Jg. 28 (1958), S. 97–107.
Sonderdruck mit Abb. 1983.

1486. *Dingedahl, Carl Heinz:* Die Musiker-Familie H ä ß l e r in Thüringen und in Lübeck. – Genealogie. 1984, S. 37–43.

1487. *Krempien, Rainer:* Louis Spohrs pädagogisches Wirken. Dargestellt am Beispiel seiner Beziehungen zu Gottfried Herrmann. – Louis Spohr. Festschrift und Ausstellungskatalog zum 200. Geburtstag. Hrsg. von Hartmut Becker und Rainer Krempien. Kassel 1984, S. 53–64. [G. Herrmann Lübecker Komponist und Dirigent, 1808–1878.]

1488. *Lesle, Lutz:* Ein Lebensabend für die Bibliothek – das Ehepaar Karstädt in Lübeck fusioniert zwei Musiksammlungen. – Musikbibliothek aktuell. 1977, H. 1/2, S. 24–28, 2 Abb. [Georg und Ursula Karstädt.]

1489. *Floto, Christian:* Walter Kraft zum Gedächtnis. – VBll. Jg. 28 (1977), S. 39, Porträt. [Geboren 1905 in Köln, gestorben 1977 in Holland. 1929–1972 Organist in der Marienkirche, Musikpädagoge und Komponist.]

1490. *Wille, Hans-Jürgen:* Professor Walter Kraft. – LBll. Jg. 137 (1977), S. 146.

1491. *Hortschansky, Klaus:* Kun(t)zen. Komponisten. – NDB. Bd 13 (1982), S. 311–312. [Adolf Karl K., geb. Wittenberg 1720, gest. Lübeck 1781; Friedrich Ludwig Aemilius K. geb. Lübeck 1761, gest. Kopenhagen 1817.]

1492. *Karstädt, Georg:* Die Musikerfamilie Kunzen im Lübecker Musikleben des 18. Jahrhunderts. – 800 Jahre Musik in Lübeck. T. 1. 1982, S. 80–90, 6 Abb.

1493. *Pape, Carl Johan:* Organisten und Musikanten des Namens Pape in Schleswig und Holstein. – Zeitschrift für Niederdeutsche Familienkunde. Jg. 60 (1985), H. 1/2, S. 1–49. [S. 46–47 Organisten und Musikanten in Lübeck.]

1494. *Carstensen, Richard:* Johann Georg Witthauer, Organist an St. Jakobi. – 800 Jahre Musik in Lübeck. 1982, S. 99–105, 5 Abb. [Witthauer 1751–1802.]

H. Theater

1. Allgemeines, Geschichte

In Lübeck-Schrifttum 1900–1975 auf S. 277–278.

1495. *Böttger, Dirk:* Theater in Lübeck. – Lübecker Adreßbuch. 1979/80, S. 31–42, Abb. [Über die verschiedenen Aspekte des Lübecker Theaters.]

1496. *Spies, Hans-Bernd:* Ein Streifzug durch die Lübecker Theatergeschichte bis 1908. – Wa. 1984, S. 133–145.

1497. *Rosenfeld, Hellmut:* Das Redentiner Osterspiel – ein Lübecker Osterspiel! – Beiträge zur Geschichte der deutschen Sprache und Literatur. Bd 74 (1952), S. 485–491. [Mittelalterliches Mysterienspiel.]

1498. *Magius, J. von:* Bemerkungen über das Theater in Lübeck. Nachdruck des 1804 bei Römhild erschienenen Büchleins. L. 1983. 46 S.

1499. *Brinkmann, Jens-Uwe:* Theater und Musik. – Kunst und Kultur Lübecks im 19. Jahrhundert. 1981, S. 227–233, 3 Abb.

1500. *Zell, Eberhard:* Ein Juwel der Jugendstilarchitektur. Beitrag zur Baugeschichte des Lübecker Theaters. – LBll. Jg. 143 (1983), S. 249–252, 275–277, 7 Abb. [Über den Architekten Martin Dülfer und seinen Bau.]

1501. *Böttger, Dirk:* Zur Baugeschichte des neuen Lübecker Stadttheaters 1904–1908. – 70 Jahre Bühnen der Hansestadt Lübeck. L. 1978, S. 1–13, Abb.

Neubau Dülfers s. a. Nr. 1124.

1502. Jubiläums-Almanach der Städtischen Bühnen in Lübeck 1908–1938. Hrsg. von Robert Ludwig. L. 1938. 127 S., Abb.

1503. *Petersen, Kirsten:* Spielplangestaltung der Sprechbühnen Schleswig-Holsteins im Dritten Reich. Kiel 1980. 223 S. Spielplananhang. Masch. Staatsexamensarbeit. [Lübecker Theater ausführlich behandelt.]

1504. 70 Jahre Bühnen der Hansestadt Lübeck. Eine Dokumentation. 1908–1978. Hrsg. ... Karl Vibach. Red. u. graphische Gestaltung Dirk Böttger. L. 1978. 48 S., Abb. [Über den Bau von 1908 sowie eine Liste mit den seither aufgeführten Stücken.]

1505. *Zschacke, Günter:* Hamlet und die Finanzen. 70 Jahre Stadttheater in Lübeck 1908 bis 1978. – Wa. 1986, S. 135–152, 6 Abb.

1506. *Herzig, Erwin:* 60 Jahre Niederdeutsche Bühne Lübeck. – Wa. 1980, S. 151–157, 7 Abb.

1507. *Spies, Hans-Bernd:* Anfänge der Theaterkritik in Lübeck. – ZLG. Bd 63 (1983), S. 171–188. [In der 1818–1820 erschienenen Zeitschrift „Unterhaltungsblatt" von Heinrich August Schlegel.]

1508. Die Trese. Blätter des Lübecker Stadttheaters (Jg. 3 Untertitel: Eine lübische Monatsschrift für Kunst und Geist). Jg. 1–3. L. 1919–1922.

1509. *Erdmann, Hans:* Bemerkenswerte Lübecker Opernabende, im Stil des bewußten Musiktheaters inszeniert. – Wa. 1980, S. 173–179, 3 Abb. [Vor allem über die Jahre 1958–1966, in denen Erdmann als Musikkritiker tätig war.]

1510. Dokumentation über die 1. (1979) und die 2. (1980) Schultheaterwoche. Hrsg. von den Bühnen der Hansestadt Lübeck. L. 1979–1980.

1511. *Godehus, Inge:* Lübecker Marionetten-Theater. – VBll. Jg. 28 (1977), S. 11, 2 Abb. [1977 von Fritz Fey im Hause Kolk 20–22 eingerichtet.]

2. Filme

besonders über Nordische Filmtage

1512. Kinos in Lübeck. Die Geschichte der Lübecker Lichtspieltheater und ihrer unmittelbaren Vorläufer 1896 bis heute. L. 1987. 184 S., zahlr. Abb. (Veröffentlichungen des Senats der Hansestadt Lübeck, Amt für Kultur. Reihe B, H. 10.)

1513. *Steffen, Joachim:* Kommunales Kino in Lübeck. – VBll. Jg. 32 (1981), S. 86–87 [Bemühen um kulturell wertvolle Filme.]

1514. *Mann, Goetz:* Nordische Filmtage Lübeck. – VBll. Jg. 35 (1984), S. 88–89. [Seit 1956.]

1515. *Lange-Fuchs, Hauke:* Pat und Patachon. Retrospektive anläßlich der XXI. Nordischen Filmtage, Lübeck 1979. Dokumentation. Veranst.: Der Senat der Hansestadt Lübeck... Schondorf/Ammersee 1979. 225 S., Abb.

1516. Nordische Filmtage Lübeck. Eine filmgeschichtliche Dokumentation zur 25. Veranstaltung. Hrsg. von Ulrich Gregor. L. 1983. 148 S., 57 Abb. (Veröffentlichungen des Senats der Hansestadt Lübeck Amt für Kultur. 22.) [Artikel über die Entwicklung des skandinavischen Films nach dem Zweiten Weltkrieg.]

1517. Von Angesicht zu Angesicht – Liv Ullmann. Eine Dokumentation zur Retrospektive der 26. Nordischen Filmtage Lübeck vom 1.–4. November 1984. Zusammengestellt von der künstlerischen Leitung Bernd Plagemann, Hauke Lange-Fuchs, Hans-Gerd Kästner. L. 1984. 74 S., Abb. (Veröffentlichungen des Senats der Hansestadt Lübeck. R.B, H. 3).

1518. *Lange-Fuchs, Hauke:* Peter Weiß und der Film. Eine Dokumentation zur Retrospektive der 28. Nordischen Filmtage Lübeck vom 30. Oktober bis 2. November 1986. L. 1986. 64 S., Abb. (Veröffentlichungen des Senates der Hansestadt Lübeck, Amt für Kultur. Reihe B, H. 9.) [Peter Weiss, 1916 in Nowawes bei Berlin geboren, 1934 emigriert, Dramatiker, betätigte sich 1952–1962 in Schweden auch als Filmemacher. Hier Charakterisierungen seiner Filme. 1982 in Stockholm gestorben.]

1519. *Lange-Fuchs, Hauke:* Die Filme der Nordischen Filmtage. Filmografie. L. 1984. 314 S. (Veröffentlichung des Senats der Hansestadt Lübeck, Amt für Kultur. Reihe B, H. 4). [Verzeichnis der aufgeführten Filme mit Daten.]

3. Schauspieler

In Lübeck-Schrifttum 1900–1975 auf S. 278.

1520. Jürgen Fehling zum Gedenken. – VBll. Jg. 37 (1986), S. 21, 2 Abb. [1885–1968. Schauspieler und Regisseur.]

1521. Kelbling, Brigitte: Gestalt in der Dämmerung. Bericht der Tänzerin und Tanzpädagogin über ihre Arbeit und ihren Werdegang. – Wa. 1986, S. 153–175, 18 Abb.

1522. Günther Lüders. Eine Dokumentation zum 10. Todestag am 1. März 1985. Zusammengestellt von Hans-Gerd Kästner und Wolf-Rüdiger Ohlhoff. L. 1985. 94 S., zahlr. Abb. (Veröffentlichungen des Senats der Hansestadt Lübeck. Reihe B, H. 5.) [1905 in Lübeck geboren, 1975 in Düsseldorf gestorben. Schauspieler. Hier Aufsätze über ihn und Verzeichnis seiner Filme.]

1523. *Carstensen, Richard:* Günther Lüders. Ein hanseatischer Schauspieler. 5. März 1905 bis 1. März 1975. – Schleswig-Holstein. 1985, H. 3, S. 16, 1 Abb.

I. Belletristik, Literaturgeschichte

1. Allgemeines

s. a. Sagen und Geschichten S. 39.

In Lübeck-Schrifttum 1900–1975 auf S. 278–279.

1524. Lübecker Lesebuch. Bestandsaufnahme seit 1950. Hrsg. von Rudolf Wolff. L. 1981.
127 S., Abb. (Senat der Hansestadt Lübeck, Amt für Kultur. Veröffentlichung 17.)
[Vorstellung von 18 Autoren mit Kurzbiographie, Bild und Textproben.]

1525. treffpunkt. Lyrik und Prosa. 1. Anthologie des Lübecker Autorenkreises. L. 1986.
180 S. [Lübecker Autoren mit Kurzbiographie, Porträt und Proben ihrer Dichtung.]

1526. *Wolff, Rudolf:* Lübecker Literaturtelefon: Autorenlexikon 1981–1985. L. 1985. 140 S.
(Veröffentlichungen des Senats der Hansestadt Lübeck, Amt für Kultur. Reihe B,
H. 7.) [Autorenlexikon mit Textproben und chronologische Übersicht aller Le-
sungen.]

1527. *Bruns, Alken:* Kultfigur und Bürgerschreck. Ibsenrezeption in Lübeck um 1890. – Der
Nahe Osten. Otto Oberholzer zum 65. Geburtstag. Eine Festschrift. Frankfurt a.M.
usw. 1984, S. 125–137.

2. Schriftsteller

s. a. Belletristik, Literaturgeschichte, Allgemeines Nr. 1524–1526.

In Lübeck-Schrifttum 1900–1975 auf S. 279 ff.

1528. *Bruns, Alken:* A c k e r m a n n, Ernst Wilhelm (1821–1846), Dichter. – BL. Bd 6 (1982),
S. 15. [1827–1847 Professor am Katharineum und Stadtbibliothekar zu Lübeck.]

1529. *Guttkuhn, Peter:* A n t h e s, Otto Wilhelm Johannes Eugen, (1867–1954), Lehrer,
Schriftsteller. – BL. Bd 7 (1985), S. 21–23.

1530. *Guttkuhn, Peter:* Anthes Otto in Lübeck. – VBll. Jg. 30 (1979) S. 99–101, Jg. 31 (1980),
S. 3–5, 11 Abb. [1867–1954, war 1903–1926 Lehrer an der Ernestinenschule, Lübecker
Schriftsteller.]

1531. *Mendelssohn, Peter de:* Ida B o y - E d. Eine Auswahl. L. 1975. 213 S. [1852–1928,
Lübecker Schriftstellerin. Hier von ihr und über sie.]

1532. *Goldmann, Bernd:* G e i b e l, Franz Emanuel August (1815–1884), Dichter, Übersetz-
zer. – BL. Bd 7 (1985), S. 75–81.

1533. *Matthias, Klaus:* Emanuel Geibel – zu Lebzeiten geehrt, von der Nachwelt vergessen –
Versuch einer Wertung. – LBll. Jg. 142 (1982), S. 243–245, 264–265.

1534. *Carstensen, Richard:* Lebensausdruck verklungener Zeit. Emanuel Geibel zu seinem 100. Todestag. – VBll. Jg. 35 (1984), S. 19–23, 6 Abb. [Biographie, Charakterisierung der Persönlichkeit, Erlebnisse, Wandel der Wertung im Laufe der Zeiten.]

1535. *Pfeifer, Martin:* „Ein freier Priester freier Kunst." Emanuel Geibel zum 100. Todestag. – Schleswig-Holstein. 1984, H. 4, S. 4–7, 1 Abb. [Biographie und kritische Würdigung.]

1536. *Stahl, Wilhelm:* Emanuel Geibel und die Musik. Berlin um 1929. 59 S., Abb.

1537. *Bremse, Uwe:* Emanuel Geibel in Schwartau. – Jahrbuch für Heimatkunde Eutin. 1982, S. 100–104, 3 Abb.

1538. *(Wiederhold, Gerhard:)* Verzeichnis der Emanuel-Geibel-Literatur in der Stadtbibliothek Lübeck. L. 1984. 16 S. Masch. verv.

1539. *Bruns, Alken:* „Dichterlos, Dichterschicksal" – Thomas Manns Versuch, Julius Havemann zu helfen. – ZLG. Bd 63 (1983), S. 279–282, 1 Abb. [1866–1932 Lübecker Schriftsteller.]

1540. *Gaul, Gerhard:* Gustav Hillard-Steinbömer 24. 2. 1881–3. 7. 1972. – VBll. Jg. 33 (1982), S. 60–61. [Auszug aus Gerhard Gaul: Gedanken wurden Worte, L. 1982. – Jugend in Lübeck, Kadett in Plön, Offizierslaufbahn, nach dem Ersten Weltkrieg Schriftsteller.]

1541. *Helk, Vello:* Hövelen, Conrad von, (1630–1689). Schriftsteller. – BL. Bd 4 (1976), S. 110–112. [Zeitweise in Lübeck. Dort veröffentlichte er 1666 „Der Kaiserl. Freien Reichs-Stadt Lübeck Glaub- und Besähewürdige Herrligkeit..."]

1542. *Bruns, Alken:* Lange, Carl Heinrich (1703–1753), Schriftsteller. – BL. Bd 7 (1985), S. 118–119. [Seit 1728 Lehrer am Katharineum und Bibliothekar an der Stadtbibliothek.]

1543. *Proß, Wolfgang:* Christian Ludwig Liscow, Satiriker, 1701–1760. – NDB. Bd 14 (1985), S. 682–684. [L. lebte 1729–1734 als Hauslehrer in Lübeck.]

1544. *Bruns, Alken:* Christian Ludwig Liscows Lübecker Satiren. – ZLG. Bd 61 (1981), S. 95–127,5 Abb. [Über das geistige und literarische Leben Lübecks im 18. Jahrhundert und die Kritik von Liscow.]

1545. *Jonas, Ilsedore B.:* Klaus Mann zum Gedächtnis. – LBll. Jg. 137 (1977), S. 132–135, 147–148, 157–158, 174–175. [1906–1949, Sohn Thomas Manns, Schriftsteller, 1933 emigriert.]

1546. *Wysling, Hans:* Die Brüder Heinrich und Thomas Mann. – Kunst und Kultur Lübecks im 19. Jahrhundert. 1981, S. 69–110, 5 Abb. [Beziehungen, Vergleiche.]

1547. *Jodeit, Klaus:* Das geistige Leben Lübecks von 1871 bis 1890. Die Umwelt der jungen Brüder Heinrich und Thomas Mann. – Wa. 1978, S. 155–164, Abb. [Über bedeutende Familien, Literatur und die Presse.]

1548. *Jodeit, Klaus:* Thomas und Heinrich Manns Erfahrungen mit der Lübecker Presse. – Schleswig-Holstein. 1983, H. 5, S. 13–14, 2 Abb. [Über die Legende Thomas Manns von seiner durch die „Eisenbahnzeitung" um 1892 abgelehnten Einsendung „Farbskizzen."]

1549. *Kantorowicz, Alfred:* Unser natürlicher Freund. Heinrich Mann als Wegbereiter der deutsch-französischen Verständigung. L. 1972. 63 S. (Senat der Hansestadt Lübeck, Amt für Kultur, Veröffentlichung 5.)

1550. *Schröter, Klaus:* Thomas Mann in Selbstzeugnissen und Bilddokumenten. Reinbek 1979. 185 S., Abb. (Rowohlts Monographien. 93.)

1551. *Carstensen, Richard:* Thomas Mann und seine „Erste Liebe". – Wa. 1984, S. 99–107, Abb. [Brief Thomas Manns an seinen früheren Mitschüler Hermann Lange.]

1552. *Matthias, Klaus:* Das Meer als Urerlebnis Thomas Manns. – Nordelbingen. Bd 46 (1977), S. 187–211.

1553. Thomas-Mann-Woche aus Anlaß des 100. Geburtstages des Dichters und Ehrenbürgers der Hansestadt Lübeck vom 31. Mai bis 8. Juni 1975. L. 1975. 36 S., Abb. (Dokumentationen zum Zeitgeschehen in der Hansestadt Lübeck. 4.) [Programm, Texte von Ansprachen und Vorträgen.]

1554. *Zeis, Friedrich:* Thomas Mann, Vorfahren und Nachkommen. Zu seinem 100. Geburtstag (Lübeck 6. 6. 1875). – Genealogie. Jg. 24 (1975), S. 513–17. Abb.

1555. *Zeis, Friedrich:* Thomas Mann. Herkunft und Familie. – Die Heimat. Jg. 82 (1975), S. 167–169, Abb.

1556. *Jodeit, Klaus:* Von Simon Bolivar zu Thomas Mann. Lebensbilder aus dem 19. Jahrhundert. – Schleswig-Holstein. 1980, H. 2, S. 11–14, 5 Abb. [Über südamerikanische Vorfahren Thomas Manns.]

1557. *Lindtke, Gustav:* Erinnerungen an einen Mann namens Munkepunke. Alfred Richard Meyer wäre 100 Jahre alt geworden. – LBll. Jg. 142 (1982), S. 249–250, 1 Porträt. [1882–1956. Berliner Schriftsteller und Verleger, der nach dem Zweiten Weltkrieg einige Jahre in Lübeck lebte.]

1558. *Saltzwedel, Rolf:* Die Erinnerungen der Schriftstellerin Minna Rüdiger. – Wa. 1982, S. 141–152, 5 Abb. [1841–1920.]

1559. *Lohmeier, Dieter:* Stricker (Stricerius), Johannes (um 1540–1599), Pastor u. Dichter. – BL. Bd 5 (1979), S. 255–256. [Schüler am Katharineum, ab 1576 Prediger an der Burgkirche.]

1560. *Guttkuhn, Peter:* Johann Bernhard Vermehren: Für Friedrich von Schiller eine Kiste Sardellen aus Lübeck. – VBll. Jg. 33 (1982), S. 59. [Über den Lübecker Romantiker (1777–1803).]

3. Lübeck als Stoff und Motiv

s. a. Beschreibungen, Reisebeschreibungen S. 18.
s. a. Sagen und Geschichten S. 39.

In Lübeck-Schrifttum 1900–1975 auf S. 284–289.

1561. Kleine Bettlektüre für weitherzige Lübecker. Ausgewählt von Helmut Bittner. München 1982. 157 S. [25 ausgewählte Texte von Lübecker Schriftstellern und Autoren.]

1562. *Anthes, Otto*: Lübeck – du seltsam schöne Stadt. 25 lübeckische Geschichten mit 25 Zeichnungen. 3. Aufl. L. 1979. 167 S.
4. unveränd. Aufl. 1982.

1563. *Anthes, Otto*: Der Graf von Chasot. L. um 1980. 288 S. [Erstmals 1948 erschienen. Roman um den aus Frankreich stammenden Stadtkommandanten Lübecks, François Egmont de Chasot (1716–1797).]

1564. *Anthes, Otto*: Das Gleichgewicht des Lebens. – Wa. 1982, S. 65–67. [Erzählung von einem Schäfer aus Dummersdorf, der wegen Totschlags bestraft wurde.]

1565. *Schulte, Brigitte:* Hermen B o t e s Prosa-Totentanz und sein Verhältnis zur Lübecker Vorlage. – Korrespondenzblatt des Vereins für niederdeutsche Sprachforschung. 88 (1981), S. 15–22. [Der 1489 erschienene Lübecker Totentanz soll nicht von Bote beeinflußt sein.]

1566. *Brockhaus, Paul*: In Memoriam. L. 1964. 12 Bll. [Gedichte auf Lübecker Persönlichkeiten.]

1567. *Ellert, Gerhart*: Jacobe Oderkamp. Ein Frauenroman aus der Hansezeit. Gütersloh 1958. 318 S. [Erlebnisse einer Lübecker Kaufherrin.]

1568. *Eschenburg, Harald*: Lübecker Marzipan oder fünfzehn Rosen. Roman. Husum 1984. 199 S. [3 Generationen im Lübeck unserer Tage.]

1569. *Franck, Hans*: Die Pilgerfahrt nach Lübeck. Eine Bach-Novelle. 3. Aufl. Gütersloh 1986. 80 S.

1570. *Hucker, Bernd-Ulrich*: Das hansische Lübeck und Thyl Ulenspiegel. – Eulenspiegel-Jahrbuch. 18 (1978), S. 16–25, Abb.

1571. *Klöcking, Johannes*: Eulenspiegel malt. Ein Singspiel. L. 1984. 31 S.

1572. *Krüger, Renate*: Türme am Horizont. Ein Künstlerroman. Leipzig 1982. 164 S., Abb. [Betrifft Notke.]

1573. *Lemke, Werner O.*: Tabulae Lubicenses. L. 1981. 51 S., Abb. [Gedichte auf Lübeck und anderes.]

1574. *Carstensen, Richard:* Lübeck und Florenz. Thomas Mann in „Fiorenza": Huldigung an die Vaterstadt. – Schleswig-Holstein. 1976, S. 253–257, 3 Abb. [In seinem Drama „Fiorenza" läßt Thomas Mann Cosimo nach der Plinius-Handschrift verlangen, die er in Lübeck von den Dominikanern hat kaufen lassen. Hier über die historischen Hintergründe.]

1575. *Carstensen, Richard:* Plinius in Lübeck. Der abenteuerliche Weg eines antiken Textes. – Damals. Zeitschrift für geschichtliches Wissen. Jg. 8 (1976), S. 743–752, 5 Abb.

1576. *Martin, Hansjörg:* Lübecker Leidenschaften. Steierberg 1984. 43 S. [Kriminalroman.]

1577. *Metzger,* Max: Der Gangbutscher. 6. Aufl. L. 1985. 243 S. [Zuerst 1918 erschienen. Aufstieg eines Lübecker „Gangbutschers" vom Facharbeiter zum Fabrikanten.]

1578. *Janssen, Horst:* Guardi zu Lübeck. 31 aquarellierte Federzeichnungen und 8 abgeschriebene Aufsätze aus „Das abenteuerliche Herz" von Ernst Jünger. L. 1983. 34 Bll., Abb.

1578a. *Janssen, Horst:* Hommage à Tannewetzel. Neujahrsrede in St. Marien zu Lübeck. (2. Aufl.) Hamburg/Lübeck 1986. 52 S.

K. Druck-, Verlags-, Buch- und Zeitungswesen

1. Buchdruck, Verlagswesen, Buchhandel

In Lübeck-Schrifttum 1900–1975 auf S. 290–295.

1579. *Colshorn, Hermann:* Lübecks Drucker, Verleger und Sortimenter von den Anfängen bis 1700. – Börsenblatt für den Deutschen Buchhandel, Frankfurter Ausg., 1975, Nr. 34, Beilage: Aus dem Antiquariat, S. A146–A 153.

1580. Der Lübecker Buchdruck im 15. und 16. Jahrhundert. Ein Seminar am Fachbereich Bibliothekswesen der Fachhochschule Hamburg (WS 1985/86). Hrsg. von Gerhard Kay Birkner. Hamburg 1986. 309 S., zahlr. Abb. Masch. verv. (Hefte zur Geschichte des Norddeutschen Buchdrucks. 1.) [Über Drucker und Drucke von Teilnehmern des Seminars.]

1581. *Colshorn, Hermann:* Lübecks Drucker, Verleger und Sortimenter von 1700 bis 1900. – Börsenblatt für den deutschen Buchhandel, Frankfurter Ausgabe. 1977. Beilage: Aus dem Antiquariat. A. 188–197.

1582. *Colshorn, Herrmann:* Lübecks Buchhandel vom Beginn bis 1900. Übersicht und Betrachtungen. – Börsenblatt für den deutschen Buchhandel. 1977, Nr. 103/104 (28. 12. 1977), Beilage: Aus dem Antiquariat, A 461-A 463.

a) Einzelne Drucker und Verleger

In Lübeck-Schrifttum 1900–1975 auf S. 291 ff.

1583. *Spies, Hans-Bernd:* „Verbessert durch Johann Balhorn". Neues zu einer alten Redensart. – ZLG. Bd 62 (1982), S. 285–292. [Über die beiden Lübecker Drucker Balhorn und eine kritische Äußerung von 1644.]

1584. *Corsten, Severin:* Der Buchführer und Druckerverleger Lorenz Bornemann. Herkunft, Studium, Geschäftsverbindungen. – Erlesenes aus der Welt des Buches. Hrsg. von Bertram Haller. Wiesbaden 1979. S. 4–15. [L. B. stammt aus Lübeck]

1585. *Spies, Hans-Bernd:* Georg Berend Niemann (1762–1821). – Leben und Wirken eines lübeckischen Verlagsbuchhändlers. Eine kultur- und sozialgeschichtliche Studie. – ZLG. Bd 61 (1981), S. 129–153.

1586. Festschrift 400 Jahre Schmidt-Römhild, Deutschlands ältestes Verlags- und Druckhaus 1579–1979. Hrsg. von Norbert Beleke. L. 1979. 158 S., Abb. [S. 1–55 Antjekathrin Graßmann über die Entwicklung 1597–1850, S. 57–98 Michael Rath-Glawatz über die Jahre 1850–1977.]

1587. *Kohlmorgen, Günter:* 400 Jahre Schmidt-Römhild – ein Nachtrag. – ZLG. Bd 60 (1980), S. 211–213.

1588. *Graßmann, Antjekathrin:* Schmidt-Römhild – Deutschlands ältestes Verlags- und Druckhaus. – VBll. Jg. 30 (1979), S. 90–91, 1 Abb. [Über die 400jährige Geschichte der Firma.]

1589. *Brauer, Adalbert:* Verlags- und Druckereiunternehmen Schmidt-Römhild wird 400 Jahre alt. Im Sturm der Jahrhunderte. – Börsenblatt für den deutschen Buchhandel, Frankfurter Ausg. Jg. 35 (1979), S. 1729–1733.

1590. *Graßmann, Antjekathrin:* Struck, Samuel, Buchdrucker 1671–1720. – BL. Bd 5 (1979), S. 256–257.

1591. *Anzelewsky, Fedja:* Der Meister der Lübecker Bibel von 1494. In: Zeitschrift für Kunstgeschichte. Bd 27 (1964), S. 43–59, 18 Abb.

b) Druckwerke

In Lübeck-Schrifttum 1900–1975 auf S. 293–294.

1592. Druckt to Lübeck. Niederdeutsche Drucke des 15./16. Jahrhunderts aus norddeutschen Bibliotheken. Zur Ausstellung im St. Annen-Museum Lübeck vom 8. Juni bis 15. Juli 1984. Hrsg. von der Niederdeutschen Abt. des Germanischen Seminars der Christian-Albrechts-Universität zu Kiel. L. 1984. 56 S., 21 Faksimile-Abb. [25 Lübecker niederdeutsche Drucke mit Charakterisierung.]

1593. Sammlung Otto Fritz Böhme. Drucke aus Offizinen der ehemaligen (Ost-)Hanse. Hamburg 1986. [Auswahlverzeichnis von Drucken des 15.–18. Jahrhunderts, auch über Drucker und Verleger. Lübeck auf S. 270–292.]

1594. *Schwencke, Olaf:* Lubeke aller Steden schone, oder: Lübecks Bedeutung in der Geschichte der niederdeutschen Literatur. – VBll. Jg. 28 (1977), S. 118 u. 129, 2 Abb. [Über bedeutende niederdeutsche Drucke der Inkunabelzeit aus Lübeck.]

1595. Dat narren schyp. Lübeck 1497. Fotomechanischer Neudruck der mittelniederdeutschen Bearbeitung von Sebastian Brants Narrenschiff. Hrsg. und mit einem Nachwort versehen von Timothy Sodmann. Bremen 1980. 238 Bll., 40 S., 140 Abb.

1596. Reynke de Vos. Faksimile-Ausgabe der in Lübeck 1498 gedruckten Schrift. Hrsg. von Timothy Sodmann. Hamburg 1976. 484 S., 51 Holzschnitte, 26 S. Nachwort des Hrsg.

2. Zeitungswesen

a) Allgemeines

In Lübeck-Schrifttum 1900–1975 auf S. 295.

1597. *Lankau, Carl M.:* Eine Stadt und ihre Zeitungen – ein Rückblick auf die Zeitungs- und Meinungsvielfalt in Lübeck. – LBll. Jg. 142 (1982), S. 223–226, 5 Abb. [Grundzüge der Pressegeschichte Lübecks.]

Eine Liste der Lübecker Zeitungen von 1751 bis zur Gegenwart mit Daten und Kommentar s. Nr. 1210.

1598. *Jodeit, Klaus:* Die Verlegerfamilien Borchers – Crome – Rey. Ein Blick in Lübecks Pressegeschichte. – Lübecker Beiträge zur Familien- und Wappenkunde. H. 6 (1975), S. 19–24, 3 Abb.

1599. *Dohrendorf, Bernd:* Wochenzeitungen in Lübecks Presselandschaft. Kampf um Anerkennung, Abonnenten und Anzeigen. – LBll. Jg. 144 (1984), S. 49–50, 131, 1 Abb. [Charakterisierung der aufgeführten Wochenzeitungen.]

1600. *Dohrendorf, Bernd:* In Lübecks Presselandschaft bleibt es bunt. – LBll. Jg. 144 (1984), S. 336.

b) Einzelne Zeitungen

In Lübeck-Schrifttum 1900–1975 auf S. 295–296.

1601. *Jodeit, Klaus:* Ein Kapitel aus Lübecks Pressegeschichte. – Schleswig-Holstein. Jg. 1980, H. 10, S. 7–9, 3 Abb. [Betr. die „Eisenbahnzeitung", 1865–1923.]

1602. *Schwensfeger, Heinz:* Der „General" ist hundert. Vom kleinen Anzeigenblatt zur bedeutenden Tages- und Heimatzeitung. Nach Tradition und Fortschritt nun ins Zeitalter der Computer. – VBll. Jg. 33 (1982), S. 52–54, 6 Abb. [Betrifft den „Lübecker Generalanzeiger".]

1603. Lübecker Nachrichten. (Seit 1950 mit Untertitel:) Lübecker Generalanzeiger. L. 1946 ff. [Erschien auch im Berichtszeitraum regelmäßig als einzige Tageszeitung Lübecks. Es gibt Lokalausgaben für Lauenburg, Ostholstein, Segeberg, Stormarn.]

L. Vereinswesen

1. Gesellschaft zur Beförderung gemeinnütziger Tätigkeit („Gemeinnützige")

In Lübeck-Schrifttum 1900–1975 auf S. 297–298.

1604. *Vesely, Peter:* Vereine in der ersten Hälfte des 19. Jahrhunderts. Vortragsreihe über das Lübecker Vereinsleben. – LBll. Jg. 144 (1984), S. 58–59, 69–73, 85–89, 109–111, 141–145, 8 Abb.

1605. *Weppelmann, Norbert:* Die Gesellschaft zur Beförderung gemeinnütziger Tätigkeit in Lübeck im 18. und 19. Jahrhundert als Zentrum bürgerlicher Eigeninitiative. – Deutsche patriotische und gemeinnützige Gesellschaften. Vorträge gehalten anläßlich des 4. Wolfenbütteler Symposiums vom 6.–9. September 1977 in der Herzog August Bibliothek. München 1980. S. 143–160. (Wolfenbütteler Forschungen. Bd 8.)

1606. *Vesely, Peter:* Vereine in Lübeck in der ersten Hälfte des 19. Jahrhunderts, unter besonderer Berücksichtigung der „Gesellschaft zur Beförderung gemeinnütziger Tätigkeit" und der „Lübecker Liedertafel". Hamburg, Universität, Magister-Arbeit. 1983. 137 Bll. Masch. verv.

1607. *Vesely, Peter:* „Gemeinnützige" und Lübecker Liedertafel, Kleinbild der Parlamentarischen Demokratie. – LBll. Jg. 144 (1984), S. 85–89, 4 Abb.

1608. Gemeinnütziger Verein für Kücknitz und Umgegend e.V. 75 Jahre. 1911–1986. L. 1986. Ohne S.-Zählung, Abb.

1609. 75 Jahre Gemeinnütziger Verein Schlutup. Schlutuper Festwoche 1978. L. 1978. 88 S., Abb. Masch. verv. [Artikel über den Verein und Schlutup.]

2. Wissenschaftliche Vereine

In Lübeck-Schrifttum 1900–1975 auf S. 298–299.

1610. *Kopitzsch, Franklin:* Lesegesellschaften im Rahmen der Bürgerrepublik. Zur Aufklärung in Lübeck. – Lesegesellschaften und bürgerliche Emanzipation. Ein europäischer Vergleich. Hrsg. von Otto Dann. München 1981, S. 87–102. Auszüge u.d.T.: Kopitzsch, Das Vereinswesen in Lübeck im Zeitalter der Aufklärung. – LBll. Jg. 142 (1982), S. 1–5, 2 Abb. [Über Gründung von Logen, von der Gemeinnützigen, von Lesegesellschaften u.a.m.]

1611. *Schmidt, Heinrich:* Über Geschichtsvereine und Geschichtsbewußtsein in nordwestdeutschen Hansestädten. – HGbll. Jg. 100 (1982), S. 1–20. [Über den Wandel des Selbstverständnisses und der Aufgaben. Auch Lübeck ist angemessen vertreten.]

1612. *Graßmann, Antjekathrin:* Der Verein für Lübecker Geschichte und Altertumskunde. – Mitteilungen der Gesellschaft für Schleswig-Holsteinische Geschichte. Nr. 8 (Okt. 1980), S. 21–26.

1613. *Graßmann, Antjekathrin:* Der Verein für Lübeckische Geschichte und Altertumskunde. – VBll. Jg. 31 (1980), S. 69, 1 Abb. [Entwicklung seit 1821, Veröffentlichungen, Vorträge, andere Aktivitäten.]

1614. *Weczerka, Hugo:* 100. Tagung des Hansischen Geschichtsvereins. Die konstituierende Versammlung war 1871 in Lübeck. – LBll. Jg. 144 (1984), S. 189–191, 2 Abb. [Über den HGV, seine Entwicklung und die Mitwirkung Lübecks.]

1615. *Büdel, Julius:* Die deutschen Geographischen Gesellschaften als Bewahrer der Welt- und Landeskunde in den Stufen der großen Bürgerzeit 1828–1982. – MGG. H. 55 (1982), S. 7–22. [Darin auch über die Lübecker Geogr. Ges.]

1616. 100 Jahre Geographische Gesellschaft zu Lübeck – Leben und Wirken im Wandel der Zeit. – MGG. H. 55 (1982), S. 287–296. [Vorträge, Exkursionen u.a.m.]

1617. Mitteilungen der Geographischen Gesellschaft zu Lübeck. Seit 1882 (Näheres in: Lübeck-Schrifttum 1900–1975, Nr. 3356). Im Berichtszeitraum H. 54 (1977)-56 (1985). H. 55 (1982) Festschrift „Zur Wiederkehr des Gründungstages am 20. Januar 1882."

1618. Der Ärzteverein zu Lübeck. 175 Jahre seiner Geschichte 1809–1984. Hrsg. von Bern Carrière. L. 1984. 339 S., Abb. [Bern Carrière: Die Geschichte des Ärztevereins von 1809 an (S. 11–101), dann Beiträge einer Anzahl von Autoren über die Vereinsgeschichte seit 1959. Im Anhang Mitgliederverzeichnis seit 1809.]

1619. *Carrière, Bern:* Der Ärzteverein zu Lübeck im Rahmen der europäischen Vereinsgeschichte. – LBll. Jg. 144 (1984), S. 205–210. [Über Hinterggünde und Entstehen des 1809 gegründeten „Ärztlichen Vereins zu Lübeck".]

1620. *Carrière, Bern:* Der Ärzteverein zu Lübeck 1809–1984. Ein Stück Medizingeschichte. – Schleswig-Holsteinisches Ärzteblatt. 37 (1984), S. 586–589.

1621. *Carrière, Bern:* 170 Jahre Ärzteverein zu Lübeck e.V. Am 24. November 1979 beging der Ärzteverein zu Lübeck sein 170. Stiftungsfest. Deutschlands ältester Ärzteverein. – VBll. Jg. 31 (1980), S. 7, 2 Abb. [Einige Angaben über den 1809 gegründeten Verein.]

1622. *Engelhardt, Dietrich von:* Die Gesellschaft Deutscher Naturforscher und Ärzte 1895 in Lübeck. – Wa. 1986, S. 125–134, 6 Abb. [Die 67. Versammlung der Gesellschaft fand in Lübeck statt. Hier der Ablauf der Tagung.]

1623. Berichte des Vereins „Natur und Heimat" und des Naturhistorischen Museums zu Lübeck. L. H. 1 (1959) ff. Im Berichtszeitraum erschien H. 15 (1977)-19/20 (1986). [In H. 19/20 eine Übersicht über die von 1959 bis 1982 erschienen Aufsätze.] ✻

3. Musikalische Gesellschaften und Vereine

In Lübeck-Schrifttum 1900–1975 auf S. 300–301.

1624. *Vesely, Peter:* Entwicklung und gesellschaftliche Bedeutung der Gesangvereine in der ersten Hälfte des 19. Jahrhunderts, unter besonderer Berücksichtigung der Vereine in Schleswig, Kiel und Lübeck. Prüfungsarbeit. 1980. 107 Bll. Masch.

1625. *Kraft, Raimund:* Der Verein der Musikfreunde in Lübeck im 20. Jahrhundert. – 800 Jahre Musik in Lübeck. T. 1. 1982, S. 130–136.

1626. *Vesely, Peter:* Die gesellschaftspolitische Bedeutung der Lübecker Liedertafel von 1842 in der ersten Hälfte des 19. Jahrhunderts. – 800 Jahre Musik in Lübeck. T. 1. 1982, S. 106–109, 1 Abb.

Lübecker Liedertafel s. a. Nr. 1606.

1627. Fünfundzwanzig Jahre Chor der Singeleiter, Lübeck. Dezember 1947 – Dezember 1972. 48 S. Abb. L. 1972. [Leberecht Klohs richtete 1947 einen Abendkurs für Singeleiter ein, die ihrerseits das Erlernte an Jugendgruppen weitergaben. Hier eine Chronik der Veranstaltungen, insbesondere der Auslandsreisen.]

4. Sportvereine

In Lübeck-Schrifttum 1900–1975 auf S. 301.

1628. Arbeiter-Turn- und Sport-Verein Lübeck e.V. von 1893 60 Jahre. Ein Bericht über Werden und Wachsen des Vereins. Festwoche. L. 1953. 43 S., Abb.

1629. 25 Jahre DJK (Deutsche Jugendkraft Lübeck, Turn- und Sportverein). L. 1979. 31 S., Abb.

1630. 75 Jahre Deutscher Alpenverein, Sektion Lübeck. 2. Juni 1892–1967. DAV Hauptversammlung in Lübeck-Travemünde 21.–25. September 1967. L. 1967. 36 S., Abb.

1631. Festschrift zur Feier der fünfzigsten Wiederkehr des Gründungstages des LBV (Lübecker Ballspielverein) Phönix von 1903 e.V. Hrsg. im Auftrage des Vorstandes von Paul Kruse. L. 1953. 96 S., Abb.

1632. Festschrift zum 75jährigen Bestehen des LBV (Lübecker Ballspielvereins) Phönix von 1903 e.V. L. 1978.

1633. Lübecker Ruder-Gesellschaft. Festschrift zum 100jährigen Jubiläum. Umschlagtitel: 100 Jahre Lübecker Rudergesellschaft von 1885 e.V. L. 1985.

1634. Lübecker Ruder-Klub: Festschrift zum 75jährigen Bestehen, 28. 3. 1982. L. 1982. 96 S., Abb.

1635. *Weiß, Heino:* 100 Jahre Lübecker Segler-Verein. 1885–1985. Festschrift und Chronik mit 100 Jahren Erinnerung aus der Vereinsgeschichte. L. 1985. 48 S., Abb.

1636. *Mohr, Heinz:* Lübecker Turnerschaft 1854–1979. L. 1978. 182 S., zahlr. Abb.

1637. 125 Jahre Lübecker Turnerschaft. – LBll. Jg. 139 (1979), S. 124–127.

1638. 75 Jahre Lübecker Verein für Luftfahrt 1908–1983. 1983. [Sportflieger und -freunde.]

1639. 75 Jahre Lübecker Yacht-Club 1898–1973. L. 1973.

1640. 100 Jahre Männer-Turn-Verein Lübeck von 1865 e.V.. L. 1965. 58 S., Abb.

1641. 50 Jahre Post-Sportverein Lübeck e.V. 1931–1981. L. 1981. 44 S., Abb.

1642. 25 Jahre REV (Roll- und Eissportverein) Lübeck e.V. Jubiläums-Schaulaufen 1958–1983. L. 1983. 26 S., Abb.

1643. 75 Jahre Segler-Club Hansa von 1898 e.V. L. 1973. 8 S., Abb.

1644. 50 Jahre Seglerverein Herrenwyk. L. 1971. Ohne S.-Zählung, Abb.

1645. 60 Jahre Segler-Verein Herrenwyk e.V. L. 1981. 32 S., Abb.

1646. 75 Jahre Segler-Verein Trave e.V., gegründet 1902. L. 1977. 68 S., Abb.

1647. 1930–1980. 50 Jahre Segler-Verein Wakenitz e.V. L. 1980. 71 S., Abb.

1648. Spielvereinigung Rot-Weiss Moisling von 1911 e.V. 75 Jahre Sport in Moisling. 1911–1986. L. 1986. 64 S., Abb.

1649. 50 Jahre SAV (Sportangler-Verein) Pliete e.V. L. 1983. 62 S., Abb. (Plieten-Fang. Ausg. 18. 1. 1983.)

1650. Festschrift der Turngemeinschaft Rangenberg e.V. 25 Jahre 1953–1978. L. 1978. Masch. verv.

1651. TSV (Turn- und Sportverein) Kücknitz von 1911 e.V. 75 Jahre. Stiftungsfestwoche. L. 1986. 44 S., Abb.

1652. TuS (Turn- und Sportverein Lübeck) von 1893, 75 Jahre. L. 1968. 32 S., Abb.

1653. Turn- und Sportverein Lübeck von 1893. Festschrift 1893–1983. L. 1983. 54 S., Abb.

1654. Turn- und Sportverein von 1860 e.V. Travemünde. Jubiläumsausgabe Mai 1985. Hrsg. von Wolfgang Prühs. L. 1985. 102 S., Abb.

1655. 60 Jahre Verein für Bewegungsspiele Lübeck e.V. 1919–1979. L. 1979. 48 S., Abb.

1656. 25 Jahre Verein Lübecker Sportschützen 1951–1976. L. 1976.

5. Sonstige Vereine

Lübeck-Schrifttum 1900–1975 auf S. 302–303.

1657. *Schuster, Annemarie:* Arbeitsgemeinschaft Lübecker Frauenverbände. – VBll. Jg. 29 (1978), S. 52.

1658. 50 Jahre DLRG (Deutsche Lebens-Rettungs-Gesellschaft) in Lübeck. L. 1970. 48 S., Abb.

1659. *Dirschauer, Bodo:* DLRG in der Hansestadt Lübeck. – VBll. Jg. 30 (1979), S. 86–87, 1 Abb. [1913 Gründung der Lebens-Rettungs-Gesellschaft. Stationen mit Rettungsschwimmern, Motor-Rettungsboote, seit 1920 in Lübeck.]

1660. Festschrift aus Anlaß des 60jährigen Bestehens der Deutschen Lebensrettungsgesellschaft, Bezirk Lübeck. – DLRG aktuell. 1980, H. 1. 64 S., Abb. [Darin: Bodo Dirschauer, Zur Geschichte vom Baden, Schwimmen und Retten in Lübeck. S. 9–39.]

1661. 1786–1986. 200 Jahre Kyffhäuserbund e.V. L. 1986. 80 S., Abb. [Kampfgenossenvereine in Lübeck ab 1813.]

1662. *Weimann, Horst:* Handwerksgesellen in Lübeck. – VBll. Jg. 27 (1976), S. 71, 93. [Der 1880 gegründete „Lübecker Verein zur Unterstützung armer Reisender und zur Beseitigung der Hausbettelei" gab arbeitslosen, wandernden Gesellen geringe Unterstützung und, wenn möglich, geeignete Arbeit.]

1663. *Kuusisto, Seppo:* Alfred Rosenberg in der nationalsozialistischen Außenpolitik 1933–39. Helsinki 1984. (Societas Historica Finlandiae. Studia Historica. 15.) [Darin vieles über die „Nordische Gesellschaft".]

1664. Dreißig Jahre Pommersche Landsmannschaft, Kreisgruppe Lübeck e.V. 1948–1978. L. 1978. 107 S., Abb.

1665. Festschrift 125 Jahre Tierschutz Lübeck. L. 1984. 36 S., Abb. [Mit Wiedergabe von Dokumenten.]

1666. 30 Jahre Vaterstädtische Vereinigung Lübeck. – LBll. Jg. 139 (1979), S. 93–94.

6. Freimaurerlogen

In Lübeck-Schrifttum 1900–1975 auf S. 303.

1667. *Hagenström, Walter:* Geschichte der Johannis-Loge „Zum Füllhorn" zu Lübeck 1772–1972. L. 1972. 135 S., Abb.

1668. Das Stiftungsfest. 200 Jahre Freimaurerloge zur Weltkugel in Lübeck 1779–1979. Grußworte und Festreden der Jubiläumswoche. L. 1979. 68 S., Abb. Masch. verv.

XII. KIRCHE UND RELIGION

A. Kirchengeschichte

s. a. Geschichte, besonders Mittelalter und
16. Jahrhundert, auch 20. Jahrhundert.
s. a. Stadtteile und Gemeinden im früheren Langebiet S. 177.
s. a. Bistum Lübeck S. 184.
s. a. Marienkirche S. 168.
s. a. Dom S. 170.

In Lübeck-Schrifttum 1900–1975 auf S. 304 ff.

1669. *Hauschild, Wolf-Dieter:* Kirchengeschichte Lübecks. Christentum und Bürgertum in neun Jahrhunderten. L. 1981. 596 S., 87 Abb. [Gesamtdarstellung von der Christianisierung bis zum Ende des Ersten Weltkrieges. Darstellung von hoher Qualität vor dem Hintergrund der Gesamtgeschichte Lübecks und der allgemeinen Geistesgeschichte.]

1670. *Hauschild, Wolf-Dieter:* Christentum und Bürgertum in der Hansestadt Lübeck. Ein Rückblick auf 800 Jahre Lübecker Kirchengeschichte. – LBll. Jg. 137 (1977), S. 1–5, 16–18, 25–29. [Abdruck eines Vortrags anläßlich des Übergangs der Lübeckischen Landeskirche an die Nordelbische Kirche am 1. 1. 1977.]

1671. *Hauschild, Wolf-Dieter:* Lübeck – eine Stadtkirche. 1160–1976. – Die Heimat. Jg. 84 (1977), S. 9–11.

1672. *Schreiber, Albrecht:* Glauben in Lübeck. – Lübecker Nachrichten. 1984/1985. Eine Artikelserie über die Religionsgemeinschaften in Lübeck: Mormonen 16. 8. 1984, Zeugen Jehovas 24. 8., Deutsche Unitarier 4. 9., Methodisten 9. 9., Christliche Wissenschaft 12. 9., Mennoniten 19. 9., Heilsarmee 26. 9., Reformierte 30. 9., Christliche Gemeinschaft 4. 10., Baha'i 9. 10., Freie Christengemeinde 18. 10., Adventisten 25. 10., Gemeinde Gottes 7. 11., Gemeinschaft in der Landeskirche 21. 11., Ecclesia, Gemeinde der Christen 30. 11., Christengemeinschaft 13. 12., Neuapostolische Kirche 19. 12. 1984, Russisch-orthodoxe Exil-Kirche 8. 1. 1985, Alt-Lutheraner 12. 1., Griechisch Orthodoxe Kirche 23. 1., Kirchenkreis Lübeck der Nordelbischen Ev.-luth. Kirche 6. 2., Baptisten 12. 2., Dekanat Lübeck der Römisch-katholischen Kirche 27. 2., Jüdische Gemeinde 13. 3., Moslems 20. 3. 1985.

1673. *Graßmann, Antjekathrin:* Material zur Kirchengeschichte im Archiv der Hansestadt Lübeck. – Mitteilungen zum Archivwesen in der Nordelbischen Ev.-Luth. Kirche. Nr. 3 (1978), S. 23–25.

1674. *Boockmann, Andrea:* Hamburg, Lübeck und Schleswig als Zentren der Diözesanverwaltung im Mittelalter. – Schriften des Vereins für schleswig-holsteinische Kirchengeschichte. Reihe 1, Bd 27 (1978), S. 9–42.

1675. *Hecker, Norbert:* Bettelorden und Bürgertum – Konflikt und Kooperation in deutschen Städten des Spätmittelalters. Frankfurt, Bern 1981. 293 S. (Europäische Hochschulschriften. R. 23, Bd 146.) Zugl. Bochum, Univ., Abt. für Geschichtswiss., Diss. 1980.

1676. *Zmyslony, Monika:* Die Bruderschaften in Lübeck bis zur Reformation. Kiel 1977. 256 S. (Beiträge zur Sozial- und Wirtschaftsgeschichte. Bd 6.) Kiel, Diss.phil. 1974. [Bruderschaften von Geistlichen und Laien für karitative Handlungen und gesellschaftliches Eigenleben.]

1677. *Thiel, Rainer:* Wallfahrten und Wallfahrer in Quellen aus dem spätmittelalterlichen Lübeck. Göttingen 1985. 133 S., Masch. Staatsexamensarbeit.

1678. *Ohler, Norbert:* Zur Seligkeit und zum Troste meiner Seele. Lübecker unterwegs zu mittelalterlichen Wallfahrtsstätten. – ZLG. Bd 63 (1983), S. 83–103, 1 Kt.

1679. *Viaene, Anton:* Vlaamse Pelgrimstochten. Brugge 1982. [Darin S. 75–79: Onze-Lieve-Vrouw van Lübeck über Sühnewallfahrten im Mittelalter von Flandern zum Lübecker Dom.]

1680. *Neumann, Gerhard:* Der Ablaß im Lübeck des 15. Jahrhunderts. – Wa. 1980, S. 160–172, 2 Abb.

1681. *Hasse, Max:* Die Lübecker und ihre Heiligen und die Stellung des Heiligen Olav in dieser Schar. Visby 1981. S. 171–188. (Acta Visbyensia. 6.) [Aufgrund schriftlicher, bildlicher und gegenständlicher Quellen. Dabei besonders die im Bewußtsein der Gläubigen sich wandelnde Bedeutung der einzelnen Heiligen herausgestellt.]

1682. *Hasse, Max:* Die Verehrung des heiligen Nicolaus in Lübeck. – ZLG. Bd 60 (1980), S. 198–205, 5 Abb.

B. Evangelisch-Lutherische Kirche

1. Entwicklung und Gegenwart

In Lübeck-Schrifttum 1900–1975 auf S. 307–309.

1683. *Bugenhagen, Johannes:* Lübecker Kirchenordnung von Johannes Bugenhagen 1531. Text mit Übersetzung, Erläuterungen und Einleitung. Hrsg. von Wolf-Dieter Hauschild. L. 1981. 205 Doppelseiten, 103 einfache S., 31 Abb. [Faksimiledruck mit Übersetzung ins Hochdeutsche, instruktiver Einleitung, Anmerkungen, Register und Literaturverzeichnis. Dazu die Ordnungen für Mölln und Travemünde.]

1684. *Hauschild, Wolf-Dieter:* Christliche Ordnung der Stadt Lübeck. – Wa. 1982, S. 13–24, 3 Abb. [Die Lübecker Kirchenordnung Bugenhagens von 1531.]

1685. *Schilling, Heinz:* The Reformation in the Hanseatic Cities. – The sixteenth Century Journal. 14. (1983), S. 443–456.

1686. *Hauschild, Wolf-Dieter:* Der Kirchengesang in der Reformationszeit. – 800 Jahre Musik in Lübeck. T. 1. 1982, S. 47–56, 4 Abb.

1687. *Pettke, Sabine:* Zwei Lübecker Mandate der Reformationszeit. – ZLG. Bd 65 (1985), S. 327–331. [Mandate gegen Schmähschriften und Störungen der Predigten.]

1688. *Petersen, Annie:* Das Lübecker „Concordienbuch". Interessante Funde bei der Entzifferung seines handschriftlichen Teils. – Norddeutsche Familienkunde. Bd 13, Jg. 34 (1985), S. 325–331, 8 Abb.
Abdruck aus: Die Heimat. Jg. 77 (1970), S. 266–272, mit Abb. [Text der Formula Concordiae mit den Unterschriften sämtlicher Lübecker Geistlichen seit 1580.]

1689. *Hauschild, Wolf-Dieter:* Die Reform der Lübecker Kirchenverfassung im 19. Jahrhundert. – ZLG. Bd 57 (1977), S. 52–102. [Die Kirchenverfassung von 1895 brachte der Kirche mehr Selbständigkeit gegenüber dem Senat und den Gemeinden größere Kompetenzen.]

1690. Die Nordelbische Ev.-Luth. Kirche. – Die Heimat. Jg. 84 (1977), S. 3–14.
Göldner, Horst: 1977 – ein Jahr von kirchenhistorischer Bedeutung. S. 3–4.
Weimann, Horst: Die Evangelisch-Lutherische Landeskirche Eutin. S. 5–6.
Hauschild, Wolf-Dieter: Lübeck – eine Stadtkirche 1160–1976. S. 9–11.

1691. Evangelisch-lutherische Kirche in Lübeck. – Lübecker Adreßbuch. 1976/77, S. 43–64, Abb. [Die einzelnen Lübecker Kirchen mit Bild und Adressenverzeichnis.] Ebenfalls enthalten in den Adreßbüchern der folgenden Jahre bis 1982.

1692. *Hasselmann, Niels:* Die Situation der Kirche in Lübeck. Statistisch noch Volkskirche. – LBll. Jg. 143 (1983), S. 201–202. [Darin viel Statistisches und über Organisation.]

1693. Nordelbische Kirchenzeitung. Ev.-luth. Gemeindeblatt für die Sprengel Hamburg, Holstein-Lübeck, Schleswig und für Nordschleswig. Hrsg.: Evangelischer Presseverband Nord e.V. Kiel Jg. 58 (1982) ff. [Fortsetzung von: Die Gemeinde. 14tägiges Erscheinen.]

2. Diakonisches Werk, insbesondere Seemannsmission

1694. Festschrift anläßlich der Einweihung des Sweder-Hoyer-Hauses der Deutschen Seemannsmission in Lübeck 1906-1966. Gestaltung: Karl Walter. L. 1966. 35 S., Abb. [Deutsche Seemannsmission in Lübeck, Sweder-Hoyer-Haus, Hafenstraße]

1695. *Paulsen, Karl Otto:* Diakonisches Werk in der Hansestadt Lübeck. – VBll. Jg. 28 (1977), S. 12–13, 1 Abb. [Entstand nach dem Zweiten Weltkrieg aus dem „Hilfswerk" und der „Inneren Mission".]

1696. *(Paul, Ottomar:)* Das karitative Handeln der Kirche in früheren Zeiten als Beispiel und Impuls sozialdiakonischer Tätigkeit der Gegenwart. Festschrift zur Einweihung des Hauses „Seefahrt", ein sozial-diakonisches Zentrum für Seeleute und ihrer Familien. L. ca. 1978. 40 S., Abb. [Besonders auf Lübeck bezogen.]

1697. *Paul, Ottomar:* Die Kirche und ihre Seeleute. Eine Geschichte der Seemannsmission. – Kirche zwischen den Meeren. Beiträge zur Geschichte und Gestalt der Nordelbischen Kirche. Hrsg. von Jens Motschmann. Heide 1981, S. 133–149, 2 Abb. (Steinburger Studien.) [Insbesondere über Lübeck.]

1698. Alle Wasser fließen ins Meer... 75 Jahre Deutsche Seemannsmission in Lübeck e.V. 1906–1981. Hrsg. von Ottomar Paul. L. 1981. 60 S., Abb. [Beiträge verschiedener Autoren. 1905 erstes Seemannsheim in der Hafenstraße, 1966 modernes Heim.]

1699. *Paul, Ottomar:* Vom Dienst der Kirche an Seeleuten. Lübeck spielt eine besondere Rolle im Ostseeraum. – LBll. Jg. 144 (1984), S. 17–20, 55–56, 2 Abb. [Über die Seemannsmission in Lübeck seit dem 15. Jahrhundert.]

3. Kirchen und Klöster

Kirchengebäude bzw. Einrichtungsgegenstände zusammengefaßt bei den verschiedenen Bereichen der Bildenden Künste S. 132.
Kirchenmusik s. Nr. 148.

In Lübeck-Schrifttum 1900–1975 auf S. 309 ff.

1700. St. Jacobi, St. Petri, St. Aegidien 750 Jahre. Im Auftrage des Kirchenkreises Lübeck der Nordelbischen Evangelisch-Lutherischen Kirche sowie der Kirchengemeinden St. Aegidien und St. Jakobi hrsg. von Peter Guttkuhn. – VBll. Jg. 28 (1977), Nr. 4, S. 51–103, zahlr. Abb. [Mit 20 Aufsätzen und zahlreichen Abb. Am Schluß Literaturverzeichnis von Gerd Lojewski.]

a) St. Marien

In Lübeck-Schrifttum 1900–1975 auf S. 309 ff.

Allgemeines, Geschichte

1701. St. Marien. Jahrbuch des St.-Marien-Bauvereins. Hrsg. von Horst Weimann. Folge 9 (1980/81). 159 S., 90 Abb. [Gemeindeleben und Baugeschehen der Jahre 1974–1979. Darin auch Beiträge über die Briefkapelle und den wiedererrichteten Dachreiter.]

1702. *Hasse, Max:* Die Marienkirche zu Lübeck. München 1983. 256 S., zahlr. Abb. und Risse. [Geschichte des Gebäudes und seiner Einrichtung vor dem Hintergrund der Entwicklung der Stadt und ihrer Bevölkerung.]
Rez. von Jürgen Wittstock in ZLG. Bd 64 (1984), S. 329–333.

1703. *Stier, Wilhelm* und Lutz Wilde: St. Marien. 12. Aufl. L. 1979. 24 S., Abb. (Lübecker Führer. H. 2.)

1704. *Weimann, Horst:* Wegweiser durch die St.-Marien-Kirche Lübeck. Unter Mitarbeit von Walter Lewerenz. 11. Aufl. L. um 1976 32 S., Abb.

1705. Rats- und Bürgerkirche St. Marien zu Lübeck. Ein Wegweiser durch die Kirche. Zusammengestellt und herausgegeben vom Kirchenvorstand der Evangelisch-lutherischen St.-Marien-Kirchengemeinde. L. 1981. 32 S., 16 Abb. [Baugeschichte, Rundgang.]
Neuausg. Hrsg. von Rolf Saltzwedel. 1986. 39 S.

1706. St. Mary's of Lübeck. The church of town and citizens. A Guide through the Church. On behalf of the church board of the evangelical-lutheran parish of St. Mary's church, published by Rolf Saltzwedel. L. 1986. 39 S., Abb., 1 Pl.

1707. *Kunst, Hans-Joachim:* Der norddeutsche Backsteinbau. Die Marienkirche in Lübeck und der Dom in Verden an der Aller als Leitbilder der Kirchenarchitektur Norddeutschlands. – Baugeschichte und europäische Kultur. 1. Berlin 1985. (Forschung und Information. Bd 37), S. 157–166, Abb.

1708. *Kunst, Hans-Joachim:* Die Marienkirche in Lübeck – Die Präsenz bischöflicher Architekturformen in der Bürgerkirche. Worms 1986. 40 S., 22 Abb. [Vorbilder nicht mehr in Frankreich und Flandern, sondern in den Domen von Köln, Bremen und Lübeck gesehen.]

1709. *Schütz, Bernhard:* War die Lübecker Marienkirche ursprünglich höher geplant? – Nordelbingen. 47 (1978), S. 11–20.

1710. *Hasse, Max:* Der Lübecker Rat und die Marienkirche. – ZLG. Bd 64 (1984), S. 39–50. [Hasse weist die Bezeichnung „Ratskirche" zurück, da der Rat vor der Reformation nicht Herr der Kirche war.]

1711. *Pieper, Klaus:* Vom Entstehen und Erhalten der Marienkirche in Lübeck. – LBll. Jg. 144 (1984), S. 225–230, 245–250, 13 Abb. [Vom Wesen der Gotik, Zerstörung und Wiederaufbau der Marienkirche.]

1712. *Rossmann, Ernst:* Der sensationelle Lübecker Kunstfälschungsprozeß gegen Malskat und Genossen. – Archiv für Kriminologie. Bd 116 (1955), S. 139–146, 5 Abb.

1713. *Weimann, Horst:* Legate zugunsten der Geistlichkeit von St. Marien. – Wa. 1980, S. 105–114, 7 Textkopien. [Es werden 7 Testamente vorgeführt.]

Teilbereiche

1714. *Gasiorowski, Eugeniusz:* Die Briefkapelle der St. Marienkirche zu Lübeck. – Deutsche Kunst und Denkmalpflege. Jg. 35 (1977), S. 148–164, 15 Abb.

1715. *Zimmermann, Andreas:* Die Briefkapelle der St.-Marien-Kirche zu Lübeck. – St. Marien. Jahrbuch des St.-Marien-Bauvereins. Folge 9 (1980/81), S. 63 – 102, 39 Abb. [Baubeschreibung, Baugeschichte und kunstgeschichtliche Stellung. Anschließend einige weitere kleine Beiträge über die Briefkapelle.]

1716. *Knapp, Heinrich:* Baugeschichtliche Überlegungen zum Gewölbe der Briefkapelle an St. Marien zu Lübeck. – LSAK. Bd 8 (1984), S. 7–13, 3 Abb.

1717. *Dittrich, Konrad:* Ein Beitrag zur Moderne. Die neuen Fenster der Briefkapelle in St. Marien. – Wa. 1986, S. 10–14, 2 Abb.

Archäologische Aufschlüsse zur Baugeschichte der Briefkapelle gibt Stefan Kummer s. Nr. 434–435.

1718. *Zimmermann, Friedrich:* Der Wiederaufbau des Dachreiters von St. Marien. – St. Marien. Jahrbuch des St.-Marien-Bauvereins. Folge 9 (1980/81), S. 130–152, zahlr. Abb. [Außerdem einige weitere kleine Beiträge über den Dachreiter.]

1719. Die Glocken von St. Marien in Lübeck. – VBll. Jg. 36 (1985), S. 66–71, 8 Abb. [Beschreibung der einzelnen Glocken.]

b) Dom

In Lübeck-Schrifttum 1900–1975 auf S. 317 ff.

Allgemeines, Geschichte

1720. *Grusnick, Wolfgang* und *Friedrich Zimmermann:* Der Dom zu Lübeck. Königstein 1980. 48 S., zahlr. Abb. (Langewiesche-Bücherei.)

1721. *Wilde, Lutz:* Der Dom zu Lübeck. München 1983. 27 S., 15 Abb. (Große Baudenkmäler. H. 348.) [Baugeschichte und Beschreibung.]

1722. *König, Volker:* Dom zu Lübeck. Orientierungsplan für Blinde und Sehbehinderte. Hrsg. Domgemeinde zu Lübeck. L. 1985. 21 S. mit plastischen Abb.

1723. *Gerlach, Dankwart:* Ein Modell des romanischen Doms zu Lübeck. – Lübeck 1226 (1976), S. 353–364, 8 Abb.

1724. *Hauschild, Wolf-Dieter:* Kirche zwischen Evangelium und Institution. Zur Einführung der Reformation im Lübecker Dom. – VBll. Jg. 32 (1981), S. 35–38, 3 Abb.

1725. *Hertz, Hans W.:* Stiftung Dom zu Lübeck. – LBll. Jg. 137 (1977), S. 231–233. [Die 1960 begründete Stiftung hat wesentlich zum Wiederaufbau des Doms beigetragen.]

Archäologische Befunde des Dombereichs s. Nr. 437–438.

Teilbereiche

1726. *Rötting, Hartmut:* Lübecker Domgrabung 1975. Zur Rekonstruktion der romanischen Hauptapsis. – Lübeck 1226 (1976), S. 339–352, 8 Abb.

1727. *Zimmermann, Friedrich:* Der gotische Chor des Lübecker Doms. Entstehung, Zerstörung und Verfall, Wiederherstellung. – LBll. Jg. 137 (1977), S. 233–238, Abb.

1728. *Jürgens, Wolfgang:* Das Lübecker Domparadies und seine Wiederherstellung. – VBll. Jg. 31 (1980) S. 83–87.

1729. *Teuchert, Wolfgang:* Der Wiederaufbau des Paradieses am Lübecker Dom. – Deutsche Kunst und Denkmalpflege. 38. (1980), H. 1/2, S. 20–24, 5 Abb.

1730. *Jürgens, Wolfgang:* Der Wiederaufbau des Lübecker Domparadieses. – LBll. Jg. 142 (1982), S. 61–64.

1731. *Zimmermann, Friedrich:* Das Schicksal des Dom-Paradieses zu Lübeck. Die Geschichte der Zerstörung und des Wiederaufbaus. – LBll. (1982), S. 275–279, 295–299, 7 Abb.

1732. *Haß, Kurt:* Das Lübecker Dom-Paradies ist wiederhergestellt. – Schleswig-Holstein. 1982, H. 9, S. 20–21, 5 Abb.

1733. *Rathgens, Hugo:* 1942/43 im Dom zu Lübeck entdeckte Malereien. Hrsg. und mit Anmerkung versehen von Wolfgang Erdmann. – Wa. 1986, S. 213–228, 9 Abb. [Abdruck eines Gutachtens mit Fotos von Malereien, die teilweise durch Witterungseinflüsse zerstört worden sind.]

Triumphkreuz und Memling-Altar

1734. *Taubert, Johannes:* Das Triumphkreuz des Bernt Notke im Lübecker Dom. Konzept der Restaurierung. – LBll. Jg. 134 (1974), S. 166–167. [Gestiftet von Bischof Albert Krummedik, geschaffen von Bernt Notke, die einzelnen Teile nach der Restaurierung wieder zusammengefügt.]

1735. Triumpkreuz im Dom zu Lübeck – ein Meisterwerk Bernt Notkes. Mit Beiträgen von Karlheinz Stoll, Ewald M. Vetter, Eike Oellermann. Aufnahmen von Helmut Göbel. Wiesbaden 1977. 100 S., Abb. [Über die Restaurierung.]
2. Aufl. 1979.

1736. *Hasse, Max:* Internationales Kolloquium zum Werk des Bernt Notke anläßlich der Restaurierung der Triumphkreuzgruppe im Lübeck Dom. Lübeck, 22.–24. 8. 1976. – Kunstchronik. Jg. 30 (1977), S. 6–15.

1737. *Vetter, Ewald M.:* Das Triumphkreuz Bischof Krummedicks im Lübecker Dom. – Zeitschrift für Kunstgeschichte. Bd 40 (1977), S. 115–134, 20 Abb.

1738. *Ulmann, Arnulf von:* Das Triumphkreuz im Dom zu Lübeck. – VBll. 28 (1977), S. 117.

1739. *Hasse, Max:* Hans Memlings Lübecker Passionsaltar. 2. Aufl. L. 1979. 39 S., Abb. (Lübecker Museumshefte. H. 6.)

c. St. Petri

s. a. Nr. 1700.

In Lübeck-Schrifttum 1900–1975 auf S. 321.

1740. *Zimmermann, Friedrich:* Zerstörung und Wiederaufbau von St. Petri. Bauverein will den Innenraum der Kirche vollenden. – LBll. 1984, S. 157–160, 173–176, 13 Abb. [Die einzelnen Phasen von der Zerstörung bis zum heutigen Zustand.]

Baugeschichte der St. Petri-Kirche s. a. Nr. 1291.

d) St. Jacobi

s. a. Nr. 1700.
Kirchensilber s. Nr. 1747.

In Lübeck-Schrifttum 1900–1975 auf S. 321–322.

1741. *Höppner, Henning:* Die Baugeschichte der Jakobikirche zu Lübeck. Kiel 1985. 193 S., Abb., Pl. Masch. verv. Kiel Diss.phil. 1983. [Baugeschichte und kunstgeschichtliche Stellung.]

1742. *Wilde, Lutz* und *Armin Schoof:* St. Jakobi. 2. Aufl. L. 1979. 32 S., 8 Abb. (Lübecker Führer. H. 8.) [Baugeschichte und Beschreibung.]

1743. *Wölfel, Dietrich:* St. Jakobi als Seefahrer- und Fischerkirche. – Wa. 1980, S. 95–104, 6 Abb.

1744. Die kleine Orgel in St. Jakobi zu Lübeck, Stellwagen-Orgel. Festschrift anläßlich ihrer Wiederherstellung 1977/1978. Hrsg. im Auftrag des Kirchenvorstandes St. Jakobi von Dietrich Wölfel. L. 1978. 64 S., 32 Abb.

1745. *Petersen, Annie:* Fremde in den beiden ältesten Trau-Büchern von St. Jacobi, Lübeck: 1625–33 und 1633–65. – Lübecker Beiträge zur Familien- und Wappenkunde. H. 9 (1977), S. 2–19.

e) St. Ägidien

s. a. Nr. 1700.

In Lübeck-Schrifttum 1900–1975 auf S. 322.

1746. *Wilde, Lutz:* Die Aegidienkirche in Lübeck. 3. Aufl. München 1976. 14 S., Abb. (Große Baudenkmäler. H. 253)
4. Aufl. 1982.

1747. *Kommer, Björn R.:* Kirchensilber in St. Ägidien und St. Jakobi. – VBll. Jg. 28 (1977), S. 61–62, 2 Abb.

f) St. Katharinen

s. a. Nr. 1374.

In Lübeck-Schrifttum 1900–1975 auf S. 322–323.

1748. *Wilde, Lutz:* Katharinenkirche Lübeck – Museum für Kunst- und Kulturgeschichte. 2. Aufl. München 1983. 16 S., 8 Abb. (Große Baudenkmäler. H. 252.) [Geschichte und Beschreibung der Kirche.]

1749. *Carstensen, Richard:* Sankt Katharinen zu Lübeck: Eines der edelsten Werke der Hochgotik. – Schleswig-Holstein. 1977, S. 60–64, 6 Abb. [Beschreibung der Kirche, Rolle der Franziskaner in der Stadt, Verwendung der Kirche nach der Reformation.]

1750. *Rudloff, Martina:* Ernst B a r l a c h – Gerhard Marcks : Der Lübecker Figurenfries. Eine Dokumentation. Bremen 1978. 44 S., Abb.

g) St. Johannis-Kloster

In Lübeck-Schrifttum 1901–1975 auf S. 323.

1751. *Eilermann, Amandus:* Lübeck, St. Johannes. – Die Benediktinerklöster in Niedersachsen, Schleswig-Holstein und Bremen. St. Ottilien 1979. (Germania Benedictina. Bd 6.), S. 321–324. [Geschichtlicher Überblick, wirtschaftliche Verhältnisse, Quellen und Literatur.]

1752. *Krieger, Jörg:* Das St.-Johannis-Jungfrauenkloster zu Lübeck. – VBll. Jg. 31 (1980), S. 10–11, 2 Abb. [Entwicklung des 1177 gegründeten Klosters, Reformation, 1903–04 Neubau des Damenstifts.]

Über die Ergebnisse der Grabungen Manfred Gläser s. Nr. 462–463.

1753. *Hasse, Max:* Der Apokalypse-Altar (Johannes-Altar) im Victoria und Albert Museum zu London. – Niederdeutsche Beiträge zur Kunstgeschichte. 19 (1981), S. 125–136. [Aus der Lübecker Johanniskirche, 14. Jh.]

1754. *Prange, Wolfgang:* Der Besitz des Lübecker Johannisklosters im Jahre 1531. – ZLG. Bd 65 (1985), S. 315–326.

h) Burgkloster

In Lübeck-Schrifttum 1900–1975 auf S. 323–324.

1755. *Meißner, Jan Martin:* Das Burgkloster der Dominikaner zu Lübeck. – Archäologie in Lübeck. L. 1980, S. 60–62, 4 Abb.

1756. *Thiele, Susanne:* Das Lübecker Burgkloster und seine Beziehungen zur Stadt Lübeck. L. 1982. 190 S. Masch. Staatsexamensarbeit.

1757. *Thiele, Susanne:* Das Lübecker Burgkloster als soziale Institution. – ZLG. Bd 64 (1984), S. 277–285. [Teilabdruck von Nr. 1756. Analyse von 14 Praebendenverträgen zwischen 1417 und 1525 für das Burgkloster.]

1758. *Meißner, Jan Martin:* Zur Baugeschichte des Lübecker Burgklosters. – LSAK. Bd 6 (1982), S. 99–106, 5 Abb.

1759. *Wengerten, Horst:* Die stratigraphischen Untersuchungen an Putzen, Tünchen (Schlemmen) und Malereien im Burgkloster zu Lübeck 1977/1978. – LSAK. Bd 6 (1982), S. 107–113, Abb.

1760. *Wittstock, Jürgen:* Die mittelalterlichen Bildfenster der Burgkirche zu Lübeck. – Wa. 1978, S. 120–135, 11 Abb.

Archäologische Befunde des Burgklosters s. Nr. 475–477.

i) Heiligen-Geist-Hospital

In Lübeck-Schrifttum 1900–1975 auf S. 324–325.

1761. *Jetter, Dieter:* Das Heiligen-Geist-Hospital in Lübeck und vergleichbare Bauwerke des Glaubens im mittelalterlichen Europa; alte Rätsel – neue Hypothesen. – Focus MHL. 2 (1985), S. 118–130, 14 Abb.
Abdruck u.d.T.: Jetter, Alte Rätsel – neue Hypothesen, Das Heiligen-Geist-Hospital in Lübeck... – VBll. Jg. 36 (1985), S. 82–89, 15 Abb.

1762. *Neugebauer, Manfred:* 700 Jahre Heiligen-Geist-Hospital in Lübeck. – Wa. 1980, S. 71–78, 3 Abb. [Gründung, Baubeschreibung, Daten zur Geschichte des Hospitals.]

1763. *Hammel, Rolf*: Zur frühen Geschichte des Heiligen-Geist-Hospitals in Lübeck. – Archäologie in Lübeck. L. 1980, S. 68–69.

1764. *Neugebauer, Manfred:* Zur Baugeschichte des Heiligen-Geist-Hospitals in Lübeck. – Archäologie in Lübeck. L. 1980, S. 69–74, 4 Abb.

1765. Die Restaurierungsarbeiten in der Kirchenhalle des Heiligen-Geist-Hospitals 1979–1984. Hrsg. Stiftung Heiligen-Geist-Hospital. L. 1984. 29 S. Masch. verv.

1766. *Pietsch, Ulrich:* Die Wandmalereien im Heiligen-Geist-Hospital zu Lübeck – Eine Urkunde auf der Wand. – Archäologie in Lübeck. L. 1980, S. 74–75, 1 Abb.

1767. *Brandt, Ahasver von:* Die ältesten Bildnisse Lübecker Bürger. Von den Wandmalereien im Heiligen-Geist-Hospital. – Brandt, Ahasver von: Lübeck, Hanse, Nordeuropa. Köln 1979, S. 365–370, 2 Taf.
Zuerst in: Wa. 1955, S. 39–44, 3 Abb.

1768. *Neugebauer, Manfred:* Neue baugeschichtliche Ergebnisse und Fragestellungen zum Heiligen-Geist-Hospital in Lübeck. – Die Heimat. Jg. 85 (1978), S. 350–353, 4 Abb.

1769. *Fehring, Günter P.:* Archäologische und baugeschichtliche Untersuchungen im Heiligen-Geist-Hospital zu Lübeck. Ein Vorbericht. – LSAK. Bd 1. 1978, S. 63–70, 11 Abb. [Grabungen von 1973–1976. Früheste Bebauungsreste um 1236 datiert.]

1770. *Neugebauer, Manfred* und *Dieter Eckstein*: Das Heiligen-Geist-Hospital zu Lübeck als Beispiel für baukonstruktiv-dendrochronologische Untersuchungen und ihre Problematik. – Wa. 1980, S. 79–94, 9 Abb.

1771. *Neugebauer, Manfred:* Die baukonstruktiv-historische Untersuchung der Holzkonstruktionen im Heiligen-Geist-Hospital zu Lübeck. – LSAK. Bd 3 (1980), S. 97–105, 6 Abb.

1772. *Eckstein, Dieter, Manfred Neugebauer* und *Gisela Brauner:* Die Baugeschichte der Holzkonstruktionen im Heiligen-Geist-Hospital zu Lübeck. – LSAK. Bd 6 (1982), S. 123–162, 24 Abb.

C. Katholische Kirche

In Lübeck-Schrifttum 1900–1975 auf S. 326–327.

1773. Die katholischen Kirchen in Lübeck. – Lübecker Adreßbuch. 1976/77 – 1980/81. [Die einzelnen Kirchen jeweils mit Bild und Beschreibung.]

D. Geistliche und andere im religiösen Leben Tätige

In Lübeck-Schrifttum 1900–1975 auf S. 327–331.

1774. *Gross, Roland:* Presbyterologie der Pastoren Lübecks 1530–1980. – Mitteilungen zum Archivwesen in der Nordelbischen Ev.-Luth. Kirche. Nr. 6 (1983), S. 9–12. [Angabe der Quellen, die zu den Biographien führen.]

1775. *Rüdiger, Minna:* Tante Franziska Amelung. 1789–1879. – VBll. Jg. 34 (1983), S. 44–46, 1 Abb. [Diakonisse in Lübeck.]

1776. *Hauschild, Wolf-Dieter:* Bonnus, Hermann (1504–1548), Superintendent – BL. Bd 6 (1982), S. 30–32.

1777. *Hauschild, Wolf-Dieter:* Leben und Werk des Reformers Hermann Bonnus (1504–1548). – Quakenbrück. Von der Grenzfestung zum Gewerbezentrum. Hrsg. von Horst-R. Jarck. Quakenbrück 1985. (Osnabrücker Geschichtsquellen und Forschungen. 25.) [Bonnus war seit 1532 Superintendent in Lübeck.]

1778. *Holfelder, Hans Hermann:* Bugenhagen. – Theologische Realenzyklopädie. Bd 7 (1981), S. 354–363.

1779. *Schmidt, Karsten:* Johannes Bugenhagen Pomeranus. 450 Jahre Reformation in Lübeck 1531–1981. – Pommern. 19 (1981), H. 4, S. 27–28, Abb.

1780. *Lund, Heinz:* Die Bedeutung Bugenhagens für Lübeck. – Mare Balticum. 1985, S. 90–92.

1781. *Carstensen, Richard:* Baumeister der evangelischen Kirche. Zu Bugenhagens 500. Geburtstag. – Schleswig-Holstein. 1985, H. 7, S. 4–6, 4 Abb. [Biographie, Wirksamkeit.]

1782. Johannes Bugenhagen. Festschrift des Katharineums zu Lübeck 1985. L. 1985. 32 S., Abb. [Darin Hans Bode über die Schulkonzeption Bugenhagens und Wolf-Dieter Hauschild über Bugenhagens Wirkung für Kirche und Gesellschaft.]

1783. *Haendler, Gert:* Die Ausbreitung der Reformation in den Ostseeraum und Johannes Bugenhagen. – Kyrkohistorisk Årsskrift. 1983, S. 30–41. [Lübeck angemessen mitbehandelt.]

1784. *Freimark, Peter:* Carlebach, Joseph Hirsch, (1883–1942), Rabbiner, Pädagoge. – BL. Bd 7 (1985), S. 41–42. [Geburt und Jugend in Lübeck.]

1785. *Freimark, Peter:* Carlebach, Salomon (1845–1919), Rabbiner. – BL. Bd 7 (1985), S. 42–44. [Seit 1870 Rabbiner in Lübeck.]

1786.	*Hauschild, Wolf-Dieter:* Curtius, Valentin (1493–1567), Superintendent – BL. Bd 6 (1982), S. 68–69.

1787.	*Bruns, Alken:* Johannes Geibel (1776–1853) Pastor der reformierten Gemeinde in Lübeck. – BL. Bd 7 (1885), S. 82–83. [Vater Emanuel Geibels.]

1788.	*Reetz, Jürgen:* Zwei bemerkenswerte Lübecker Geistliche des 14. Jahrhunderts: Hinricus de Culmine und Goswinus Grope. – ZLG. Bd 56 (1976), S. 107–111.

1788a.	*Meinardus, Otto F. A.:* Peter Heyling, History and Legend. – Ostkirchliche Studien 14 (1965), S. 305–326. [geb. 1607 od. 1608 in Lübeck, gest. 1652, Aethiopien-Missionar]

1788b.	*Meinardus, Otto F. A.:* Peter Heyling in the Light of Catholic Historiography. – Ostkirchliche Studien 18 (1969), S. 16–22.

1788c.	*Meinardus, Otto:* Sendbote nach Aethiopien. Peter Heyling. – Unter andern Völkern, hrsg. v. Kurt Schleucher. Darmstadt 1975, S. 47–60.

1789.	*Gross, Roland:* Hunnius, Nicolaus (1585–1643), Superintendent. – BL. Bd 6 (1982), S. 133–135.

1790.	*Brosius, Dieter:* Eine Reise an die Kurie im Jahre 1462. Der Rechenschaftsbericht des Lübecker Domherrn Albert Krummediek. – Quellen und Forschungen aus italienischen Archiven und Bibliotheken. 58 (1978), S. 411–440.

1791.	*Spies, Hans-Bernd:* Melle, Jacob von (1659–1743), Theologe. – BL. Bd 6 (1982), S. 183–184.

1792.	*Kröger, Heinrich:* Zum 50. Todestag von Wilhelm Mildenstein. – Schleswig-Holstein. 1983, H. 11, S. 9–13, 3 Abb. [Mildenstein (1870–1933), seit 1912 Pastor in Lübeck, hielt dort die ersten Gottesdienste in plattdeutscher Sprache und gründete 1918 die „Plattdütsche Volksgill".]

1793.	*Wölfel, Dietrich:* Johann David Polchow (1732–1801), Pastor, Landschulreformer. – BL. Bd 7 (1985), S. 169–171.

1794.	*Hauschild, Wolf-Dieter:* Pouchenius, Andreas (1526–1600), Superintendent. – BL. Bd 6 (1982), S. 220–222.

1795.	*Helk, Vello:* Stricker, Martin (um 1577–1649), Katholischer Priester. – BL. Bd 7 (1985), S. 305–306. [Zeitweise auch in Lübeck missionarisch tätig.]

1796.	*Neugebauer, Werner:* Vicelin – Apostel der Holsten und Wagrier. – VBll. Jg. 27 (1976), S. 7. [Kurze Biographie.]

1797.	*Hoffmann, Erich:* Vicelin und die Neubegründung des Bistums Oldenburg/Lübeck. – Lübeck. 1226 (1976), S. 115–142, 3 Abb. [Entwicklung bis zur Verlegung des Bischofssitzes nach Lübeck 1160.]

1798.	*Gross, Roland:* Wörger, Franz (1643–1708), Theologe. – BL. Bd 7 (1985), S. 326–327. [Lübecker, 1673–1692 Prediger an St. Lorenz.]

XIII. STADTTEILE UND GEMEINDEN IM FRÜHEREN LANDGEBIET

s. a. unter den verschiedenen Sachbereichen, insbesondere bei Ortskunde S. 17.

Schriften über das 1420–1868 gemeinsam von Hamburg und Lübeck verwaltete Amt Bergedorf (Bergedorf, Vierlande, Geesthacht) sind enthalten in G. Espig, Bücherkunde zur hamburgischen Geschichte. T. 4. s. Nr. 7.

A. Stadtteile

s. a. unter anderen Sachbereichen

In Lübeck-Schrifttum 1900–1975 auf S. 332.

1799. *Kommer, Björn R.:* Gärtnergehöft und Garten in der Lübecker Vorstadt St. Lorenz. – ZLG. Bd 59 (1979), S. 107–149, 1 Kt., 3 Abb. [Insbesondere über das Gehöft Steinrader Weg 51.]

1800. *Kommer, Björn R.:* Gartenhaus und Garten. Zur Lübecker Kulturgeschichte im 18. und frühen 19. Jahrhundert. – Wa. 1980, S. 115–126, 7 Abb. [Über die Landhäuser begüterter Familien vor den Toren der Stadt und die Entwicklung von Gärtnereien.]

1801. *Müller, Uwe:* St. Gertrud. Chronik eines vorstädtischen Wohn- und Erholungsgebietes. L. 1986. 110 S., 32 Abb. (Kleine Hefte zur Stadtgeschichte. H. 2.) [Die heutige Verwaltungseinheit St. Gertrud mit Israelsdorf, Gothmund, dem Lauerholz u.a. von den Anfängen bis zur Gegenwart. Mit Literaturverzeichnis und Register.]

1802. 25 Jahre Straße Grönauer Baum. Red.: Albrecht von Freeden. L. 1984. 141 S., Skizzen u. Abb. Masch. verv. [Über die einzelnen Häuser, die Schule, die frühere Grönauer Heide, den Verkehr auf der Straße nach Ratzeburg, die Landwehr u.a.m.]

B. Travemünde

s. a. Küste der Lübecker Bucht S. 26.

In Lübeck-Schrifttum 1900–1975 auf S. 332–334.

1803. *Fuchs, Horst:* Travemünde. Bild: Hans-Jürgen Wohlfahrt. Frankfurt a.M. 1976. 72 S., 57 Abb.

1804. *Wieck, Helmuth:* Travemünde. 3. Aufl. L. 1979. 32 S., 4 Abb. (Lübecker Führer H. 3.)

1805. *Bernhard, Willi:* Gruß aus dem Seebad Travemünde. Bildpostkartenkatalog 1892–1940. Hamburg 1977. 88 S. Abb. mit Text.

1806. *Axen, Karl-Heinz:* Travemünde in alten Ansichten. Zaltbommel 1982. 76 Postkartenbilder.

1807. 750 Jahre St. Lorenz-Kirche Travemünde. Hrsg. vom Kirchenvorstand. Travemünde 1985. 48 S., Abb. [Über die Geschichte, Verzeichnisse der Pastoren, Küster und Organisten seit 1530, Erinnerungen.]

1808. *Petersen, Annie:* Ortsfremde – zumeist aus dem Osten – im Taufbuch von (Lübeck-)Travemünde 1655–1708. – Zeitschrift für Niederdeutsche Familienkunde. Jg. 56 (1981), S. 14–19.

1809. 450 Jahre Stadtschule Travemünde. 1531–1981. Travemünde 1981. 48 S., Abb.

1810. *Wieck, Helmuth:* Im Wandel der Zeit 450 Jahre Stadtschule Travemünde. – LBll. Jg. 141 (1981), S. 350–351. [Auszüge aus einer Festrede. 1531 aufgrund der Kirchenordnung Bugenhagens gegründet.]

1811. *Ellmers, Detlev:* Das Hafenzeichen von Travemünde. – Lübeck 1226 (1976), S. 57–61, 1 Kt. [Vorläufer des späteren Leuchtturms.]

1812. *Steinbrücker, Wolfgang:* 15 Jahre Travemünder Skandinavienkai. – Unser Travemünde. Jg. 26 (1977), H. 3/4, S. 3, 5, 7.

1813. *Völker, Jürgen:* 20 Jahre Skandinavienkai. – VBll. Jg. 33 (1982), S. 27. [Seit 1962].

1814. *Freese, Hans-Heinrich:* Quarantäne in Travemünde. L. 1982, 54 S., 11 Abb. Masch. Dipl. Arb. a.d. Seefahrtsschule Lübeck.

1815. *Freese, Hans-Heinrich:* Seequarantäne in Travemünde. Wie man in Lübeck Seuchen abwehrte. – VBll. Jg. 34 (1983), S. 24–27. [Vorläufer, Quarantäne-Ordnung von 1805, Maßnahmen.]

1816. E-Stellen Travemünde und Tarnewitz. Die Geschichte der Seeflugzeug-Erprobungsstelle Travemünde und der daraus hervorgegangenen E-Stelle für Flugzeugbewaffnung in Tarnewitz. Bd 1–3. Hrsg. von Heinrich Wellé u.a. Steinebach-Wörthsee 1975–1982. [Zahlreiche Aufsätze über die E-Stellen.]

1817. *Bessel, Joachim* und *Hans-Albrecht Caspari:* Luftfahrt in Lübeck-Travemünde. Caspar-Werke. – E-Stellen in Travemünde und Tarnewitz. Bd 2. Steinebach-Wörthsee 1979, S. 11–36, Abb.

1818. *Wahl, Albert:* Damals in Travemünde. Ein Beitrag zur Rolle Travemündes in der Geschichte der Luftfahrttechnik. – E-Stellen Travemünde und Tarnewitz. Bd 2. Steinbach-Wörthsee 1979, S. 47–65.

1819. *Eckert, Gerhard:* Als die Badekarren rollten. Ostseebäder von Travemünde bis Glücksburg. Vergnügliches und Bemerkenswertes. Hamburg 1977. 118 S., Abb.

1820. *Pietsch, Ulrich:* Badeleben in Travemünde. – Kunst und Kultur Lübecks im 19. Jahrhundert. 1981, S. 235–245, 4 Abb.

1821. *Graßmann, Antjekathrin:* „Travemünder Ostseeklänge". Zur Kurmusik des Seebades. – 800 Jahre Musik in Lübeck. T. 1. 1982. S. 121–129, 2 Abb.
Gering überarbeitet in: Ich will aber gerade vom Leben singen ... Hrsg. von Sabine Schutte. Reinbek 1987, S. 252–264, 2 Abb.

1822. 70 Jahre Travemünder Woche 1889–1959. Hrsg. „Regattagemeinschaft Lübecker Bucht". L. 1959. 44 S., Abb.

1823. *Braun, Matthias* und Michael Gulski: Landschaft und Lebensgemeinschaften des Priwalls. Analyse zur Entwicklungsgeschichte und Landschaftsplanung. L., Kiel 1982. 45 S., Abb.

1824. *Graßmann, Antjekathrin:* Lübecks Priwall. Eine Betrachtung 750 Jahre nach Verleihung des Reichsfreiheitsbriefs. – Lübeck 1226. 1976, S. 63–76, 2 Kt.

1825. *Bei der Wieden, Helge:* Der Priwall zwischen Mecklenburg und Lübeck. – ZLG. Bd 62 (1982), S. 31–47. [Über die von 1226–1803 nie genau festgelegten Rechte Lübecks am Priwall und die sich daraus ergebenen Streitigkeiten mit Mecklenburg.]

1826. 200 Jahre Karstedtscher Hof Lübeck – Brodten 1786–1986. Hrsg. von Heidrun und Reiner Schmitz. Festschrift zur 200-Jahr-Feier der Errichtung des ehemals Karstedtschen Hofgebäudes in Lübeck-Brodten, Kirchspiel Travemünde. Hamburg 1986. 55 S., 1 Flurkarte, zahlr. Abb.

C. Landgebiet nebst Exklaven sowie Nachbargemeinden Bad Schwartau, Sereetz und Stockelsdorf

Die einzelnen Ortschaften alphabetisch.

s. a. unter anderen Sachbereichen
s. a. Ortskunde, besonders Stadt- und Reiseführer S. 17.

In Lübeck-Schrifttum 1900–1975 auf S. 334–338.

1827. 700 Jahre St. Georg-Kirche zu Lübeck-Genin. Hrsg. vom Kirchenvorstand. L. 1986. 48 S., zahlr. Abb. [Über die Geschichte, den Bau, Renovierungen. Mit Verzeichnissen der Pastoren, Küster, Organisten u.a.m.]

1828. *Auer, Hannes:* Ein verträumtes Fischerdorf an der Trave. In Gothmund werden die Pfannkuchen nur auf einer Seite gebacken. – Schleswig-Holstein. Jg. 1977, S. 181, 1 Abb.

1829. Gothmund einst und jetzt. – VBll. Jg. 36 (1985), S. 34–48, Abb. [Von der Fischereiordnung, Tracht, Recht, Haus u.a.m.]

1830. *Borgs, Hertha:* Die Besitzer der 6 Höfe zu Ivendorf im Travemünder Winkel. – Lübecker Beiträge zur Familien- und Wappenkunde. H. 10 (1977), S. 37–48, 1 Abb.

Gemeinnütziger Verein für Kücknitz und Umgegend s. Nr. 1608.

Moisling s. bei Juden S. 30.

1831. *Petersen, Annie:* Holländer und Schäfer im Kirchspiel N u s s e. Auszüge aus den ältesten 3 Kirchenbüchern 1618–1641, 1651–1689 u. 1690–1726. – Zeitschrift für Niederdeutsche Familienkunde. Jg. 50 (1975), S. 39–41.

1832. Festschrift zur 800-Jahrfeier der Kirche St. Fabian und Sebastian zu R e n s e f e l d am 20. Januar 1977. Hrsg. von Hartwig Bünz. Breklum 1977. 79 S., Abb. [Übersetzung der Urkunde von 1177, 8 Aufsätze über die Kirche und Gemeinde in der Geschichte u.a.m.]

1833. *Rogat, Richard:* Zur Geschichte der Rensefelder Hufen. – Lübecker Beiträge zur Familien- und Wappenkunde. H. 7 (1976), S. 2–29, 3 Kt. und H. 9 (1977), S. 24–43, Taf. mit Stammbäumen.

1834. *Heimann, Roland:* Vom Fischerdorf zum Industriestadtteil: S c h l u t u p im 19. und 20. Jahrhundert. Kleine Chronik. L. 1985. 56 S., 21 Abb. u. Kt. (Kleine Hefte zur Stadtgeschichte. H. 1.) [Chronikartige Übersicht von 1803 bis 1985.]

1835. *Stier, Wilhelm:* Die Grenze des Landes Ratzeburg mit dem Freistaat Lübeck bei Schlutup. – Mitteilungen des Heimatbundes für das Fürstentum Ratzeburg. 14 (1932), S. 34–36.

1836. 550. Festjahr der St. Andreas-Kirchengemeinde zu Lübeck-Schlutup. Umschlagtitel: 1436–1986. 550 Jahre St. Andreas-Kirchengemeinde Schlutup. Hrsg. vom Kirchenvorstand. L. 1986. 96 S., zahlr. Abb. [Geschichte der Kirche, Pastorenverzeichnis, Erinnerungen, Schule, Fischerei, Vereine.]

1837. *Petersen, Annie:* Fremden-Trauungen in Schlutup 1651–1825. – Zeitschrift für Niederdeutsche Familienkunde. Jg. 50 (1975), S. 139–146.

1838. *Petersen, Annie:* Fremde im ältesten Kirchenbuch von (Lübeck-) Schlutup (I). – Lübecker Beiträge zur Familien- und Wappenkunde. H. 10 (1977), S. 4–16.

1839. *Petersen, Annie:* Fremde im Taufbuch (Lübeck-) Schlutup 1734–1853 (II). – Lübecker Beiträge zur Familien- und Wappenkunde. H. 13 (1979), S. 19–46.

Gemeinnütziger Verein Schlutup s. Nr. 1609.

1840. Schlutuper Festwoche 1978, vom 22. 9. bis 1. 10. – 75 Jahre Gemeinnütziger Verein Schlutup. L. 1978. 88 S., Abb.

1841. *Krüger, Gernot:* Gut S c h ö n b ö c k e n und seine Besitzer im Wandel der Zeiten. – VBll. Jg. 32 (1981), S. 26–29, 40–41, 3 Abb.

1842. *Bahrdt, Rainer:* Bad S c h w a r t a u. – VBll. Jg. 27 (1976), S. 74 und 86. [Charakterisierung der Stadt.]

s. a. Lübecker Adreßbuch Nr. 168.

1843. *Steen, Max:* Bad Schwartau – Aus Vorzeit und Gegenwart. 2. Aufl. L. 1979. 155 S., 65 Abb. [Geschichte Schwartaus, anschließend Geschichten und Anekdoten.]

1844. *Steen, Max:* Alt-Schwartau. Geschichte und Geschichten. L. 1981. 165 S., zahlr. Abb. [66 Geschichten in chronologischer Ordnung.]

s. a. Bremse, Uwe: Landschaftswandel am unteren Lauf der Schwartau Nr. 125.

1845. *Harders, Georg:* Kaltenhof. Eine Dokumentation zur Geschichte Bad Schwartaus. Hrsg. vom Gemeinnützigen Bürgerverein Bad Schwartau e.V. Bad Schwartau 1986. 36 S., 14 Abb., 6 Kt. [Erklärung, Ausgrabungen, Erinnerungsstätte, vor allem Abdruck der Beiträge von Max Steen über das Landgut und das Amt Kaltenhof aus seinem Buch „Bad Schwartau" von 1973.]

1846. *Steen, Max:* Die Georgskapelle und das Siechenhaus in Schwartau. – Jahrbuch für Heimatkunde Eutin. 1979, S. 114–120, 1 Abb.

Über den Schwartauer Altar s.a. Nr. 1325.

1847. *Harders, Georg:* Vor 70 Jahren wurde Schwartau Stadt. – Jahrbuch für Heimatkunde Eutin. 1982, S. 118–122, 2 Abb. [Stadtrechtsverleihung 1912.]

1848. *Harders, Georg:* Die elektrische Straßenbahn Lübeck-Schwartau. – Jahrbuch für Heimatkunde Eutin. 1982, S. 128–132, 1 Abb. [Diese Straßenbahnlinie bestand 1912–1959.]

1849. *Harders, Georg:* Die Bismarcksäule auf dem Pariner Berg. – Jahrbuch für Heimatkunde Eutin. 1983, S. 120–121, 1 Abb. [Eingeweiht 1902.]

1850. *Harders, Georg:* Die Bismarcksäule auf dem Pariner Berg. Bad Schwartau 1984. 24 S., Abb.

1851. *Harders, Georg:* Die Friedrich-August-Warte in Bad Schwartau. – Jahrbuch für Heimatkunde Eutin. 1985, S. 112–113, 1 Abb. [Aussichtsturm im Riesebusch, 1902–1928 bestehend.]

1852. *Harders, Georg:* 140 Jahre Männergesangverein in Bad Schwartau. – Jahrbuch für Heimatkunde Eutin. 1985, S. 106–111, 1 Abb.

1853. 50 Jahre Schwartauer Segler-Verein e.V. 1931–1981. Bad Schwartau 1981. 52 S., Abb.

1854. *Dietrich, Ingo:* Das alte Dorf S e r e e t z. Jahrbuch für Heimatkunde Eutin. 1984, S. 37–39, 1 Abb.

1855. 675 Jahre S t o c k e l s d o r f. Stockelsdorf 1978. 40 S., Abb.

1856. *Röttger, Hermann:* Aus der Geschichte von Stockelsdorf. – Jahrbuch für Heimatkunde Eutin. 1985, S. 35–37. [Gründung, Namensdeutung, Gut und Dorf, Fayencefabrik u.a.m.]

s. a. Lübecker Adreßbuch Nr. 168.

1857. *Pietsch, Ulrich:* Stockelsdorfer Fayencen: Geschichte und Leistung einer holsteinischen Manufaktur im 18. Jahrh. Mit Beiträgen von Henrik Lungagnini und Paul Zubek. L. 1979. 334 S., zahlr. Abb. (Hefte zur Kunst und Kulturgeschichte der Hansestadt Lübeck. 2.)

1858. *Pietsch, Ulrich:* Stockelsdorfer Fayencen. – Schleswig-Holstein. 1979, H. 10, S. 10–12, 3 Abb. [Über die 1772–1786 bestehende Manufaktur.]

1859. *Pietsch, Ulrich:* Stockelsdorfer Fayencen. – Jahrbuch für Heimatkunde Eutin. 1985, S. 44–54, 5 Abb.

1860. *Thimann, Jürgen* und Karla: Stockelsdorfer Fayencen. Betrachtungen von neuaufgefundenen Stücken. – Die Heimat. Jg. 92 (1985), S. 330–333, 6 Abb.

1861. *Pietsch, Ulrich:* Stockelsdorfer Fayencen als Bodenfunde in der Lübecker Innenstadt. – LSAK. Bd 6 (1982), S. 223–230, 9 Abb.

1862. *Röttger, Hermann:* Die Familie von Lübbers und Stockelsdorf. Stockelsdorf 1982, 12 S., Abb.

1863. *Pietsch, Ulrich:* Georg Nicolaus Lübbers (1724–1788), Offizier, Gutsbesitzer, Manufakturbesitzer in Stockelsdorf. – BL. Bd 7 (1985), S. 125–126.

1864. *Lange, Herbert:* Johann Buchwald (1720–1806), Fayencekünstler. – BL. Bd 6 (1982), S. 39–41. [Wirkte in der Manufaktur zu Stockelsdorf.]

1865. *Krüger, Gernot:* Strecknitz. Kleine Chronik eines alten Landgutes. – VBll. Jg. 29 (1978), S. 24–25, 44, 3 Abb.

D. Mölln

Hier Schriften mit Behandlung der Zeit der Zugehörigkeit zu Lübeck 1359–1683.

In Lübeck-Schrifttum 1900–1975 auf S. 338.

1866. *Zimmermann, Hansjörg:* Mölln. Ein geschichtlicher Überblick. Büchen 1977. 160 S., 90 Abb., Kt. [Die Zeit der Herrschaft Lübecks angemessen berücksichtigt.]

1867. *Rackmann, Otto:* Die Möllner Stadtverfassung bis 1870. – Lauenburgische Heimat. NF, H. 99 (1980), S. 49–74. [Darin auch die Lübecker Zeit mitbehandelt.]

1868. *Kaack, Hans-Georg:* Die Verpfändung der Stadt Mölln an Lübeck und ihre Auswirkungen bis ins 15. Jahrhundert. – LBll. Jg. 143 (1983), S. 181–184, 197–200, 8 Abb. [Die Verpfändung 1359 in erdachten Gesprächen von Augenzeugen.]

1869. Lübecker Vögte und Hauptleute in Mölln 1367–1683. Aus dem Nachlaß von Martin Burmeister hrsg. von Hansjörg Zimmermann, mit Verzeichnis der Vögte und Register. – ZLG. Bd 58 (1978), S. 21–48.
Besprechung von Wolfgang Prange in ZLG. Bd 59 (1979), 242–244.

1870. *Obst, Lothar:* Der Hauptmannshof in Mölln. – Schleswig-Holstein. 1983, H. 9, S. 20–21, 1 Abb. [Der Hof der Lauenburger Herzöge war zur Zeit der Lübecker Pfandherrschaft der Sitz des Stadthauptmanns der Hansestadt.]

1871. *Holst, Jens Christian:* Mölln, Stadthauptmannshof. – Bericht über neue Ergebnisse der Bauforschung 1969–1984. – Nordelbingen. Bd 54 (1985), S. 290–300, 5 Abb.

1872. *Obst, Lothar:* Urkundliches zur Geschichte des Herrenhofes zu Mölln. – Lauenburgische Heimat. H. 114 (1986), S. 29–69.

1873. *Rackmann, Otto:* Möllner Rezesse von 1653 und 1668/69. – Lauenburgische Heimat. NF. H. 116 (1986), S. 65–79. [Da Mölln zu dieser Zeit unter lübeckischer Pfandherrschaft stand, geht es hier um Beziehungen des Lübecker Rates zu Bürgerschaft und Rat in Mölln.]

1874. *Obst, Lothar:* Vor 300 Jahren endete die Lübecker Pfandherrschaft in Mölln. – Schleswig-Holstein. 1983, H. 12, S. 19–20, 3 Abb.

1875. Vor 300 Jahren endete Lübecks Pfandherrschaft in Mölln. – VBll. Jg. 34 (1983), S. 91–92, 3 Abb. [Durch Urteil des Reichskammergerichts von 1683.]

XIV. Bistum Lübeck

Das bis 1803 bestehende Bistum umfaßte außer dem Dom, den Domherren-Kurien und einigen Dörfern im heutigen Lübecker Stadtkreis ursprünglich als Diözese ganz Ostholstein, seit der Reformation als evangelisches Bistum den Allodialbesitz, annähernd das Gebiet des ehem. Landkreises Eutin mit der Residenz Eutin. Hier nur eine knappe Auswahl von Schriften, die das Ganze und die Beziehungen zu Lübeck betreffen. Kein Lokalschrifttum. Die jeweils neueste Literatur findet sich in der Schleswig-Holsteinischen Bibliographie s. Nr. 6.

s. a. Schrifttum über den Dom S. 170.

A. Geschichte

s. a. Geschichte der Stadt Lübeck
s. a. Kirchengeschichte

In Lübeck-Schrifttum 1900–1975 auf S. 341–343.

1876. *Rönnpag, Otto:* Die Bischofssitze Kaltenhof und Eutin – ein Vergleich. – Jahrbuch für Heimatkunde Eutin. 1981, S. 51–56, 2 Kt.

1877. *Röpcke, Andreas:* Das Eutiner Kollegiatstift im Mittelalter 1309–1535. Neumünster 1977. 261 S., 2 Kt. (Quellen und Forschungen zur Geschichte Schleswig-Holsteins. Bd 71.) Heidelberg, Diss.phil. 1977.

1878. *Rönnpag, Otto:* Das Kollegiatstift Eutin. – Jahrbuch für Heimatkunde Eutin. 1984, S. 23–29. [Gründung 1309, Aufbau, gottesdienstliches Leben, Bestehen bis 1803.]

1879. *Schütt, Ernst:* Der Streit zwischen Dänemark und Holstein-Gottorp um das Hochstift Lübeck. – Jahrbuch für Heimatkunde Eutin. 1981, S. 35–38. [Konflikte um die Nachfolge auf dem fürstbischöflichen Thron zu Anfang des 18. Jahrhunderts.]

1880. *Peters, Gustav:* Vom Hochstift Lübeck zum Landkreis Eutin. Gebietsänderungen seit der Reformation. – Aufsätze zur Geschichte Ahrensböks. Ahrensbök 1979, S. 21–38.

1881. *Schneider, Konrad:* Die Münztätigkeit des Hochstiftes Lübeck unter Bischof August Friedrich von Holstein-Gottorf (1666–1705). – ZLG. Bd 66 (1986), S. 119–142, 3 Abb.

1882. *Rönnpag, Otto:* Der oldenburgische Landesteil Lübeck zwischen der Freien und Hansestadt Lübeck und der preußischen Provinz Schleswig-Holstein (1918–1937). – Zeitschrift der Gesellschaft für Schleswig-Holsteinische Geschichte. Bd 110 (1985), S. 263–294.
Um Abbildungen erweiterter Nachdruck Oldenburg 1985. 39 S.

1883. *Rönnpag, Otto:* Der oldenburgische Landesteil Lübeck (Eutin) zwischen der Freien Hansestadt Lübeck und der preußischen Provinz Schleswig-Holstein 1918–1937. – Jahrbuch für Heimatkunde Eutin. 1985, S. 79–90.

B. Domkapitel

1884. *Prange, Wolfgang:* Findbuch der Bestände Abt. 268 und 285: Lübecker Domkapitel mit Großvogtei und Vikarien sowie Amt Großvogtei. Schleswig 1975. 324 S. (Veröffentlichungen des Schleswig-Holsteinischen Landesarchivs. Bd 1.)

1885. *Prange, Wolfgang:* Die Lehmkuhlener Gelder. Ein Lübecker Kapital in fünf Jahrhunderten. – ZLG. Bd 62 (1982), S. 69–81. [Geldanlage des Lübecker Domkapitels in dem holsteinischen Gut Lehmkuhlen.]

1886. *Borgs, Hertha:* Die Justiz des Lübecker Domkapitels. Entscheidung über Tod und Leben der Untertanen. – LBll. Jg. 143 (1983), S. 77–78. [Todesurteil wegen Diebstahls 1587.]

1887. *Borgs, Hertha:* Zauberei- und Hexenprozesse. Aus den Protokollen des Lübecker Domkapitels. – LBll. Jg. 143 (1983), S. 124–125, 140. [Prozeß gegen Abelke Rhöders von 1587.]

1888. *Borgs, Hertha:* Gretge Schof wird der Zauberei verdächtigt. Aus den Protokollen des Lübecker Domkapitels. – LBll. Jg. 143 (1983), S. 157–158. [Prozeß von 1591 endete mit Freispruch.]

1889. *Borgs, Hertha:* Die Justiz des Lübecker Domkapitels. Engel Bockholt aus Genin der Hexerei beschuldigt. – LBll. Jg. 144 (1984), S. 166–168. [Die Angeklagte wurde 1669 des Landes verwiesen.]

1890. *Borgs, Hertha:* Hexenprozesse im Lübecker Domkapitel. Erst 1681 fand der letzte Prozeß in Lübeck statt. – LBll. Jg. 143 (1983), S. 308–309. [Prozeß und Hinrichtung von Trine Hildebrandt.]

C. Bischöfe und Domherren, chronologisch

In Lübeck-Schrifttum 1900–1975 auf S. 344–346.

1891. *Petersohn, Jürgen:* Lubeca (Lübeck) antea Aldenburgensis ecclesia (Oldenburg). – Series Episcoporum Ecclesiae Catholicae Occidentalis ab initio usque ad annum MCXCVIII, Series V: Germania, Tom. II: Archiepiscopatus Hammaburgensis sive Bremensis. Hrsg. Stefan Weinfurther und Odilo Engels. Stuttgart 1984, S. 53–69. [Über das Bistum bis 1198 und die Bischöfe jeweils mit Kurzbiographie und Literaturangaben. In lateinischer Sprache.]

1892. Regesta Pontificum Romanorum (Verzeichnis von Urkunden der Päpste). Deutsche Kirchengebiete. Bd 6: Erzbistum Hamburg–Bremen. Aus den Abhandlungen der Akademie der Wissenschaften in Göttingen. Hrsg. von Theodor Schieffer und Wolfgang Seegrün. Göttingen 1981. 210 S. [Papsturkunden bis 1198, auch über die angeschlossenen Bistümer, so seit 948 Oldenburg und in der Nachfolge seit 1160 Lübeck.]

1893. *Rönnpag, Otto:* Johann von D i e s t, Bischof zu Lübeck (1254–1259). – Jahrbuch für Heimatkunde Eutin. 1982, S. 35–38.

1894. *Wriedt, Klaus:* Johannes S c h e l e, † 1439. Bischof von Lübeck. – BL. Bd 4 (1976), S. 201–202. [Als Bischof Johannes VII. von Lübeck 1420–1439.]

1895. *Scheele, Max:* Johann Schele, Bischof von Lübeck 1420–39. Herkunft, Leben und Wirken. – Genealogisches Jahrbuch. Bd 15 (1975), S. 91–136.

1896. *Wriedt, Klaus:* Arnold W e s t f a l, (1399/1400–1466) Bischof von Lübeck. – BL. Bd 4 (1976), S. 233–235.

1897. *Prange, Wolfgang:* Balthasar R a n t z a u, (ca. 1497–1547) Bischof von Lübeck. – BL. Bd 4 (1976), S. 191–192.

1898. *Prange, Wolfgang:* Johannes T i e d e m a n n, (um 1500–1561) Bischof von Lübeck. – BL. Bd 4 (1976), S. 222–223. [Als Johannes IX. letzter katholischer Bischof von Lübeck.]

1899. *Prange, Wolfgang:* Eberhard von H o l l e, Bischof von Lübeck. – BL. Bd 4 (1976), S. 112–114. [1522–1586. 1561 erster lutherischer Bischof von Lübeck.]

1900. *Rönnpag, Otto:* Die Eutiner Fürstbischöfe aus dem Hause Gottorf. – Schleswig-Holstein. 1985, H. 1, S. 7–8. [Die aus der Interessengemeinschaft von Gottorfern und Adel entstandenen Verhältnisse, dann die 10 Gottorfer Fürstbischöfe.]

1901. *Jensen, Jens:* Die Ehescheidung des Bischofs H a n s v o n L ü b e c k von Prinzessin Julia Felicitas von Württemberg-Weiltingen AD 1648–1653. Ein Beitrag zum protestantischen Ehescheidungsrecht im Zeitalter des beginnenden Absolutismus. Frankfurt a.M. 1984. 219 S. (Rechtshistorische Reihe. 35.) [Herzog Hans von Schleswig-Holstein-Gottorf, Bischof von Lübeck, 1606–1655.]

1902. Das Stiftsland der Schweriner Bischöfe um Bützow und Schwerin. Ein Beitrag zur 750-Jahr-Feier 1983. Hrsg. von Josef Traeger. Leipzig 1984. [Erwähnt Nicolaus Böddeker (1444–1457), Domscholasticus und Canonicus in Lübeck, im Lübecker Dom beigesetzt; Konrad Loste (1482–1503), Canonicus in Lübeck; Peter Wolkow (1508–1516), letzter Bischof von Schwerin, starb in Lübeck.]

REGISTER

H

Hagenström, Walter 1667

Hahn, Klaus-Dieter: Fundmaterialien 335, Keramik 497, Königstraße 59–63 456

Hahne, Heinz: Drägerweg 46, Erwin Albert Barth 1120

Hammel, Rolf: Alt Lübeck 421, Archäologisch-historisches Forschungsprojekt 333, 334, Archäologische und Schriftquellen 330, Bäcker 910, Gründung Lübecks 544, Grundeigentum 582, Hauseigentum 303, Hereditas 302, Hinrich Paternostermaker 580, Johann Wittenborg 741, Lübeck. Frühe Stadtgeschichte und Archäologie 337, Lübeck. Struktur einer Hansestadt 338, Neues Bild des alten Lübeck 331, Topographie der Stadt 341

Hamburg, Bibliographie 7, Hamburg und Lübeck 659–661

Handbuch der historischen Stätten Deutschlands 291

Handel 833 ff.

Handel mit einzelnen Städten und Ländern 851 ff.

Handelsgeschichte, Handelspolitik 838 ff.

Handelslehranstalten 1159

Handels- und Schiffahrtsverträge 846, 851, Vertrag mit Brasilien 851

Handwerk und Kunstgewerbe 906

Handwerksämter und Rat 904

Handwerkskammer 907, 908

Hangst, Kurt 490

Hannemann, Horst: Albert Aereboe 1371, Curt Stoermer 1447, Hans Peters 1432, 1433, Heino Jaede 1392, Johann Peter Linde 1409, Karl Gatermann 1383, Peter Kleinschmidt 1404, Peter Thienhaus 1448

Hannemann, Ursula 1077

Hans von Lübeck, Bischof, Ehescheidung 1901

Hansa-Milch 940

Hanse und Lübeck 647–650

Hanseatische Gemeinschaft 683

Hanseatische Legion 608

Hansen, Uwe 1365

Hansestadt Lübeck (Beschreibung) 30

Hansische Geschichtsblätter 281

Harder, Jürgen: Landgericht und Amtsgericht 795–797, Lübisches Recht 694

Harder-Gersdorff, Elisabeth: Lübeck, Danzig und Riga 852, Riga 666, 852, 855, 856, Wolter von Holsten 950

Harders, Georg: Bismarcksäule 1849, 1850, Eutin-Lübecker Eisenbahn 987, Friedrich-August-Warte 1851, Kaltenhof 1845, Männergesangverein 1852, Stadtrechtsverleihung 1847, Straßenbahn nach Schwartau 1848

Hardt, Andreas: Angelführer 923, 924, Wakenitz 131

Harke, Helga 881

Harms, Hermann 971

Hartmann, Bolko 792

Hartmann, Peter: Keramik 484, 491, 494

Hasloop, Heino 814

Haß, Kurt: Bernt Notke 1424, Domparadies 1732, Possehl-Stiftung 959

Hasse, Max (1911–1986), Kunsthistoriker 1387, Altartafeln 1329, Apokalypse-Altar 1753, Benedikt Dreyer 1382, Bildschnitzer und Vergolder 1328, Denkmalpflege in Lübeck im 19. Jahrhundert 1360, Europäische Kunst unter den Luxemburgern 1321, Heiliger Nikolaus 1682, Heiliger Olav 1681, Maler und Bildschnitzer Anfang 16. Jahrhundert 1333, Marienkirche 1702, Memlingaltar 1739, Metallenes Hausgerät 507, Neues Hausgerät 1285, Rat und Marienkirche 1710, Triumphkreuz 1736, Truhenbrett 503

Hasselmann, Niels 1692

Hauptbahnhof Lübeck 989–991

Hauptmannshof in Mölln 1870–1872

Hausbau in Lübeck (Sammelband) 1299

Hausbuch der Hansestädte 27

Hauschild, Wolf-Dieter: Andreas Pouchenius 1794, Hermann Bonnus 1776, 1777, Johannes Bugenhagen 1782, Kirchengesang in der Reformationszeit 1686, Kirchengeschichte Lübecks 1669–1671, 1690, Lübecker Kirchenordnung 1683, 1684, Märtyrertod Lübecker Geistlicher 632, Reform der Kirchenverfassung 1895 1689, Reformation im Dom 1724, Valentin Curtius 1786

Hauschild-Thiessen, Renate 654

Hauseigentum im spätmittelalterlichen Lübeck 303

Haus- und Grundbesitz, Akten im Archiv 1187

Hauttmann, Johann Baptist, Maler 1388

Havemann & Sohn (Holzhandel) 941

T

ABKÜRZUNGSVERZEICHNIS

Abb.	Abbildung(en)
ADB.	Allgemeine Deutsche Biographie
Anh.	Anhang
Anl.	Anlage(n)
Anm.	Anmerkungen
Bd(e)	Band, Bände
Ber.	Bericht(e)
biogr.	biographisch(e)
BL.	Biographisches Lexikon für Schleswig-Holstein und Lübeck (bis 1979 Schleswig-Holsteinisches Biographisches Lexikon)
Bll.	Blätter
BNH.	Berichte des Vereins „Natur und Heimat" und des Naturhistorischen Museums zu Lübeck
Diagr.	Diagramm(e)
Diss.	Dissertation
dt.	deutsch
Erg.	Ergänzung
Erl.	Erläuterung(en)
Ges.	Gesellschaft
Grundr.	Grundriß, Grundrisse
H.	Heft(e)
HGbll.	Hansische Geschichtsblätter
hist.	historisch
Hs.	Handschrift
Ill.	Illustrationen
Jb.	Jahrbuch
Jg.	Jahrgang
Jh.	Jahrhundert
Kt.	Karte(n)
L.	Lübeck
LBll.	Lübeckische Blätter
Lfg.	Lieferung
LSAK.	Lübecker Schriften zur Archäologie und Kulturgeschichte
Masch.	Maschinenschrift
Masch. verv.	Maschinenschrift vervielfältigt

MGG.	Mitteilungen der Geographischen Gesellschaft in Lübeck (und des Naturhistorischen Museums)
Mitt.	Mitteilungen
MLG.	Mitteilungen des Vereins für Lübeckische Geschichte und Altertumskunde
Ms.	Manuskript
Nachdr.	Nachdruck
Nachtr.	Nachtrag
NDB.	Neue Deutsche Biographie
Neudr.	Neudruck
N.F.	Neue Folge
N.R.	Neue Reihe
o.O.u.J.	ohne Ort und Jahr
Pl.	Plan, Pläne
Progr.	Programm
Pseud.	Pseudonym
Reg.	Register
Rez.	Rezension
s.	siehe
s.a.	siehe auch
S.	Seite(n)
Sp.	Spalte(n)
Tab.	Tabelle(n)
Taf.	Tafel(n)
u.d.T.	unter dem Titel
Wa.	Der Wagen
Zeichn.	Zeichnung(en)
ZLG.	Zeitschrift des Vereins für Lübeckische Geschichte und Altertumskunde
Zs.	Zeitschrift
zsgest.	zusammengestellt
Ztg.	Zeitung
( )	Verfasser in runden Klammern: Name ermittelt, nicht auf dem Titelblatt stehend
[ ]	Ergänzungen zum Inhalt
✳	alle oder die meisten Aufsätze daraus gesondert aufgenommen